法 律 专 家 案 例 与 实 务 指 导 丛 书

危害公共安全罪
案例与实务

彭本辉 彭恋◎编著

清華大学出版社

北京

内 容 简 介

本书采取以案说法的方式对危害公共安全罪各罪名进行了详细分析,主要包括放火罪、决水罪、爆炸罪、投放危险物质罪、以危险方法危害公共安全罪、破坏交通工具罪、破坏交通设施罪、破坏电力设备罪、破坏易燃易爆设备罪、交通肇事罪、重大责任事故罪、强令违章冒险作业罪、重大劳动安全事故罪、危险物品肇事罪、工程重大安全事故罪、教育设施重大安全事故罪、消防责任事故罪等。

书中所选案例紧扣法律条文规定,与现实生活紧密相连,对读者具有很强的参考借鉴价值。

本书适合作为各院校法律相关专业的案例教材,也适合作为广大民众咨询日常法律事务的实用指导书,还适合作为各企事业单位、法律培训机构、法官和律师等法律从业者,以及其他法律爱好者进行法律实践和研究的专业参考书。

图书在版编目(CIP)数据

危害公共安全罪案例与实务/彭本辉,彭恋编著 .—北京:清华大学出版社,2017
(法律专家案例与实务指导丛书)
ISBN 978-7-302-48103-4

Ⅰ.①危… Ⅱ.①彭… ②彭… Ⅲ.①危害公共安全罪—案例—中国 Ⅳ.①D924.325

中国版本图书馆 CIP 数据核字(2017)第 207095 号

责任编辑:田在儒
封面设计:王跃宇
责任校对:李　梅
责任印制:刘海龙

出版发行:清华大学出版社
　　网　　址:http://www.tup.com.cn,http://www.wqbook.com
　　地　　址:北京清华大学学研大厦 A 座　　　　　　邮　编:100084
　　社 总 机:010-62770175　　　　　　　　　　　　邮　购:010-62786544
　　投稿与读者服务:010-62776969,c-service@tup.tsinghua.edu.cn
　　质量反馈:010-62772015,zhiliang@tup.tsinghua.edu.cn
印　刷　者:北京鑫丰华彩印有限公司
装　订　者:三河市溧源装订厂
经　　销:全国新华书店
开　　本:185mm×260mm　　　印　张:14　　　字　数:253 千字
版　　次:2017 年 12 月第 1 版　　　　　　　　　印　次:2017 年 12 月第 1 次印刷
印　　数:1～2000
定　　价:45.00 元

产品编号:076032-01

丛书编委会成员

（以下排名不分先后）

丛书顾问

余升淮　　陈旭文　　谭绍木　　徐少林
钱卫清　　叶　青　　刘益灯

丛书总主编

熊建新　　彭丁带

丛书副总主编

于定勇　　李法兵

丛书编委会委员

蒋英林　　陈建勇　　顾兴斌　　朱最新
黄　勇　　熊大胜　　刘志强　　李俊平
刘国根　　袁卫国　　周　雪　　程海俊
卢　珺　　陈　玮　　何　龙　　袁利民
杨济浪　　王高明　　曾芳芳

丛书策划

彭本辉

为全面推进依法治国做力所能及的工作

——代丛书总序

十八届四中全会是中国共产党历史上的第一次以法治建设为主题的中央全会，会议提出了全面推进依法治国的五大体系：完备的法律规范体系、高效的法治实施体系、严密的法治监督体系、有力的法治保障体系、完善的党内法规体系。同时提出了全面推进依法治国的六大任务：完善以宪法为核心的中国特色社会主义法律体系，加强宪法实施；深入推进依法行政，加快建设法治政府；保证公正司法，提高司法公信力；增强全民法治观念，推进法治社会建设；加强法治工作队伍建设；加强和改进党对全面推进依法治国的领导。

在此大背景下，我们筹划编写了这套"法律专家案例与实务指导丛书"，希望能够为法治中国的建设做点力所能及的工作；在法律案例的提炼与分析中提高公民的法律意识，增强公民的法治观念，推进法治社会建设；为法治工作队伍的建设提供一定的支持。

编写法律案例书籍，是一项非常有意义的工作。但是，如何编写出与已有同类书籍相比更具鲜明特色，既能满足法律教学、法律实践需要，又具有普法实用价值的案例书籍，是非常具有挑战性的。本丛书的编写，便是接受此种挑战的一个尝试。我们紧紧围绕现实生活中经常出现的法律纠纷，以案件简介、案件进展、案件评析等为主要内容进行编写，以期达到编写目的。现在，各位编写者辛勤劳动的成果就要陆续面世了。在此，作为丛书的总主编，和各位读者说几句感言。

本丛书的编写、组稿工作，既充满了艰辛，也时有喜悦。凡是有过论文或书稿写作经历的人都知道，要品评作品的优劣得失往往比较容易，但是，要自己动手写出像样的文章或书籍，往往需要付出很大的努力，时间、精力等自不必说，最痛苦的恐怕是写作过程中遇到瓶颈时精神上的煎熬。本丛书的作者们大多有过这种炼狱般的经历。但是，在丛书出版之际，作者们无不感受到了收获的喜悦，仿佛看到新生儿呱呱坠地一般。

作为丛书的总主编，我们充分调动各方面资源，组织编写队伍，确定各书主题，制定编写规范。我们知道，编写人员的选择，是本丛书质量和效益的关键。考虑到本丛书所应具有的权威性、实用性和可操作性等特点，我们要求编写人员既要有扎实的理论功底,更要有丰富的法律实践经验。

本丛书的主要目标读者群为各院校法律相关专业学生、具有一定法律意识的普通公民、法律理论及实践工作者以及法律爱好者等。

因为读者群比较广泛,而且读者阅读本丛书的目的可能不同,所以在编写的过程中,编者特别注意案例事实的陈述、法律术语的选择、风险防范方案的针对性等,尽可能让每位读者均能有所收获;语言尽量精练而不晦涩,希望学法者、用法者、执法者和守法者都能够从中受益。

本丛书还具有以下五个特点。

第一,编写队伍专业。丛书各分册的编写成员由公检法工作人员、法律学会研究人员、法律院校教授讲师、律师事务所专业律师、企事业法律顾问等多年从事一线法律实务工作的专业人员组成,并且由权威的顾问委员会和编辑委员会队伍进行把关,确保了丛书内容的专业性和准确性。

第二,案例典型真实。本丛书的案例主要改编自各级司法机关公布的真实案例,经过精挑细选,去除冗余、留其精要,使各案例具有典型代表性和实用参考价值,能给读者带来直观有效的法律实践借鉴指导。

第三,讲解客观简洁。本丛书针对各案例的分析讲解,力求焦点明确、观点客观、语言简洁,注重举一反三的引导,以各个部门法的基本框架为逻辑线索,针对每个部门法中的各个部分设置案例分析、法律规定、对策建议等内容,充分体现现实与法律的结合。

第四,内容实时性强。本丛书特别注重案例与法律的时效性,新近的案例紧密结合现行有效的法律规定,并通过细致分析帮助读者理解法律的规定,以增强读者掌握现行法律并加以运用的能力。

第五,紧扣现实生活。本丛书特别关注现实生活中可能出现、经常出现的法律问题或法律纠纷,希望能够帮助读者了解现实中法律的实际运用情况,为读者提供"假如我碰到了这样的法律问题,我可以怎么办""今后我该如何防范类似的法律风险"等有益的启示。

本丛书所涉及的法律部门非常广泛,对编写者的要求也非常高。我们虽精益求精,但博大精深的法学、浩瀚无边的法律领域,加上编写本丛书所希望达到的目的,还是给编写者们带来了巨大的压力。我们衷心希望读者们能够对本丛书提出建议和意见,以便未来的修订工作更有成效,也为我国的法治事业做出应有的贡献。

熊建新　彭丁带

2014 年 11 月

前　言

　　危害公共安全罪是一个概括性的罪名,是指故意或者过失地实施危害不特定或者多数人的生命、健康或者公私财产安全的行为。这类行为具有危害公共安全的性质,是由它的某些特殊因素所决定的:有的决定于危险的犯罪方法,如放火罪、爆炸罪等;有的决定于特殊对象,如破坏交通工具罪、破坏交通设备罪等;有的决定于发生的特殊环境与条件,如厂矿重大责任事故罪等。这类犯罪的主体多数是一般主体,有的是具有特定身份的人,如厂矿重大责任事故罪的主体,只能是厂矿企业、事业单位的职工。这类犯罪的主观方面,有的是故意;有的是过失;有的既可以是故意,也可以是过失。

　　危害公共安全罪的刑法条文从第114条至第139条,共26个条文,有44个罪名,按其犯罪行为方式、侵害对象,可以划分为五小类犯罪:第一类,以危险方法危害公共安全的犯罪;第二类,破坏交通运输、公共设备危害公共安全的犯罪;第三类,实施暴力、恐怖活动危害公共安全的犯罪;第四类,涉及枪支、弹药、爆炸物、危险物质危害公共安全的犯罪;第五类,造成重大责任事故危害公共安全的犯罪。

　　本书所选案例都是作者通过查阅全国裁判文书网等相关网站,精挑细选的典型案例,结合相关法律规范,具有针对性、示范性和指导性,既可以作为从事法律行业的人的参考用书,也可以帮助普通公民了解危害公共安全犯罪构成的法律规定,以达到防微杜渐的效果。本书特点:①案例真实全面,内容经过层层筛选,比较新颖,作者尽量使选中的案例具有代表性、典型性;②分析透彻,一针见血,以案说法,通俗易懂,深入浅出,力求实现经验参考;③实用性较强,相信读者看过一遍之后会对某个案例是否构成犯罪心中有个大概的判断。

　　除封面署名作者外,邓紫莹、钟润柳、温敏婷、游雨、廖敏研、廖亚娟、马玉健、许路、陈巧、汤钦乐等也参与了部分编写工作。

　　由于编者水平有限,书中尚存在诸多不足之处,真诚希望得到读者的批评、指正,本人虚心受教。

编　者

2017年9月

目　录

第一章

(过失)放火罪、决水罪、爆炸罪、投放危险物质罪、以危险方法危害公共安全罪

第一节　放火罪、失火罪

一、李某犯放火罪

案件简介

2016年3月4日12时许,被告人李某因索要工资未果,遂酒后在北京市海淀区瀚河园小区南侧河道内用打火机将过渠桥东西两侧河道内的杂草点燃,其中西侧河道内着火处由西向东长20米,由北向南长5米,东侧河道内着火处由西向东长5米,由北向南长2米。被告人李某报警反映讨要工资问题并请民警到现场处理,消防人员赶到现场将火扑灭。

被告人李某于当日被公安机关传唤到案。

案件进展

(一)案件审理程序

北京市海淀区人民检察院以京海检公诉刑诉(2016)1013号起诉书指控被告人李某犯放火罪,于2016年6月27日向法院提起公诉。法院依法组成合议庭,适用简易

程序公开开庭审理了本案。现已审理终结,判决如下:被告人李某犯放火罪,判处有期徒刑 3 年。

(二)各方意见

公诉人认为

2016 年 3 月 4 日 12 时许,被告人李某在北京市海淀区瀚河园小区南侧河道内,为泄私愤,酒后用打火机将过渠桥东西两侧河道内的杂草点燃。被告人李某报警并在原地等待,消防人员赶到现场将火扑灭。

针对上述指控,公诉机关向法院提供了相应的证据材料,认为被告人李某的行为已构成放火罪,提请法院依照《中华人民共和国刑法》(简称《刑法》)第一百一十四条之规定,对被告人李某定罪处罚。

被告人及辩护人认为

被告人李某对公诉机关指控的事实及罪名没有提出异议。但辩称自己报警后在现场等待,系自首。

法院认为

被告人李某在公共场所实施放火行为,危害公共安全,尚未造成严重后果,其行为已构成放火罪,应予惩处。北京市海淀区人民检察院指控被告人李某犯有放火罪的事实清楚,证据确凿,指控罪名成立。针对被告人李某称自己有自首情节的辩解,法院认为,被告人李某报警的目的是向民警反映自己讨要工资的情况,并非因犯罪后欲将自己置于公安的控制下接受审查,不具有自动投案的主观目的,不能认定为自首。鉴于被告人李某到案后及庭审过程中均能如实供述自己的罪行,认罪态度较好,法院依法对其从轻处罚。

案件评析

放火罪是指故意放火焚烧公私财物,危害公共安全的行为;放火罪是一种故意犯罪,其侵犯的客体是公共安全,即不特定的多数人的生命、健康或者重大公私财产的安全。

放火罪的客观方面表现为实施放火焚烧公私财物,危及公共安全的行为。

放火既可以采用作为的方式实行,如用引燃物将目的物点燃;也可以采用不作为的方式实行。但不作为的方式构成的放火罪,必须以负有防止火灾发生特定义务的人员为前提,也就是行为人对形成火灾原因的火情具有防止火灾发生的特定义务,且根据其主客观条件有能力履行这一义务而没有履行,以致造成火灾的。如仓库安全员负有防火义务,在发现存在仓库着火的危险时,能够采取防火措施而不采取措施,导致了仓库火灾发生，就构成不作为的放火罪。

本罪侵犯的客体是公共安全，即不特定多数人的生命、健康或重大公私财产的安全。

本罪侵犯的对象主要是公私建筑物或者其他公私财物。实施的对象包括工厂、矿山、油田、港口、仓库、住宅、森林、农场、牧场、重要管道、公共建筑物或者其他公私财物。

以作为的方式实施的放火行为必须具备三个条件：一是要有火种；二是要有目的物，即要烧毁的对象物；三是要让火种与目的物接触。在这三个条件已经具备的情况下，行为人使火种开始起火，就是放火行为的实行；目的物一旦着火，即使将火种撤离或者扑灭，目的物仍可独立继续燃烧，放火行为就被视为实行终了。

以不作为的方式实施的放火罪，行为人必须负有防止火灾发生的特定义务，而且能够履行这种特定义务而不履行，以致发生火灾。其特点一是行为人必须是负有特定作为义务的人；二是根据主客观条件，行为人有能力履行这种特定的作为义务；三是行为人客观上必须有不履行这种特定作为义务的事实。从义务的来源看，一是法律所规定的义务；二是职务或业务上所要求的义务，如油区防火员就负有消除火灾隐患、防止火灾发生的义务；三是行为人的先前行为所引起的义务，如行为人随手把烟头丢在窗帘上，引起窗帘着火，行为人就负有扑灭窗帘着火燃烧的义务。

本罪的主体为一般主体。由于放火罪社会危害性很大，所以《刑法》第十七条第二款规定，已满十四周岁不满十六周岁的人犯放火罪的，应当负刑事责任。

本罪在主观方面表现为故意，即明知自己的放火行为会引起火灾，危害公共安全，并且希望或者放任这种结果发生的心理态度。如果不是出于故意，不构成放火罪。放火的动机是多种多样的，如因个人的某种利益得不到满足而放火，因对批评、处分不满而放火，因泄愤报复而放火，为湮灭罪证、嫁祸于人而放火，因恋爱关系破裂而放火，因家庭矛盾激化而放火，等等。不论出于何种动机，都不影响放火罪的成立。但是查明放火的动机，对于正确判断行为人的主观心理态度，是定罪量刑的关键。

在本案中，被告人李某为泄私愤，酒后用打火机将过渠桥东西两侧河道内的杂草点燃，由此引发火灾，对公共安全和人民生命财产产生了巨大威胁，所以，该被告人的恶劣行为已经构成放火罪，依法应当被追究刑事责任。

二、闫某犯失火罪

案件简介

2013 年 12 月 1 日上午，被告人闫某在昆山市锦溪镇文昌路小商品市场内其经营的某渔具店最南侧自行搭建的简易厨房内,使用燃气灶具时不慎引燃厨房可燃物,并引发小商品市场火灾,直接造成该市场建筑物过火面积约 2500 平方米,市场内 40 余户商铺的商品、财物损毁。

另查明,法院审理中蒋某等 30 余名火灾受损商铺和被告人闫某配偶章某达成和解协议,约定放弃对被告人闫某的赔偿主张,并对被告人闫某的失火行为予以谅解。

案件进展

（一）案件审理程序

昆山市人民检察院以昆检诉刑诉(2015)230 号起诉书指控被告人闫某犯失火罪,于 2015 年 2 月 12 日向法院提起公诉。法院适用普通程序,依法组成合议庭,公开开庭审理了本案。本案现已审理终结,判决如下:被告人闫某犯失火罪,判处有期徒刑 1 年 6 个月。

（二）各方意见

公诉人认为

2013 年 12 月 1 日上午,被告人闫某在昆山市锦溪镇文昌路小商品市场内其经营的某渔具店最南侧自行搭建的简易厨房内,使用燃气灶具时不慎引燃厨房可燃物,引起锦溪小商品市场火灾,直接造成该市场建筑物过火面积约 2500 平方米及市场内 46 户商铺经营户储存的商品、财物全部或部分被烧损,造成经济损失共计人民币 568 015 元。公诉机关认为,被告人闫某过失引发火灾,致使公私财产遭受重大损失,共计人民币 568 000 余元,应当以失火罪追究其刑事责任。提请法院依法判处。

被告人及辩护人认为

被告人闫某及其辩护人对公诉机关指控被告人闫某犯失火罪无异议,提出辩解及辩护意见为因案发小商品市场消防设施不完善,且火灾发生后消防救火不力,导致火势及损失扩大,故损失责任不应由被告人闫某全部承担,在量刑时应予酌情考虑。其辩护人另提出辩护意见称,被告人闫某系初犯,且系过失犯罪,主观恶性不大。被告人闫某案发后明知他人报警而在现场等待,归案后至庭审均能如实供述犯罪事实,应认定为自首,依法可予以从轻或者减轻处罚。综上,建议在有期徒刑 3 年以下对被告人闫某判处刑罚,并宣告缓刑。

法院认为

被告人闫某过失引发火灾,致使公私财产遭受重大损失,部分损失共计人民币 568 000 余元,情节较轻,其行为已构成失火罪。被告人闫某能当庭自愿认罪,酌情予以从轻处罚。案发后,被告人闫某配偶代为和大部分被害人达成和解协议,并取得谅解,酌情予以从轻处罚。公诉机关指控被告人闫某犯失火罪的事实清楚,证据确实、充分,指控罪名正确。关于被告人闫某及其辩护人提出的火灾发生后消防救火不力,导致火势及损失扩大,应酌情对被告人闫某从轻处罚的相关辩解及辩护意见,经查,该辩解及辩护意见无事实依据,法院不予采纳。关于辩护人提出的被告人闫某系自首的辩护意见,经查,被告人闫某归案之初否认其使用厨房燃气灶具不当引起火灾的基本犯罪事实,未能如实供述主要犯罪事实,不符合自首的法定构成要件,不构成自首,故该辩护意见法院不予采纳。关于辩护人提出的对被告人闫某宣告缓刑的相关辩护意见,经查,被告人闫某虽得到大部分受害人的谅解,但其却未能对任一被害人进行赔偿,结合本案损失情况,法院认为对被告人闫某不宜宣告缓刑。关于辩护人提出的对被告人闫某从轻处罚的其他相关辩护意见,法院予以采纳。

案件评析

失火罪是指由于行为人的过失引起火灾,造成严重后果,危害公共安全的行为。这是一种以过失酿成火灾的危险方法危害公共安全的犯罪。

本罪侵犯的客体是公共安全,即不特定多数人的生命、健康或重大公私财产的安全。从实践来看,本罪对公共安全的危害通常表现为危害重大公私财产的安全和既危害不特定多数人的生命、健康,又危害重大公私财产安全两种情况。由于火的燃烧须依附于财物,没有财物的燃烧,火势就难以危及不特定多数人的人身,因此单纯危害不特定多数人的生命、健康的情况是罕见的。

本罪在客观方面表现为行为人实施引起火灾,造成严重后果的危害公共安全行为。首先,行为人必须有引起火灾的行为。失火一般发生在日常生活中,如吸烟入睡引起火灾,取暖做饭用火不慎引起火灾,做饭不照看炉火,安装炉灶、烟囱不合防火规则,在森林中乱烧荒,或者架柴做饭、取暖,不注意防火,以致酿成火灾,造成重大损失,就构成失火罪。如果在工作中严重不负责任或擅离职守,或者在生产中违章作业或强令他人违章作业而引起火灾,则分别构成玩忽职守罪或者重大责任事故罪。如果火灾不是由于行为人的失火行为引起的,而是由于自然原因引起的,不构成失火罪。其次,行为人的行为必须造成严重后果,即致人重伤、死亡或者使公私财产遭受重大损失。仅有失火行为,未引起危害后果;或者危害后果不严重,不构成失火罪,而属一般失火行为。最后,上述严重后果必须是失火行为所引起,即同失火行为有着直接的因果关系,这一特征是行为人负刑事责任的客观根据。

本罪主体为一般主体,凡达到法定刑事责任年龄、具有刑事责任能力的人均可成为本罪主体。国家工作人员或者具有从事某种业务身份的人员,在执行职务中或从事业务过程中过失引起火灾,不构成失火罪。

本罪在主观方面表现为过失。既可出于疏忽大意的过失,即行为人应当预见自己的行为可能引起火灾,因为疏忽大意而未预见,致使火灾发生;也可出于过于自信的过失,即行为人已经预见自己的行为可能引起火灾,由于轻信火灾能够避免,结果发生了火灾。这里疏忽大意、轻信火灾能够避免是指行为人对火灾危害结果的心理态度,而不是对导致火灾的行为的心理态度。实践中有的案件行为人对导致火灾的行为是明知故犯的,如明知在特定区域内禁止吸烟却禁而不止等,但对火灾危害结果既不希望,也不放任其发生,这种案件应定为失火罪。行为人对于火灾的发生,主观上具有犯罪的过失,是其负刑事责任的主观根据。如果查明火灾是由于人不可抗拒或不能预见的原因所引起,如雷击、地震等引起的火灾,则属于意外事故,不涉及犯罪问题。

在本案中,被告人闫某在使用燃气灶具时不慎引燃厨房可燃物,引起锦溪小商品市场火灾,其行为已构成失火罪。

三、夏某某犯失火罪

案件简介

2008年2月29日16时许,被告人夏某某在位于南平市建阳区某某镇某某村山场山脚下自家的橘子林里清理杂草,之后将杂草点燃,不慎火势蔓延至山场引发森林火灾。被告人夏某某与村民一起在山场灭火,至当天22时许山火被扑灭。经林业技术部门现场勘查及鉴定,火灾现场位于某某镇某某村山场,森林过火面积130亩,烧毁面积130亩(为2004年造杉木幼林),经济损失人民币33 800元,林种为防护林。经林业部门核定,以上火灾山场被毁林木所有权属南平市建阳区大阐国有林场(原福建省建阳市国营大阐林业采育场)所有。案发后,被告人夏某某怕承担火灾损失赔偿责任,逃往外地务工,2016年2月21日回家过年期间被公安机关抓获归案。被告人夏某某归案后,如实供述自己的犯罪事实。另查明,在该次火灾中,在该山场套种毛竹的村民陈某甲、陈某乙等人也受到损失。经当地村委会调解,双方达成了赔偿协议,夏某某家属已赔偿了村民陈某甲、陈某乙的损失。

案件进展

(一)案件审理程序

被告人夏某某被控失火一案,福建省南平市建阳区人民检察院于2016年6月2日以潭检生态刑诉(2016)18号起诉书向法院提起公诉并建议适用简易程序。法院于同日立案。在诉讼过程中，附带民事诉讼原告人南平市建阳区大阐国有林场向法院提起附带民事诉讼。法院于 6 月 21 日公开开庭进行了合并审理。现已审理终结，判决如下：①被告人夏某某犯失火罪，判处有期徒刑 1 年 6 个月。②被告人夏某某在本判决生效之日起 10 日内一次性赔偿附带民事诉讼原告人南平市建阳区大阐国有林场被毁林木经济损失人民币 33 800 元。

（二）各方意见

公诉人认为

被告人夏某某违反森林保护法规，擅自野外用火，引发森林火灾，其行为已触犯《刑法》第一百一十五条第二款，应当以失火罪追究其刑事责任。提请法院依法惩处。

附带民事诉讼原告人认为

要求被告人夏某某赔偿因火灾造成国有林场山场被毁林木的经济损失折价款人民币 33 800 元。

被告人及辩护人认为

被告人夏某某对公诉机关指控的犯罪事实和罪名均无异议，并自愿认罪。对附带民事赔偿部分的答辩意见是愿意赔偿，但现在没有能力赔偿。

法院认为

被告人夏某某违反森林保护法规，擅自野外用火，引起森林火灾，过火有林地面积 130 亩，其行为已构成失火罪。公诉机关指控罪名成立。被告人夏某某失火烧毁的林木属防护林，可酌情从重处罚；其归案后如实供述自己的罪行，且当庭自愿认罪，依法可以从轻处罚。公诉机关关于被告人夏某某上述情节认定，符合查明事实，法院予以采纳。根据被告人夏某某的犯罪情节和悔罪表现，法院决定对被告人夏某某予以从轻处罚。附带民事诉讼原告人因被告人夏某某的犯罪行为遭受财产损失，其要求被告人承担赔偿被毁林木经济损失人民币 33 800 元的主张，符合法律规定，法院予以支持。

案件评析

近年来森林火灾频发，有很多都是由于游人的失火犯罪行为导致的。失火罪是指由于行为人的过失引起火灾，造成严重后果，危害公共安全的行为。

失火罪的情节轻重，最高法院没有制定统一的标准，但是《国家林业局、公安部关于森林和陆生野生动物刑事案件管辖及立案标准》中规定，失火造成森林火灾，过火有林地面积为 2 公顷以上，或者致人重伤、死亡的，应当立案；过火有林地面积为 10 公顷以上,或者致人死亡、重伤 5 人以上的,为重大案件;过火有林地面积为 50 公顷以上,或者死亡 2 人以上的,为特别重大案件。

此外就是各省高院结合本省实际情况制定的规定,如江西省高级人民法院、省人民检察院和省公安厅联合制定《关于办理失火和消防责任事故案件的若干规定》。对本案的认定需注意以下几点。

1. 失火罪与放火罪的界限

失火罪与放火罪在客观上都表现为与火灾有关的危害公共安全的行为,都侵害了社会公共安全。但两者有明显的区别,具体如下。

(1) 在客观方面,失火罪必须造成致人重伤、死亡或者使公私财产遭受重大损失的严重后果才能构成;放火罪并不以发生上述严重后果作为法定要件,只要实施足以危害公共安全的放火行为,放火罪即能成立。

(2) 放火罪有既遂、未遂之分;失火罪是过失犯罪,以发生严重后果作为法定要件,不存在犯罪未遂问题。

(3) 主体要件处罚年龄不同,放火罪年满 14 周岁的人即可构成;失火罪年满 16 周岁的人才负刑事责任。

(4) 主观罪过形式不同,放火罪由故意构成;失火罪则出于过失。这是两种犯罪性质的根本区别所在。

司法实践在认定这种案件中,有时会发生过失犯罪转化为故意犯罪的情况。例如,某人在仓库吸烟无意中将未熄灭的火柴头扔到草堆上,当即起火。这时行为人本应奋力灭火以避免火灾的发生,而他却扬长而去,漠不关心,任火势蔓延,致酿成灾。这里行为人开始只是无意中将火柴头扔进草堆,并非故意制造火灾,本应认定为失火行为,但由于其先前的失火行为已经造成火灾的危险,行为人负有灭火、消除危险的义务。在其能够履行义务的情况下,明知不灭火可能造成火灾,却不予履行,任由火灾发生。这时行为人主观罪过已转化为间接故意,因而构成以不作为形式实施的放火罪,不应再以失火罪论处。

2. 失火罪与重大责任事故罪的区分

这两种犯罪的主观罪过形式都是过失;从现象上看,都可能引发火灾,造成严重的危害后果。但两者有明显区别,具体如下。

(1) 犯罪主体不同。失火罪的犯罪主体是一般主体;重大责任事故罪的犯罪主体是特殊主体,即必须是工厂、矿山、林场、建筑企业或其他企业、事业单位的职工。

(2) 客观方面不同。重大责任事故罪必须是发生在生产、作业过程中,由于不服管理、违反规章制度,或者强令工人违章冒险作业,因而发生严重事故;而失火罪一般是由于在日常生活中用火不慎而引起火灾。因此，对过失引起火灾的，应全面分析其犯罪构成要件各个方面的特点，根据行为人所触犯的相应刑法条文定罪量刑。

3. 失火罪与危险物品肇事罪的区分

两者都是过失犯罪，但区别如下。

（1）犯罪主体不同。失火罪是一般主体；危险物品肇事罪的犯罪主体主要是从事生产、储存、运输和使用危险物品的职工，只有在特殊情况下，其他人员才可构成该罪的犯罪主体。

（2）犯罪客观方面不同。危险物品肇事罪在客观方面也可能表现为引起火灾，但它是在生产、储存、运输和使用易燃性物品时，由于违反有关管理规定而发生重大火灾；失火罪则不限于此，而且一般是由于日常生活中用火不慎而引起火灾。

4. 失火罪与非罪的界限

按照法律规定，失火行为是否造成严重后果，是区分失火罪与非罪的界限。这类案件情况比较复杂。处理时，首先要查明行为人的行为与失火事件的发生有没有刑法上的因果关系。其次，要查明损失的大小。火灾的发生虽与行为人的过失行为之间有因果关系，但由于及时扑灭而没有产生危害后果，或者造成的损失轻微的，也不构成失火罪，可由公安机关按照《治安管理处罚条例》的规定处罚，或者由有关单位给予批评教育或者行政处分。

5. 失火罪与自然火灾的界限

自然火灾是由于地震、火山爆发、雷击、天旱等引起火灾，不是人为原因造成的，当然不构成犯罪。

本案中，被告人夏某某违反森林管理法规，擅自野外用火，引起森林火灾，过火有林地面积 130 亩，其行为已构成失火罪。

第二节　爆炸罪、过失爆炸罪

一、唐某犯爆炸罪

案件简介

2015 年 11 月 20 日，张某某（另案处理）向王某某（另案处理）、被告人唐某提出为庆祝其与王某某从湖北省未成年犯管教所出狱，寻求刺激制作爆炸物。随后由唐某出资 100 元，3 人一同在宜昌市购买了胶带、两个礼花、手套、一个塑料瓶、一瓶"诗仙太白"酒（玻璃瓶装）等物品,同时张某某在宜昌市伍家岗区一餐馆找蒋某（餐馆经营者）要了一些木炭。3人将上述物品带至宜昌市伍家岗某商厦16楼某宾馆1611房间内,以张某某为主,王某某、唐某辅助其制作爆炸物,3人将礼花拆散,将礼花内的火药分装进塑料瓶和玻璃酒瓶内,将礼花的引线作为爆炸物引线,制作了两个爆炸物。当日22时许,张某某将两个爆炸物先后点燃从其所在宾馆房间内向楼下菜市场投掷,其中塑料瓶装爆炸物爆炸,玻璃瓶装爆炸物未发生爆炸,玻璃瓶装爆炸物致使崔某的电动车后备厢被砸毁。经公安部物证鉴定中心鉴定,未爆炸的玻璃瓶装爆炸物为导火引线爆炸装置。经湖北省公安司法鉴定中心鉴定,现场提取的黑色粉末中含有碳元素、钾元素、硫元素的颗粒和高氯酸根离子等成分。2015年11月21日凌晨1时许,公安机关将被告人唐某抓获。

案件进展

（一）案件审理程序

宜昌市伍家岗区人民检察院以宜市伍检公诉刑诉（2016）30号起诉书,指控被告人唐某犯爆炸罪,于2016年3月29日向法院提起公诉。法院依法组成合议庭,适用普通程序,公开开庭进行了审理。现已审理终结,判决如下：被告人唐某犯爆炸罪,判处有期徒刑6个月。

（二）各方意见

公诉人认为

被告人唐某以爆炸的危险方法危害公共安全,其行为已触犯《刑法》第一百一十四条,犯罪事实清楚,证据确实、充分,应当以爆炸罪追究其刑事责任。

被告人及辩护人认为

对公诉机关指控的犯罪事实无异议,自愿认罪,请求法院对其从轻处罚。其辩护人的辩护意见是：①唐某认罪态度好。②唐某在本案中是从犯。③唐某无违法犯罪前科,本次犯罪系初犯。综上,请求法院对被告人唐某减轻处罚。

法院认为

被告人唐某与同案人张某某、王某某为庆祝张某某、王某某从湖北省未成年犯管教所特赦出狱,寻求刺激制作爆炸物,并在其租住的宾馆房间内向楼下菜市场投掷,其行为危害了公共安全,构成爆炸罪,且系共同犯罪。公诉机关指控的罪名成立,依法应予以刑罚处罚。2015年11月20日22时许菜市场的摊位经营者已停止经营,被告人此时向菜市场投掷自制的爆炸物,由于意志以外的原因不能使其犯罪达到既遂,被告人唐某属于爆炸罪的未遂犯,可以比照既遂犯从轻或者减轻处罚。被告人唐某在共同犯罪中起次要作用,是本案的从犯,具有从轻或者减轻处罚的情节。被告人唐某归案后能如实供述其共同犯罪事实,自愿当庭认罪,具有法定从轻处罚的情节。根据本案的犯罪事实、犯罪性质、对于社会的危害程度,综合考虑上述量刑情节,法院决定对被告人唐某予以减轻处罚。

案件评析

爆炸罪是指故意用爆炸的方法,杀死杀伤不特定多人、毁坏重大公私财物,危害公共安全的行为。

本罪侵犯的客体是公共安全,即不特定多数人的生命、健康或者重大公私财产的安全。

爆炸罪侵害的对象是例如工厂、矿场、港口、仓库、住宅、农场、牧场、公共建筑物或者其他公私财产,以及不特定的人、畜。如果用爆炸的方法破坏火车、汽车、电车、船只、飞机等交通工具,或者破坏轨道、桥梁、隧道、公路、机场等交通设备,虽然使用的是爆炸的方法,也危害了公共安全,但由于破坏的是特定的危险对象,所以应当分别以破坏交通工具罪或破坏交通设备罪处理。

本罪在客观方面表现为对公私财物或人身实施爆炸,危害公共安全的行为。爆炸物品包括炸弹、手榴弹、地雷、炸药(包括黄色炸药、黑色炸药和化学炸药)、雷管、导火索、雷汞、雷银等起爆器材和各种自制的爆炸装置(如炸药包、炸药瓶、炸药罐等)。实施爆炸的方式方法很多:有的在室内安装炸药包,在室内或者室外引爆;有的将爆炸物直接投入室内爆炸;有的利用技术手段,使锅炉、设备发生爆炸;有的使用液化气或者其他方法爆炸。实施爆炸地点主要是在人群集中或者财产集中的公共场所、交通线等处,如将爆炸物放在船只、飞机、汽车、火车上定时爆炸,在商场、车站、影剧院、街道、群众集会地方制造爆炸事件。

爆炸行为有作为和不作为两种基本方式。如直接点燃爆炸物引发爆炸,就是积极的作为方式;而行为人负有防止爆炸发生的特定义务,并且有能力履行这种特定的义务而不履行,以致发生爆炸,就构成不作为爆炸犯罪。

爆炸犯罪在客观方面的本质特点在于爆炸行为危害或足以危害不特定多数人的生命、健康或重大公私财产的安全。所谓足以危害公共安全就是指行为人实施的爆炸行为,由于主观和客观方面的原因,如行为人自动中止爆炸犯罪,炸药的破坏性没有行为人主观想象的那么大,炸药受潮失效,没有将爆炸物投掷到所要求的位置,爆炸物被他人发现而被拆除等,实际上并未造成危害公共安全的结果,但如果排除这些原因,是可能造成危害公共安全的结果的。无论哪种原因存在,只要行为人实施了爆炸行为,足以危害公共安全的,就构成爆炸罪。爆炸罪的成立并不要发生危害公共安全的实际后果。

行为指向的对象是不特定多人的生命、健康和重大公私财物。某些爆炸行为,行为人主观上是指向特定的人或者物,但发生在人群密集或者财物集中的公共场所,客观上危害了不特定多人的生命、健康或者重大公私财产的安全,也可以以爆炸罪论处。因为在这种场合用爆炸的方法杀人、毁物,对这种行为会危害公共安全不可能没有预见,有预见而放任危害结果的发生,就是一种故意犯罪。

如果行为实施的爆炸行为是指向特定的人或者特定的公私财物,并且有意识地把破坏的范围限制在不危害公共安全的范围,客观上也未发生危害公共安全的结果,则不应定爆炸罪,而应根据实际情况,构成什么罪就定什么罪。

需要说明的是,如果用爆炸的方法炸坍江、河、湖泊、水库的堤坝,造成水流失控,泛滥成灾,危害公共安全,则应定决水罪。因为《刑法》已对决水罪作了专门规定,而且爆炸只是决水的一种手段,正如用爆炸的方法破坏交通工具、交通设施、电力设备、煤气设备、易燃易爆设备和广播电视设施、公用电信设施,应分别定破坏交通工具罪、破坏交通设施罪、破坏电力设备罪、破坏易燃易爆设备罪和破坏广播电视设施、公用电信设施罪,而不定爆炸罪一样。

本罪的主体为一般主体,即达到法定刑事责任年龄、具有刑事责任能力的人,均可成为本罪的主体。由于爆炸罪严重危害公共安全,破坏社会秩序,所以法律规定这种犯罪处罚年龄的起点较低。根据《刑法》第十七条第二款的规定,已满十四周岁不满十六周岁的人犯爆炸罪,应当负刑事责任。

本罪在主观方面表现为故意,包括直接故意和间接故意。即行为人明知其行为会引起爆炸,危害不特定多数人的生命、健康或重大公私财产的安全,并且希望或者放任这种危害结果的发生。犯本罪的动机多种多样,如出于报复、嫉妒、怨恨、诬陷等。犯罪动机如何不影响本罪的成立。

本案被告人唐某与同案人张某某、王某某为庆祝张某某、王某某从湖北省未成年犯管教所特赦出狱,寻求刺激制作爆炸物,并在其租住的宾馆房间内向楼下菜市场投掷,其行为危害了公共安全,构成爆炸罪。

二、何某某犯爆炸罪

案件简介

2016年2月21日16时许,长沙某大学全体科、处级以上干部共400余人参加的党政工作例会扩大会议在长沙市天心区某校区学术交流中心科技报告厅召开期间,该校职工、被告人何某某因与学校存在纠纷,携带自制易拉罐爆炸装置、汽油、刺刀、打火机等物品冲进会场。被告人何某某左手持爆炸装置,右手持打火机行至主席台前欲点燃时被会场人员控制,并从其身上查获1把刺刀、2个打火机、1瓶饮料瓶装汽油、13个易拉罐爆炸装置,随后被告人何某某逃离现场。

经鉴定,上述13个易拉罐爆炸装置中的黑色颗粒均检出黑火药成分,银灰色粉末均检出氯酸盐火药成分,组装后引燃具备爆炸性能。

2016年2月22日,被告人何某某被公安机关抓获,其归案后如实供述了自己的罪行。

2016年8月19日,被害单位长沙某大学出具谅解书,对被告人何某某的行为表示谅解。

案件进展

（一）案件审理程序

长沙市天心区人民检察院以长天检刑诉(2016)325号起诉书指控被告人何某某犯爆炸罪,于2016年6月20日向法院提起公诉。法院受理后,公开开庭进行了审理,现已审理终结,判决如下:①被告人何某某犯爆炸罪,判处有期徒刑2年。②公安机关查获的作案工具依法予以没收。

（二）各方意见

公诉人认为

公诉机关指控被告人何某某的行为已触犯《刑法》第一百一十四条,应当以爆炸罪追究其刑事责任。该院认为被告人何某某在实施犯罪行为时,因意志以外的原因未得逞,系犯罪未遂,适用《刑法》第二十三条。同时公诉机关建议对被告人何某某犯爆炸罪在有期徒刑二年至四年之间予以量刑。

被告人及辩护人认为

被告人何某某当庭对公诉机关所指控的爆炸的事实供认属实。

辩护人辩称:①被告人何某某系犯罪未遂,具有法定减轻或者从轻处罚情节。②被告人何某某系初犯,主观恶性不大,是因为与学校有矛盾才采取了过激行为,且认罪、悔罪,具有酌定从轻处罚情节。综上,建议对被告人何某某减轻处罚。

法院认为

被告人何某某携带自制爆炸装置、汽油等物品实施爆炸行为,危害公共安全,尚未造成严重后果,其行为已构成爆炸罪。长沙市天心区人民检察院指控被告人何某某犯爆炸罪的事实及罪名成立。被告人何某某在实施犯罪行为时,因意志以外的原因未得逞,系犯罪未遂,依法可以减轻处罚。被告人何某某归案后和法庭审理中能如实供述自己的罪行,可以认定具有坦白情节,依法可以从轻处罚。被告人何某某取得了被害单位的谅解,具有酌定从轻处罚情节。

案件评析

爆炸罪既遂与未遂的界限应以是否符合法定构成要件为标准。根据《刑法》第一百一十四条的规定,只要行为人实施爆炸,危害公共安全,尚未造成严重后果,就具备爆炸罪全部构成要件,即为既遂。如果致人重伤、死亡或者使公私财产遭受重大损失,应按《刑法》第一百一十五条作为爆炸罪的结果加重犯处罚。至于爆炸罪的未遂,从立法精神看,不存在实行终了的未遂。因为爆炸行为已经实行终了,在一定条件下就足以危害不特定多人的生命、健康或重大财产的安全,无论是否引起严重后果,都是既遂。爆炸罪未遂只能发生在爆炸行为尚未实行终了的阶段,比如刚着手引爆或者在引爆过程中,被人发现夺下炸药,使爆炸未能得逞。这种情况属于未实行终了的爆炸未遂。

爆炸罪与以爆炸方法实施的故意杀人罪、故意伤害罪这两类犯罪,其使用的手段和危害后果都有相同之处,但两者的区别主要如下。

(1)侵犯的客体不同。爆炸罪侵犯的是公共安全,即不特定多数人的生命、健康和重大公私财产的安全;而故意杀人罪、故意伤害罪侵犯的是特定公民的人身权利。

(2)客观方面不同。爆炸犯罪行为人引发爆炸物或以其他方法制造爆炸,造成或足以造成不特定多数人的伤亡或重大公私财产的毁损,其危害结果是难以预料和难以控制的。

故意杀人罪、故意伤害罪的犯罪行为人虽也使用爆炸的方法,但还可以使用其他方法,其行为所造成的危害后果是特定的某个人或某几个人的伤亡,而且一般只造成人身伤亡,不造成财产毁损。因此,行为人针对特定的对象实施爆炸行为,选择的作案环境和条件只能杀伤特定的某个人或某几个人,而不危及公共安全的,分别按故意杀人罪或故意伤害罪论处。如果爆炸行为虽然指向特定的对象,但行为人预见其爆炸行为会危害公共安全而仍实施爆炸行为,危害公共安全,应以爆炸罪论处。

在本案中,被告人何某某携带自制爆炸装置、汽油等物品实施爆炸行为,危害公共安全,构成爆炸罪。在实施犯罪行为时,因意志以外的原因未得逞,系犯罪未遂,依法可以减轻处罚。

三、罗某某、郭某过失爆炸案

案件简介

2015 年 2 月的一天,被告人罗某某驾驶一辆两轮摩托车从祥云县鹿鸣乡××××村携带一批自制的装有雷管及导火线的炸药至弥渡县弥城镇××××村其姐夫即被告人郭某家,罗某某在告知郭某该物品会爆炸后请求郭某帮忙储存,后罗某某、郭某一起将该批自制炸药藏放于郭某家的顶楼上。同年 3 月 2 日 8 时许,郭某起床后在客厅旁的厨房内生火,火星窜至楼上引发储存的炸药爆炸,导致其妻受伤、其家房屋被炸毁及周边房屋不同程度受损的严重后果。经鉴定,其妻的人体损伤程度为重伤二级,其家被炸毁的房屋价值 84 100 元。经对爆炸现场提取的尘土进行鉴定,均检出硝酸根离子、铵根离子、钾离子、钠离子、硫酸根离子,均未检出 TNT 成分。

案件进展

(一)案件审理程序

弥渡县人民检察院以弥检公诉刑诉(2016)19 号起诉书指控被告人罗某某、郭某犯过失爆炸罪,于 2016 年 2 月 25 日向法院提起公诉。法院受理后,依法组成合议庭,于 2016 年 3 月 14 日公开开庭审理了本案,现已审理终结。判决如下:①被告人罗某某犯非法制造爆炸物罪,判处有期徒刑 3 年 6 个月。②被告人郭某犯非法储存爆炸物罪,判处有期徒刑 3 年,缓刑 4 年。③扣押在案的黑色粉末火药由扣押机关依法没收。

(二)各方意见

公诉人认为

被告人罗某某违反国家爆炸管理规定,非法制造爆炸物欲行销售并运输至他人家中,被告人郭某明知系爆炸物仍在家中帮助存放,并因用火不慎,引起炸药爆炸,致一人受重伤、价值 84 100 元的房屋及周边房屋不同程度受损的严重后果,危害公共安全,二人的行为均已触犯《刑法》第一百一十五条第二款之规定,犯罪事实清楚,证据确实、充分,应当以过失爆炸罪追究二人的刑事责任,特提起公诉,请依法判处。

被告人及辩护人认为

被告人罗某某、郭某对公诉机关指控的罪名、适用的法律无异议,请求从轻处罚。

法院认为

被告人罗某某违反国家法律规定,在未取得任何合法手续的情况下,私自自制炸药,并将该炸药运至其姐夫即被告人郭某家请郭某帮忙储存,在储存中该炸药发生爆炸。本案中,虽然对罗某某自制的炸药在数量上无法认定,但该起爆炸造成一人受重伤、价值84 100元的房屋及周边房屋不同程度受损的严重后果,综上,被告人罗某某主观上明知系爆炸物而故意非法制造,且在他人帮忙储存的过程中因他人的过失行为引发炸药爆炸后造成了严重后果,故罗某某的行为符合非法制造爆炸物罪的四个构成要件,构成非法制造爆炸物罪,公诉机关指控被告人罗某某犯过失爆炸罪的罪名不当,法院不予采纳。被告人郭某明知帮罗某某存放的物品系炸药,仍帮助罗某某存放于家中的客厅顶楼上,且在非法储存过程中因其用火不慎,引起炸药爆炸,并造成了严重后果,被告人郭某的行为构成非法储存爆炸物罪。公诉机关指控被告人郭某构成过失爆炸罪的罪名不当,法院亦不予以采纳。量刑时应考虑以下情节:两名被告人归案后认罪态度较好,有明显悔罪表现,法院依法对两名被告人从轻处罚,并对被告人郭某适用缓刑。

案件评析

过失爆炸罪是指行为人出于过失引起爆炸,危害公共安全,造成严重后果的行为。

本罪侵犯的客体是公共安全,即不特定多数人的生命、健康、重大公私财产的安全。

本罪在客观方面表现为过失引起爆炸,危害公共安全,造成致人重伤、死亡或者使公私财产遭受重大损失的严重后果的行为。现实生活中,过失爆炸行为的具体表现形式多种多样,但其共同特点都是由于行为人在日常生活中不注意安全引起的,如在易燃易爆物品仓库中乱扔烟头,引起爆炸等。从行为方式看,过失爆炸行为既可以是作为,也可以是不作为。以不作为方式完成的过失爆炸罪,行为人必须负有特定的义务。

要构成过失爆炸罪,行为人的行为在客观方面必须同时具备以下几个要件。

(1)行为人实施了过失引起爆炸的行为。如果爆炸不是由于行为人的过失行为引起的,而是由于自然原因或者其他不能预见、不可抗拒的原因引起的,则不成立过失爆炸罪。

(2)过失引起爆炸的行为必须危害公共安全,即危害不特定多数人的生命、健康或者重大公私财产的安全。

(3)必须造成严重后果。也就是说必须造成不特定多数人的重伤、死亡或者造成公私财产的重大毁损。如果尚未发生危害结果,或者发生的危害结果尚未达到致人重伤、死亡或者使公私财产遭受重大损失的严重程度的，则不构成过失爆炸罪。因此，后果严重是构成过失爆炸罪的重要标志。

（4）过失引起爆炸的行为与严重后果之间必须具有因果关系，即致人重伤、死亡或者使公私财产遭受重大损失的严重后果必须是由于行为人的过失爆炸行为引起的。这是行为人为其行为负刑事责任的客观基础。

本罪的主体为一般主体，即凡是达到法定刑事责任年龄、具备刑事责任能力的人均可成为本罪主体。

本罪在主观方面表现为过失，既可以是过于自信的过失，行为人对其引起爆炸的行为可能造成危害公共安全的严重后果已经预见，但轻信能够避免；也可以是疏忽大意的过失，即行为应当预见其爆炸行为可能造成危害公共安全的严重后果，由于疏忽大意而未预见，以致发生了这种结果。这一特征是行为人负刑事责任的主观基础。爆炸行为虽然在客观上造成了危害公共的严重后果，但行为人对该结果并未预见，而且根据案件具体情况也不可能预见，则属于意外事件，行为人不负刑事责任。

非法制造、储存爆炸物罪是指违反法律规定，未经国家有关部门批准，非法制造、买卖、运输、邮寄、储存枪支、弹药、爆炸物的行为。

被告人罗某某主观上明知系爆炸物而故意非法制造，且在他人帮忙储存的过程中因他人的过失行为引发炸药爆炸后造成了严重后果，故罗某某的行为符合非法制造爆炸物罪的4个构成要件，构成非法制造爆炸物罪。被告人郭某明知帮罗某某存放的物品系炸药，仍帮助罗某某存放于家中的客厅顶楼上，且在非法储存过程中因其用火不慎，引起炸药爆炸，并造成了严重后果，被告人郭某的行为构成非法储存爆炸物罪。公诉机关指控两被告人构成过失爆炸罪罪名不当。

第三节 投放危险物质罪、过失投放危险物质罪

一、刘某犯投放危险物质罪

案件简介

2012年10月的一天，被告人刘某在城庄镇某村自家地里撒下拌有3911农药的玉米粒。2013年4月1日，同村村民李某在该地里放羊，羊吃了撒在地里的玉米粒后，共有23只羊因中毒死亡。经鉴定，李某家羊胃容物与刘某家地里提取的玉米粒和农药瓶中均检出有机甲拌磷（俗称：3911）成分。

另查明,附带民事诉讼原告人李某家被毒死的羊均为山羊,其中 4 只羊经临县价格认证中心鉴定价格为 2355 元。剩余 19 只羊因失去鉴定条件未进行价格认证。根据 4 只羊的认证情况,酌定考虑其余 19 只羊价格按该 4 只羊的平均价格,然后乘以19,乘积为 11 186.25 元,再加上经过鉴定的 4 只羊,总价格为 13 541.25 元。

案件进展

(一)案件审理程序

山西省临县人民法院审理山西省临县人民检察院指控原审被告人刘某犯投放危险物质罪一案,于 2016 年 4 月 14 日作出(2016)晋 1124 刑初 18 号刑事附带民事判决。判决如下:①被告人刘某犯投放危险物质罪,判处有期徒刑 3 年,缓刑 3 年。②酌情由被告人刘某赔偿附带民事诉讼原告人财物损失费 13 541.25 元。原审被告人刘某不服,提出上诉。法院依法组成合议庭,经过阅卷,讯问上诉人,认为本案事实清楚,决定不开庭审理。现已审理终结。裁定如下:驳回上诉,维持原判。

(二)各方意见

上诉人及辩护人认为

①上诉人在投放农药前后都尽到了告知义务,且案发时所投农药的药性已挥发无几,其不构成投放危险物质罪。②不应由上诉人承担原审附带民事诉讼原告人李某的物质损失。

二审法院认为

上诉人刘某为防止其所种的核桃树幼苗被他人喂养的羊偷吃,便把拌有农药的玉米粒撒在自家地里。其明知该投放危险物质的行为危害公共安全,会引起不特定多数人中毒或使公私财产遭受损失,仍放任危险结果发生,其行为构成投放危险物质罪。对因其犯罪行为给原审附带民事诉讼原告人李某造成的经济损失,应承担赔偿责任。

关于上诉人刘某所提其在投放农药前后都尽到了告知义务,且案发时所投农药的药性已挥发无几,其不构成投放危险物质罪的上诉理由,经查,上诉人在投放有毒玉米粒前后仅通过广播进行告知,而广播的传播范围有限、时效性短,林地周围也未设立任何警示标志及栅栏,没有实际达到对外隔离林地的效果,因此上诉人未尽到应尽的注意义务;另经鉴定,中毒的羊的胃容物、上诉人地里提取的玉米粒和家中的农药瓶中,均检出有机甲拌磷成分,说明羊是因食用了上诉人林地里拌有农药的玉米粒而中毒死亡,故此上诉理由不能成立,法院不予支持。关于上诉人所提不应由其承担原审附带民事诉讼原告人李某物质损失的上诉理由,经查,在案证据能够充分证明李某因羊中毒死亡所产生的物质损失与上诉人投放危险物质的行为具有刑法上的直接因果关系,上诉人刘某应对其行为给李某造成的物质损失承担赔偿责任,故此上诉理由不能成立,法院亦不予支持。

案件评析

投放危险物质罪所侵犯的直接客体是国家对投放毒害性、放射性、传染病病原体等物质的禁止性管理秩序及社会公众的人身安全及公私财产安全。本罪行为人务必实施了投放毒害性、放射性、传染病病原体等物质危害公共安全、尚未造成严重后果的行为;抑或投放了毒害性、放射性、传染病病原体等物质致人重伤、死亡或者使公私财产遭受重大损失的行为。投毒案件的直接后果是致受害人受伤或死亡,直接影响家庭。

本罪侵害的客体是公共安全,即不特定多数人的生命、健康或重大公私财产的安全。这是本罪同使用投毒方法实施的故意杀人罪、故意毁坏财物罪的根本区别之所在。

本罪在客观方面表现为实施了投放毒害性、放射性、传染病病原体等物质危害公共安全的行为。

其一,行为人投放的必须是毒害性、放射性、传染病病原体等危害人的生命、健康或牲畜、禽类、水产养殖物安全的危险物质。其中,毒害性物质是指含有毒物质甚至腐蚀性的有机物或者无机物,如砒霜、敌敌畏、氰化钾、西梅脱、硝酸、硫酸、1059剧毒农药等;放射性物质是指通过原子核裂变时放出的射线发生伤害作用的物质,如镭、铀、钴等放射性化学元素;传染病病原体是能够引起疾病的微生物和寄生虫的统称,如炭疽、霍乱等传染病病菌、病毒。鸦片、大麻、吗啡等虽然也是毒物,但不包括在本罪的毒物之中。

其二,投放行为必须危害公共安全。即该行为已经对不特定多数人的生命、健康或者牲畜和其他财产造成严重威胁或严重损害后果,或者已威胁到不特定多数人的人身和财产的安全。

本罪是危险犯,其成立并不需要出现不特定多数人的中毒或重大公私财产遭受毁损的实际结果,只要行为人的行为足以危害公共安全,即有危害公共安全的危险存在即可。例如,左某因工作和家属安排等问题与领导龙某发生矛盾,由对龙某的不满情绪发展到投毒报复。某日,左某从家里存放的3种农药中选择了毒性较低的杀虫醚,用青霉素瓶装了一瓶,趁龙某家无人之机,投放在龙某家的饮水缸里。由于龙某的妻子及时发现,未造成后果。此案中,左某由不满发展到投毒报复,主观上具有投毒的故意,客观上实施了将农药杀虫醚投放到龙某家水缸内的行为,由于龙某上有老母下有妻女以及亲友等,这些人(还包括家禽、牲畜等财产)都可能受到毒害,因此左某投放毒物的行为虽没有造成严重后果,但足以危害不特定多数人的生命、健康以及家禽、牲畜等财产的安全,已构成投毒罪(即投放危险物质罪)。

投放行为的主要方式:一是将危险物质投放于供不特定人饮食的食品或饮料中;二是将毒物投放于供人、畜等使用的河流、池塘、水井等中;三是在一些公共场所释放放射性、传染病病原体。

本罪主体为一般主体。凡达到刑事责任年龄,具备刑事责任能力的自然人均成为本罪主体。根据《刑法》第十七条第二款规定,已满十四周岁不满十六周岁的人犯投毒罪,危害公共安全的,应当负刑事责任。

本罪在主观方面表现为故意。所谓故意,也就是行为人明知自己的投毒行为危害公共安全,有可能造成不特定的多人死伤或公私财产的大量损失,并且希望或者放任这种结果的发生。投毒的动机可以是各种各样,但不同的动机并不影响定罪。

本案刘某把拌有农药的玉米粒撒在自家地里,其明知该投放危险物质的行为危害公共安全,会引起不特定多数人中毒或使公私财产遭受损失,仍放任危险结果发生,其行为构成投放危险物质罪。

二、徐某甲犯投放危险物质罪

案件简介

1991年左右,被告人徐某甲与丧偶的郑某某结婚(郑某某儿子袁某戊时年15岁),婚后两人在外打工至2008年左右,回到涟水县高沟镇A村袁某戊养鸽子时租的房屋内居住(以下简称小鸽场)。2014年5月左右,袁某戊(被害人,男,殁年37岁)承包高沟镇B村一池塘养虾,经人介绍聘请其大表舅汪某甲(被害人,男,51岁)提供技术帮助。汪某甲租用高沟镇某街18号房屋给李某(同居女友)、长女汪某乙(被害人,女,8岁)、长子汪某己(被害人,男,殁年5岁)、次女汪某戊(被害人,女,殁年2岁)居住,自己居住在虾塘旁边的简易棚内。同年6月12日,郑某某因癌症不治去世,袁某戊在处理母亲丧事过程中,对墓碑上的姓名刻印、哭丧棒扎制等事项没有征询徐某甲意见,在墓碑上仅刻了其生父姓名,被告人徐某甲感到自己未受重视而对袁某戊心存不满。同时,被告人徐某甲认为袁某戊在郑某某去世后对其慰藉不够,并时常安排其在虾塘劳作,即心生怨恨,产生以鼠药毒害袁某戊的恶念。

2014年6月中旬至7月期间,被告人徐某甲先后两次到高沟镇菜市场附近邱某经营的门市共购买10瓶"速效王中王"无色水剂鼠药后,又到高沟镇菜市场附近汪某丁经营的门市一次性购买20瓶"一步亡"无色水剂鼠药。

2014年6月中旬的一天，被告人徐某甲将两瓶"速效王中王"鼠药吸入注射器内，准备投放到袁某戊家冰箱内的猪肉上，因袁某戊下楼而未能得逞。几日后，被告人徐某甲用3瓶"速效王中王"鼠药和少许食用米制作"毒米"后，将"毒米"投放到袁某戊家的食用米中。几日后，被告人徐某甲又将一瓶"速效王中王"鼠药吸入注射器内，将鼠药注入袁某戊家冰箱内的猪肉上。6月29日，袁某戊出现抽搐、昏迷等症状，先后被送到淮安市第一人民医院、江苏省人民医院救治，于7月14日出院。7月17日上午，被告人徐某甲趁向袁某戊家送米之机，用3瓶"速效王中王"鼠药和少许食用米再次制作"毒米"，于次日将"毒米"投放到送给袁某戊家的糯米中，供袁某戊家食用。

在养虾过程中，汪某甲偶尔要求被告人徐某甲帮忙，徐某甲于8月10日左右起协助汪某甲在夜里照看虾塘，汪某甲对其协助行为多次提出不满意见，徐某甲遂亦产生以鼠药毒害汪某甲的恶念。2014年8月13日左右的一天，被告人徐某甲将1瓶"速效王中王"鼠药和2瓶"一步亡"鼠药灌装至一个除草剂瓶子中，趁人不备，将鼠药投入虾棚内饮水机上的纯净水桶内。8月14日晚，汪某乙、汪某己、汪某戊3人随同李某到虾塘为汪某甲送饭期间，在虾棚内饮用了数量不等的纯净水。8月14日10时许至15日凌晨，汪某戊出现腹痛、呕吐等症状，被送至涟水县第三人民医院抢救，经医生检查，发现汪某戊已经死亡。8月15日6时许，汪某乙也出现呕吐症状。8月15日晚，汪某甲将李某、汪某乙、汪某己带至虾棚居住，期间，汪某己与汪某乙又饮用了纯净水。8月16日11时许，汪某己出现呕吐等症状，先后被送至涟水县第三人民医院、淮安市第一人民医院救治，当日21时许，汪某己经抢救无效死亡。8月17日，汪某乙被送至淮安市第二人民医院治疗，于8月24日出院。8月25日10时许，袁某戊在虾塘西侧的土路上死亡。

案发后，被告人徐某甲将尚未使用的8瓶"一步亡"鼠药扔弃在小鸽场南侧的池塘中，将另外10瓶"一步亡"鼠药注入一个白色塑料瓶内后扔弃在小鸽场附近的涟高路东侧水沟内，并将10个空鼠药玻璃瓶扔弃在小鸽场附近的涟高路西侧水沟内。

经法医鉴定，汪某戊系氟乙酸盐类毒物中毒死亡；汪某己符合氟乙酸盐类毒物中毒死亡特征；汪某乙系氟乙酸盐类毒物中毒，损伤程度构成轻伤二级；汪某甲存在氟乙酸盐类毒物接触史。

案发后，经多家鉴定机构检验，在袁某戊血样、肝脏、胃及内容物中均未检出氟乙酸盐类或其他鼠药成分。针对袁某戊的死亡原因，江苏省公安厅物证鉴定中心分别于2014年10月29日和2015年1月19日先后组织相关专家进行了会诊。第一次的会诊意见是根据尸体检验、病理检验、毒物检验等，分析认为袁某戊可排除机械性损伤、机械性窒息、常见器质性疾病、急性中毒死亡。综合袁某戊多脏器的病理学改变，结合病历资料，参考案情，不排除袁某戊因毒物（如有机氟类等）作用于中枢神经系统等，造成急性缺血缺氧死亡。第二次的会诊意见是根据尸体检验，结合临床，袁某戊符合中毒死亡特征，不能排除氟乙酸盐类中毒的可能。鉴定机构出具的鉴定意见同第二次专家会诊意见。

法院另查明，2014年12月21日，被告人徐某甲因嫖娼被涟水县公安局行政拘留15日。次日，被告人徐某甲在涟水县拘留所内接受公安人员询问时，主动供认了用鼠药毒害袁某戊、汪某甲的犯罪事实。后徐某甲于2014年12月25日因本案被刑事拘留。

案件进展

（一）案件审理程序

江苏省淮安市人民检察院以淮检诉刑诉（2015）22号起诉书指控被告人徐某甲犯投放危险物质罪向法院提起公诉，附带民事诉讼原告人汪某甲、李某、汪某乙向法院提起附带民事诉讼，法院于2015年8月17日立案受理后，依法组成合议庭，于2015年10月19日、2016年1月12日公开开庭合并进行审理。审理期间，法院根据公诉机关的建议，决定延期审理一次。本案经合议庭评议并报法院审判委员会讨论决定，现已审理终结。判决如下：①被告人徐某甲犯投放危险物质罪，判处死刑，剥夺政治权利终身。②被告人徐某甲赔偿附带民事诉讼原告人汪某乙各项损失人民币4887.57元；赔偿附带民事诉讼原告人李某、汪某甲各项损失共计人民币62 892.5元。

（二）各方意见

公诉人认为

被告人徐某甲因琐事对特定人员心生怨恨，产生投毒故意，将其购买的鼠药先后投放至特定人员的食用米和饮用水中，无视不特定人员的生命健康安全，造成三人死亡、一人轻伤、一人存在毒物接触史的严重后果，其行为触犯了《刑法》第一百一十五条第一款的规定，应当以投放危险物质罪追究其刑事责任。被告人徐某甲归案后，如实供述自己罪行，系坦白。建议法院对被告人徐某甲判处死刑，剥夺政治权利终身。

附带民事诉讼原告人认为

附带民事诉讼原告人汪某甲、李某、汪某乙请求法院判令被告人徐某甲赔偿汪某乙医疗费4500元、护理费800元、伙食补助费800元，被害人汪某己的医疗费3000元、丧葬费29 672.5元（以广东省2014年度全省国有单位在岗职工年平均工资59 345元为标准），被害人汪某戊的丧葬费 29 672.5 元。

被告人及辩护人认为

被告人徐某甲对公诉机关指控的犯罪事实无异议，但提出其没有毒死袁某戊、汪某甲的故意，只是想将他们毒傻。对附带民事原告人所提诉讼请求表示愿意赔偿，但仅能赔偿一万余元，无能力全部赔偿。

被告人徐某甲的辩护人对公诉机关指控徐某甲构成投放危险物质罪无异议，并同时提出以下辩护意见：①对于袁某戊的死亡原因，鉴定意见是不能排除氟乙酸盐中毒可能，同时鉴定机构在袁某戊体内未检出该毒物成分，根据有利于被告人的原则，不应认定袁某戊死亡是徐某甲投毒所致。②被告人徐某甲是因家庭内部矛盾而犯罪，不是报复社会，主观恶性相对较小；其主观上并不想毒死被害人，投毒范围不大，造成的危害后果较小；并具有坦白、初犯、积极赔偿等从轻处罚情节，提请法庭对被告人徐某甲从轻判处。

法院认为

被告人徐某甲因琐事对特定人员袁某戊、汪某甲产生毒害故意，将其购买的剧毒鼠药先后投放至除袁某戊、汪某甲食用、饮用之外，尚有不特定人员食用、饮用的食材和饮用水中，无视不特定多数人员的生命健康安全，造成三人死亡、一人轻伤、一人存在毒物接触史的严重后果，其行为已构成投放危险物质罪。公诉机关指控罪名成立，法院予以支持。

对于被告人徐某甲庭审中所提其没有毒死袁某戊、汪某甲的主观故意，仅是想将两人毒傻的辩解，经查，被告人徐某甲在侦查阶段明确供述其知道人吃了鼠药可能会死亡，却仍多次在袁某戊家的食材中、在汪某甲所居住虾棚的饮水机中投放剧毒鼠药，说明被告人徐某甲对其投放鼠药的行为可能会导致的后果具有明确的犯罪故意，故法院对其所提该辩解不予采纳。

被告人徐某甲在因其他行政违法行为被行政拘留期间，主动交代所犯罪行，可以自首论。被告人徐某甲因袁某戊、汪某甲对其态度欠妥等琐事，产生用鼠药毒害该两人的恶念，先后实施投毒行为，在看见被害人汪某戊饮用投放过鼠药的水时，恐自己罪行败露而不进行阻止，放任其投毒行为可能造成他人伤亡的后果，致使三人死亡、一人轻伤、一人存在毒物接触史的严重后果。并且在案发后时隔 4 个月之久才交代其所犯罪行，可见其犯罪动机卑劣，主观恶性较深，后果特别严重，社会危害性极大，属罪行极其严重，应依法予以严惩。其虽具有自首情节，但对照其所犯罪行及其自身所具有的主观恶性和社会危害性，仅此尚不足以消减其罪责，故对其不予从轻处罚，对公诉人的量刑建议予以采纳，对辩护人所提对被告人徐某甲从轻处罚的辩护意见不予采纳。

被告人徐某甲因其犯罪行为给附带民事诉讼原告人造成的损失依法应予赔偿。附带民事诉讼原告人汪某甲、李某、汪某乙所提要求被告人徐某甲赔偿汪某乙医药费、护理费、伙食补助费,赔偿治疗汪某己支出的医药费,赔偿因汪某戊、汪某己死亡所产生的丧葬费的诉讼请求符合法律规定,但对相关费用应重新核算。经核对医疗票据,汪某乙的住院费用为 4257.57 元,汪某己的医疗费用为 1109.5 元,故对原告人所提超过该数额的医药费诉求不予支持。原告人所提汪某乙护理费、伙食补助费各 800 元的标准过高,法院根据当地护工收入、汪某乙病情及住院天数,分别支持汪某乙护理费 420 元(7 天×60 元/天)、伙食补助费 210 元(7 天×30 元/天)。根据法律规定,丧葬费按照受诉法院所在地上一年度职工年月平均工资标准,以 6 个月总额计算。本案受诉法院所在地为江苏省,故原告人要求以广东省 2014 年度全省国有单位在岗职工年平均工资确定汪某戊、汪某己丧葬费不当,法院依法不予支持。2014 年度江苏省职工年平均工资为 61 783 元,故汪某戊、汪某己的丧葬费各为 30 891.5 元。综上,被告人徐某甲应赔偿原告汪某乙各项损失共计 4887.57 元;应赔偿原告李某、汪某甲各项损失共计 62 892.5 元。

案件评析

投放危险物质罪是指故意投放毒害性、放射性、传染病病原体等物质,危害公共安全的行为。该罪的本质特征在于运用投放危险物质的方式实施犯罪,从而危害公共安全。由于这种行为与犯罪目的、侵害对象、犯罪结果,以及司法实践中的不同认识相互结合和交织,使得处断时极为混乱,有必要予以廓清。

本罪侵犯的客体是公共安全。

本罪在客观方面表现为行为人实施了投放毒害性、放射性、传染病病原体等物质,危害公共安全的行为。

本罪的主体是一般主体。

本罪在主观方面表现为故意。既可以出于直接故意,也可以出于间接故意。

《刑法》第一百一十四条规定:"放火、决水、爆炸、投毒或者以其他危险方法破坏工厂、矿场、油田、港口、河流、水源、仓库、住宅、森林、农场、谷场、牧场、重要管道、公共建筑物或者其他公私财产,危害公共安全,尚未造成严重后果的,处三年以上十年以下有期徒刑。"

第一百一十五条规定:"放火、决水、爆炸、投毒或者以其他危险方法致人重伤、死亡或者使公私财产遭受重大损失的,处十年以上有期徒刑、无期徒刑或者死刑。

"过失犯前款罪的,处三年以上七年以下有期徒刑;情节较轻的,处三年以下有期徒刑或者拘役。"

本条增加了投毒这种行为方式，对投毒行为直接适用本条之规定。故只要行为人实施的投毒行为危害了公共安全，即便尚未造成严重后果，也构成投毒罪的既遂。如果已经造成致人重伤、死亡或者公私财产的重大损失的严重后果，则应依照本法第一百一十五条规定处罚。

不论在何种场合投毒，投毒行为的具体指向如何，只要行为人明知自己的投毒行为会引起不特定多人或者不特定多禽畜中毒伤亡，并且希望或者放任这种结果发生，就应以投毒罪论处。如果投毒行为只是指向特定的个人、特定个人家庭饲养的禽畜、承包的鱼塘等，并有意识地将损害结果限制在这个局部范围内，不足以危害公共安全的，不应定投毒罪。应根据实际情况，构成什么罪就定什么罪，如故意杀人罪、故意毁坏财物罪、破坏生产经营罪等。

如果行为人违反毒害性物品管理规定，也可能造成人身伤亡的严重后果。但这种罪是在生产、储存、运输、使用中发生的重大事故，且只能由过失构成；而投毒罪则不受这个范围的限制，在主观上表现为故意。

环境污染是指工厂、企业、事业和科研单位违反《中华人民共和国环境保护法》的规定，任意排放超过国家规定标准的有害物质，严重污染环境，危害人民健康，破坏自然资源，在规定的期限内能治理而不治理的行为。这种行为的危害后果，有时虽与投毒罪相似，但行为产生的原因和表现形式与投毒罪是不同的。

本案被告人徐某甲因琐事对特定人员心生怨恨，产生投毒故意，将其购买的鼠药先后投放至特定人员的食用米和饮用水中，无视不特定人员的生命健康安全，造成三人死亡、一人轻伤、一人存在毒物接触史的严重后果，其行为满足投放危险物质罪构成要件，应当以投放危险物质罪追究其刑事责任。

三、王某某、王一某犯过失投放危险物质罪

案件简介

2014年12月17日，被告人王某某、王一某为了防止野兔、野鸡进入位于关王庙乡下川村南湾子的自家麦地里啃食麦苗，分别往麦地撒了拌有3911农药（含甲拌磷成分）的玉米粒。为防止牛羊中毒，被告人王某某向为董某某放羊的村民陈某某告知其家麦地里撒上农药，并让其转告董某某。被告人王一某向董某某告知其家麦地里撒上农药，不要让牛羊进入。2015年1月12日中午，董某某、聂某某夫妇外出回家，发现自家绒山羊跑出羊圈，在王某某、王一某南湾子麦地里找到羊群时发现已有10只羊死

亡,先后共有 30 只羊死亡。经临汾市公安司法鉴定中心鉴定,从送检的 30 只绒山羊胃中和从王某某、王一某地里提取的玉米粒中均检出甲拌磷成分。经乡宁县价格认证中心鉴定,被毒死的 30 只绒山羊价值人民币 37 800 元。2015 年 4 月 27 日,被告人王某某自动到公安机关投案。2015 年 4 月 28 日,被告人王一某被公安民警抓获归案。2015 年 5 月 5 日,被告人王某某、王一某分别与董某某、聂某某夫妇达成民事赔偿,王某某、王一某各赔偿董某某、聂某某 12 000 元,并取得被害人董某某、聂某某的谅解。

案件进展

(一)案件审理程序

乡宁县人民检察院以乡检公诉刑诉(2016)25 号起诉书指控被告人王某某、王一某犯过失投放危险物质罪,于 2016 年 5 月 12 日向法院提起公诉。法院受理后,依法组成合议庭,于 2016 年 5 月 26 日公开开庭审理了本案。现已审理终结,判决如下:被告人王一某犯过失投放危险物质罪,判处有期徒刑 2 年,缓刑 3 年。被告人王某某犯过失投放危险物质罪,判处有期徒刑 2 年 6 个月,缓刑 4 年。

(二)各方意见

公诉人认为

被告人王某某、王一某过失投放危险物质危害公共安全,致使他人财产遭受重大损失,其行为触犯了《刑法》第一百一十五条第二款,应当以过失投放危险物质罪追究其刑事责任。被告人王某某自动到公安机关投案,并如实供述犯罪事实,是自首,依据《刑法》第六十七条之规定,可以依法从轻或减轻处罚。

被告人及辩护人认为

被告人王某某、王一某对公诉机关指控的犯罪事实及罪名均无异议。

法院认为

被告人王某某、王一某因其麦苗被野兔、野鸡损坏,投放拌有甲拌磷的玉米粒,造成被害人董某某 30 只绒山羊误食其投放的农药后死亡的后果,造成经济损失 37 800 元。两被告人主观上认为通过向陈某某及董某某告知投放农药的行为可以避免危害结果发生,表现为过于自信的过失,客观上实施了投放危险物质的行为,并造成被害人财产重大损失的后果,其行为符合过失投放危险物质罪的构成要件,两被告人的行为构成过失投放危险物质罪。乡宁县人民检察院指控成立。在本案中,被告人王某某自动向公安机关投案并如实供述自己犯罪事实,是自首,依法可以从轻处罚。两被告人犯罪较轻,认罪态度较好,案发后均积极赔偿被害人经济损失,并取得被害人的谅解,可酌情从轻处罚。综观本案两被告人的犯罪动机、认罪态度、具体的损害及赔偿等，属情节较轻，对两被告人从轻处罚并适用缓刑没有再犯罪危险，宣告缓刑对所居住社区没有重大不良影响。

案件评析

过失投放危险物质罪是指过失投放毒物，危害公共安全的行为。根据《刑法》第一百一十五条规定："放火、决水、爆炸以及投放毒害性、放射性、传染病病原体等物质或者以其他危险方法致人重伤、死亡或者使公私财产遭受重大损失的，处十年以上有期徒刑、无期徒刑或者死刑。过失犯前款罪的，处三年以上七年以下有期徒刑；情节较轻的，处三年以下有期徒刑或者拘役。"

本罪侵犯的客体是公共安全，即不特定多数人的生命、健康和重大公私财产安全。

本罪在客观方面表现为实施引起中毒，造成严重后果危害公共安全的行为。这是行为人负刑事责任的客观基础。构成本罪必须实施引起中毒，危害公共安全的行为。例如，把喷过敌敌畏的蔬菜未冲洗干净到集市出卖，致购食者多人中毒；误将毒药投入饲料中，致使大量牲畜食后中毒等。在日常生活中有的把装过农药的口袋与粮食口袋混杂在一起，把瓶装敌敌畏与瓶装食油放在一起，因不慎误用农药口袋装粮食，误用敌敌畏炒菜，以致造成多人中毒死亡的严重后果，就构成过失投毒罪。如果没有引起中毒的行为表现，或者致人中毒的行为并不危害公共安全，均不能定为过失投毒罪。例如，误将毒药当作药品给特定人服用致死，根据案件具体情节，可定为过失致人死亡罪。根据本法规定，只有发生法定严重后果，即致人重伤、死亡或者使公私财产遭受重大损失，才能构成本罪。未发生中毒后果，或者造成的后果尚未达到法定的严重程度，不构成本罪。

本罪的主体为一般主体，即达到法定刑事责任年龄、具有刑事责任能力的人均可构成。

本罪在主观方面表现为过失。即行为人对其行为可能引起中毒，造成危害公共安全的严重后果已经预见，而轻信能够避免，或者对这种严重后果应当预见，由于疏忽大意没有预见，以致发生了严重的中毒事故，包括过于自信的过失和疏忽大意的过失。这一特征是本罪区别于投毒罪的关键所在。

本案中，两被告人主观上认为通过向陈某某及董某某告知投放农药的行为可以避免危害结果发生，表现为过于自信的过失，客观上实施了投放危险物质的行为，并造成被害人财产重大损失的后果，其行为符合过失投放危险物质罪的构成要件，两被告人的行为构成过失投放危险物质罪。

四、刘一、刘二犯过失投放危险物质罪

案件简介

2015年1月以来,被告人刘一租赁位于天津市东丽区某批发市场b区十一排19号的房屋,用于存放大量玉米,被告人刘二系被告人刘一的雇用人员。2015年7月4日17时许,为了预防发生虫害,被告人刘一、刘二在无任何安全防护措施的情况下,将对人畜剧毒的磷化铝片剂约一千克用纸分包后,放入上述用于存放玉米的仓库内。随后玉米垛中的磷化铝因氧化及受潮等原因释放出剧毒的磷化氢气体,并扩散至隔壁b区十一排20号被害人谢某家中,导致一家4口出现中毒症状。同年7月6日10时许,被害人谢某发觉中毒后跑出住处求救,其妻子霍某及次女谢二当场死亡,后被害人谢某与其长女谢一被送到医院救治。2015年7月7日凌晨4时许,谢一经抢救无效死亡。经检验,霍某、谢一、谢二均系磷化氢中毒死亡。2015年7月8日,被告人刘一、刘二经口头传唤到案。案发后,双方达成民事赔偿协议且已履行完毕。

案件进展

(一)案件审理程序

天津市东丽区人民检察院以津丽检公诉刑诉(2015)1073号起诉书指控,被告人刘一、刘二犯过失投放危险物质罪,于2016年1月5日向法院提起公诉。法院依法组成合议庭,公开开庭审理了本案。现已审理终结,判决如下:①被告人刘一犯过失投放危险物质罪,判处有期徒刑3年,缓刑3年。在缓刑考验期限内,依法实行社区矫正。被告人刘二犯过失投放危险物质罪,判处有期徒刑2年,缓刑2年。在缓刑考验期限内,依法实行社区矫正。②随案移送扣押款人民币9700元依法发还被告人刘一。

(二)各方意见

法院认为

被告人刘一、刘二过失投放危险物质,造成3人死亡的结果,其两人行为已构成过失投放危险物质罪,依法应予惩处。公诉机关指控意见正确,法院予以采纳。被告人刘一、刘二经传唤后主动到案,如实供述犯罪事实,系自首,可对被告人刘一从轻处罚,对被告人刘二减轻处罚。关于辩护人认为被告人刘一、刘二系自首,积极赔偿被害人经济损失,并得到被害人的谅解,且系过失犯罪,主观恶性及社会危害性相对较小,请求法庭从轻、减轻处罚,判处缓刑的意见法院予以采纳。

案件评析

过失投放危险物质罪与投放危险物质罪都是以投放危险物质的危险方法危害公共安全的犯罪。客体要件、犯罪手段是相同的。两者的区别如下。

（1）投放危险物质罪是故意犯罪，过失投放危险物质罪是过失犯罪，两者对危害结果的态度是根本不同的。

（2）过失投放危险物质罪在客观上以造成法定的严重后果作为构成犯罪的必备要件，未造成他人重伤、死亡或使公私财物遭受重大损失的，不构成犯罪。投放危险物质罪只要具有危害公共安全的投毒行为，不论是否造成严重后果，都作犯罪处理。

（3）投放危险物质罪有既遂、未遂之分，过失投放危险物质罪是过失犯罪，不存在犯罪未遂。

（4）主体要件责任年龄不同。投放危险物质罪年满14周岁即可构成，过失投放危险物质罪年满16周岁才负刑事责任。

过失投放危险物质罪与过失致人重伤、致人死亡罪三者都是过失犯罪，主要区别如下。

（1）侵犯的客体不同。过失投放危险物质罪侵犯的客体是公共安全，即不特定多数人的生命、健康和重大公私财产的安全，侵犯的对象具有不确定性；而过失重伤、过失致人死亡罪侵犯的客体是公民的生命、健康权利，侵犯的对象是特定的。

（2）客观方面表现不同。过失投放危险物质罪表现为行为人过失投毒，危害公共安全，造成不特定多数人的伤亡或者使公私财产遭受重大损失的行为；而过失致人重伤、致人死亡罪则表现为过失引起特定的人的重伤或者死亡结果的发生。

本案两被告人将对人畜剧毒的磷化铝片剂放入用于存放玉米的仓库内，被告人对其行为可能引起中毒，造成危害公共安全的严重后果应当预见，由于疏忽大意没有预见，以致发生了严重的中毒事故，已构成过失投放危险物质罪。

第四节　以危险方法危害公共安全罪

一、王某刚犯以危险方法危害公共安全罪

案件简介

2015年11月9日17时许，上诉人王某刚在其位于北京市石景山区北辛安南岔×号院的租住地内，因与其妻子李某发生矛盾，为发泄情绪，在多户居民共同租住的院子

内手持点燃的打火机,以点燃身边正在喷气的液化气罐相威胁。后经民警劝导,上诉人王某刚走出院子坐上警车,被民警控制后带至公安机关。

案件进展

（一）案件审理程序

北京市石景山区人民法院审理北京市石景山区人民检察院指控原审被告人王某刚犯以危险方法危害公共安全罪一案,于 2016 年 1 月 26 日作出（2016）京 0107 刑初 28 号刑事判决。判决如下:①被告人王某刚犯以危险方法危害公共安全罪,判处有期徒刑 3 年 6 个月。②扣押在公安机关的液化气罐一个、打火机一个,均予以没收。

原审被告人王某刚不服,提出上诉。法院依法组成合议庭,经过阅卷,讯问了上诉人王某刚,认为本案事实清楚,决定不开庭审理。现已审理终结。判决如下:①维持北京市石景山区人民法院（2016）京 0107 刑初 28 号刑事判决书主文第一项,即被告人王某刚犯以危险方法危害公共安全罪,判处有期徒刑 3 年 6 个月。②撤销北京市石景山区人民法院（2016）京 0107 刑初 28 号刑事判决书主文第二项,即扣押在公安机关的液化气罐一个、打火机一个,均予以没收。

（二）各方意见

上诉人及辩护人认为

原判事实不清,起获的煤气罐是灌满气的,不是当时他身边那个空的,警察执法记录仪拍摄到的煤气罐与起获的煤气罐不符,他当时用打火机是在点烟,煤气罐并没有漏气,视频中的声音不是煤气罐的声音,其行为发生在"自家院内",并非"公共场所",其和警察吵架是不对的,应构成寻衅滋事罪。

二审法院认为

对于上诉人王某刚所提原判事实不清,起获的煤气罐是灌满气的,不是当时他身边那个空的,警察执法记录仪拍摄到的煤气罐与起获的煤气罐不符,他当时用打火机是在点烟,煤气罐并没有漏气,视频中的声音不是煤气罐的声音的上诉理由,经查,虽然王某刚所提起获的煤气罐不是当时他身边那个,警察执法记录仪拍摄到的煤气罐与起获的煤气罐不符的上诉理由,经查属实,但是在案证据当中,证人王某的证言及现场执法录像能够直接证明王某刚用打火机正在打火,欲点燃身边正在喷气的液化气罐的事实,并有证人杨某的证言予以佐证,故王某刚关于他当时用打火机是在点烟,身边煤气罐是空的,并没有漏气,视频中的声音不是煤气罐声音的上诉理由,缺乏证据支持,法院不予采纳。

对于上诉人王某刚所提其行为发生在"自家院内",并非"公共场所",其和警察吵架的行为应构成寻衅滋事罪的上诉理由，经查，王某刚所租住的房屋为多户居民共同居住，且在院内有多个液化气罐等易燃物品，一旦发生火灾爆炸等危害后果，将造成不特定多数人员伤亡及财产损失，故该场所属于刑法意义上的公共场所，其行为危害了公共安全，应当以危险方法危害公共安全罪定罪处罚。综上，王某刚的上述上诉理由法院不予采纳。

法院认为，上诉人王某刚遇事不能正确处理，在公共场所以点燃液化气罐的方法危害公共安全，尚未造成严重后果，其行为已构成以危险方法危害公共安全罪，依法应予惩处。王某刚曾因犯盗窃罪被判处有期徒刑，刑罚执行完毕后5年内，再次故意犯应当判处有期徒刑以上刑罚之罪，系累犯，应对其依法从重处罚。原审人民法院根据王某刚犯罪的事实、犯罪的性质、情节及对于社会的危害程度所作出的判决，认定主要事实清楚，主要证据确实、充分，定罪准确，量刑适当，审判程序合法，唯认定涉案的液化气罐已被公安机关依法扣押的事实有误，判决扣押在公安机关的液化气罐予以没收不当，法院依法改判。

案件评析

以危险方法危害公共安全罪是一个概括性罪名，是故意以放火、决水、爆炸以及投放危险物质以外的并与之相当的危险方法，足以危害公共安全的行为。该罪侵犯的客体是公共安全，主观表现为故意。与过失以危险方法危害公共安全罪不同的是，该罪属于行为犯，无论是否造成严重后果，只要实施危害公共安全的行为都能构成该罪。因此《刑法》规定，以危险方法危害公共安全尚未造成严重后果的，处三年以上十年以下有期徒刑。造成严重后果的，处十年以上有期徒刑、无期徒刑或者死刑。

以危险方法危害公共安全的犯罪是一个独立的罪名，是以放火、决水、爆炸、投毒以外的各种不常见的危险方法实施危害公共安全的犯罪。犯罪是一种复杂的社会现象，社会上发生的犯罪形式多种多样。同一类型的犯罪，同是以危险方法危害公共安全的犯罪，其具体的犯罪方式、方法也有多种。随着社会政治、经济、文化的不断发展，犯罪分子还会变换新手法，出现新的犯罪形式。本法不可能也没有必要把所有危害公共安全罪的危险方法都罗列出来。本条在明确列举放火等4种常见的危险方法的同时，对其他不常见的危险方法作一概括性的规定，有利于运用刑法武器同各种形式的危害公共安全的犯罪作斗争，保卫社会公共安全。

本罪侵犯的客体是社会公共安全，即不特定多数人的生命、健康或者大量公私财产的安全。如果行为人用危险方法侵害了特定的对象，不危及公共安全，对不特定多数人的生命、健康或大量公私财产的安全并无威胁，就不构成本罪。

本罪在客观方面表现为以其他危险方法危害公共安全的行为。所谓其他危险方法是指放火、决水、爆炸、投毒之外的,但与上述危险方法相当的危害公共安全的犯罪方法。这里的其他危险方法包括以下两层含义。

(1)其他危险方法是指放火、决水、爆炸、投毒以外的危险方法。

(2)其他危险方法应理解为与放火、决水、爆炸、投毒的危险性相当的、足以危害公共安全的方法,即这种危险方法一经实施就可能造成不特定多数人的伤亡或重大公私财产的毁损。因此,司法实践中对以"其他危险方法"危害公共安全罪的认定,既不能作无限制的扩大解释,也不能任意扩大其适用的范围。也就是说,本法规定的其他危险方法是有限制的,而不是无所不包的。只有行为人实施危害公共安全的行为所采用的危险方法与放火、决水、爆炸、投毒的危险性相当,且行为的社会危害性达到相当严重的程度,才能按以危险方法危害公共安全罪论处。如某甲为报复社会,故意驾车冲撞行人,危害不特定多数人的生命、健康安全,其故意驾车撞人的危险程度与放火、决水、爆炸、投毒危害公共安全的危险方法相当,因此,行为人驾车撞人的危险方法在客观上就构成了以危险方法危害公共安全罪。但是如果行为人所实施的危险方法的程度较小,尚不足以造成不特定多数人中毒伤亡等严重后果的,如出售霉变、生虫的糕点等,就不能与放火、决水、爆炸、投毒的危险方法相当或相类似,所以不能视为以危险方法危害公共安全罪。

从司法实践来看,以危险方法危害公共安全的犯罪突出表现在以下几个方面。

(1)以私设电网的危险方法危害公共安全。私设电网是一种危害社会的行为。有关法律、法规明令禁止单位、个人未经有关部门批准擅自架设电网,否则造成严重后果的,要依法追究行为人的法律责任。同时,私设电网也是一种危险方法,其侵犯的对象是不特定多数人的生命、健康安全。特别是在公共场所私设电网,直接威胁不特定多数人的安全,其侵犯的客体是公共安全。这种行为无论是从主观还是从客观方面,都符合以危险方法危害公共安全罪的构成。

(2)以驾车撞人的危险方法危害公共安全这种犯罪的行为人往往是出于对现实不满、报复社会的动机。例如,姚某对领导、工作不满,驾驶出租车在大街上冲撞行人,致多人伤亡。这种危险方法与放火、决水、爆炸、投毒的危害性并无差别,其危害的是不特定多数人的生命、健康安全,符合以危险方法危害公共安全罪的构成特征。

(3)以制、输坏血、病毒血的危险方法危害公共安全罪。近年来,社会上出现了个别不法医务人员,为了牟取非法暴利,置患者的生命、健康权利于不顾,采取以制、输坏血、病毒血的危险方法危害公共安全的案件不断发生。这种犯罪行为人在主观上是故意,出于牟利或报复社会的目的和动机,实施以制、输坏血、病毒血的危险方法,危害或直接威胁不特定多数人的生命、健康安全，符合以危险方法危害公共安全罪的特征。

（4）以向人群开枪的危险方法危害公共安全这种犯罪行为人往往是出于报复社会或寻求新奇刺激的目的和动机，向人群开枪射击。

本罪的主体为一般主体，必须是达到法定刑事责任年龄、具有刑事责任能力的自然人。

本罪在主观方面表现为犯罪的故意。即行为人明知其实施的危险方法会危害公共安全，会发生危及不特定多数人的生命、健康或公私财产安全的严重后果，并且希望或者放任这种结果发生。实践中这种案件除少数对危害公共安全的后果持希望态度，由直接故意构成外，大多持放任态度，属于间接故意。

实施这种犯罪的目的和动机多种多样。如为报复泄愤而驾驶汽车向人群冲撞，为防盗而私架电网等。不论行为人出于直接故意或间接故意，基于何种个人目的和动机，都不影响本罪的成立。

对本罪在司法认定中应注意以下几点。

1. 该罪的定罪量刑要准确适当

在司法实践中，对以其他危险方法危害公共安全罪的认定，必须严格掌握构成危害公共安全罪的特定构成要件，既不能作无限制的扩大解释，也不能任意扩大适用的范围。因为法律规定的其他危险方法是有限制的，只有行为人实施危害公共安全的行为所采用的危险方法与放火、决水、爆炸以及投放危险物质的危险性相当且行为的社会危害性达到相当严重的程度，才构成该罪。

2. 该罪与故意杀人罪、故意伤害罪和故意毁坏财物罪的界限

区分两者的标准是使用危险方法实施犯罪是否足以危害公共安全。如果行为人使用的危险方法是杀人、伤人或毁坏公私财物，其行为足以危害公共安全的就构成该罪；如果其行为不足以危害公共安全的，应当依照《刑法》第二百三十二条、第二百三十四条、第二百七十五条的规定，分别以故意杀人罪、故意伤害罪、故意毁坏财物罪论处。

3. 该罪与过失以危险方法危害公共安全罪的界限

（1）客观方面都表现为使用其他危险方法危害公共安全的行为。但后者必须发生致人重伤、死亡或者使公私财产遭受严重损失的后果才构成犯罪；前者只要实施危害公共安全的行为，即使尚未造成严重后果也构成犯罪。

（2）主观方面前者是犯罪的故意，后者由过失构成。在司法实践中，对间接故意与过于自信的过失构成的上述犯罪难以区分。两者行为人对其行为可能造成的危害公共安全的严重后果均已预见，并且都不希望结果发生。但前者虽不希望却未采取避免结果发生的任何措施，而是心存侥幸任其发生，危害结果发生与否均不违背行为人的意愿。后者行为人则采取一定的措施或者相信具有可能防止结果发生的主客观条件，只是过高地估计和轻信了这些条件，才使得危害结果未能避免，发生这种危害结果违背行为人的意愿。

在本案中，上诉人王某刚在公共场所以点燃液化气罐的方法危害公共安全，尚未造成严重后果，其行为已构成以危险方法危害公共安全罪，依法应予惩处。

二、沈某犯以危险方法危害公共安全罪

案件简介

2015 年 6 月 10 日 23 时许，上诉人沈某酒后驾驶一辆丰田牌轿车(车牌号为粤B×××××)来到东莞市长安镇锦厦社区某酒吧找到其女友被害人曾某乙，后与曾某乙发生争吵。次日 2 时许，沈某驾驶前述轿车离开某酒吧。行驶至锦绣酒楼附近时，沈某驾车折返现场并先后 3 次朝曾某乙方向撞去，致使被害人曾某乙以及站在曾某乙附近的群众被害人陈某、王某乙等 5 人受伤。当日 10 时许，沈某到深圳市光明新区公明派出所投案。经法医鉴定，被害人曾某乙与另一案外人身体所受损伤为重伤二级，被害人陈某、王某乙与另一案外人身体所受损伤为轻伤二级。

案件进展

(一)案件审理程序

广东省东莞市第二人民法院审理广东省东莞市第二市区人民检察院指控原审被告人沈某犯以危险方法危害公共安全罪，于 2016 年 5 月 20 日作出(2016)粤 1972 刑初 526 号刑事附带民事判决。判决如下：①被告人沈某犯以危险方法危害公共安全罪，判处有期徒刑 15 年。②随案移送的手机一部，予以没收，上缴国库；暂扣在公安机关的小轿车一辆(粤 B×××××)，由暂扣机关查清实际权属后依法处理。③限被告人沈某自本判决发生法律效力之日起 10 日内赔偿 18 083.45 元给附带民事诉讼原告人曾某乙。④限被告人沈某自本判决发生法律效力之日起 10 日内赔偿 9595.38 元给附带民事诉讼原告人陈某。⑤限被告人沈某自本判决发生法律效力之日起 10 日内赔偿 18 571.58 元给附带民事诉讼原告人王某乙。⑥驳回附带民事诉讼原告人曾某乙、陈某、王某乙的其他诉讼请求。

原审被告人沈某不服，提出上诉。法院受理后，依法组成合议庭，经阅卷并讯问上诉人及认真听取辩护人意见，认为本案事实清楚，决定不开庭审理。现已审理终结。裁定如下：驳回上诉，维持原判。

（二）各方意见

上诉人及辩护人认为

上诉人沈某及其辩护人提出原审定性错误、量刑过重，请求二审对其从轻处罚，理由如下：①沈某的行为对象是有针对性、特定的人群，原审定性错误，应定性为故意伤害罪。②沈某在归案后已供述主要的犯罪情节，应认定为自首。③被害人有重大过错，被害人的过错对于本案的发生有重要的影响。

二审法院认为

关于上诉人及其辩护人提出本案的定性问题，经查：①沈某在多人聚集的公共道路上驾车多次高速冲撞，不顾周边群众的安危，已对不特定的多数人构成危害，沈某的行为已构成以危险方法危害公共安全罪。上诉人沈某及其辩护人提出沈某构成故意伤害罪的意见不能成立。②关于上诉人及其辩护人提出沈某具有自首情节的意见，经查，沈某主动投案，归案后供述其开车撞人是为了逃跑，没有撞其他群众。根据现场监控录像及相关被害人陈述、证人证言证实，沈某前后3次驾车到现场高速冲撞被害人，毫不顾及可能对在场其他群众的人身安危。沈某所作供述与事实不符，不应认定为自首。上诉人沈某及其辩护人提出具有自首情节的意见不能成立。③关于上诉人及其辩护人提出被害人有过错的意见，经查，虽然被害人曾某乙等人案发前与上诉人发生过争吵，但该争吵行为仅为普通生活纠纷，曾某乙等人对本案的发生不负有刑法意义上的责任。上诉人及其辩护人提出被害人有过错的意见不能成立。

法院认为，上诉人沈某以驾车冲撞人群的危险方法危害公共安全，致两人重伤、三人轻伤，其行为已构成以危险方法危害公共安全罪，依法应予惩处。原判认定事实清楚，证据确实、充分，定罪准确，量刑适当，审判程序合法。上诉人沈某及其辩护人所提意见均不能成立，法院不予采纳。

案件评析

醉酒驾驶机动车肇事可能构成以危险方法危害公共安全罪，这一点没有疑义，但在何种情形下可认定为该罪，则常常引发很大争议。

《刑法》第一百一十四条和一百一十五条第一款规定，放火、决水、爆炸以及投放毒害性、放射性、传染病病原体等物质或者以其他危险方法危害公共安全，尚未造成严重后果的，处三年以上十年以下有期徒刑；致人重伤、死亡或者使公私财产遭受重大损失的，处十年以上有期徒刑、无期徒刑或者死刑。可见"其他危险方法"是对放火、决水、爆炸、投放危险物质4种行为的兜底，根据刑法同类解释规则，对这4种行为之外的其他危险行为要认定为以危险方法危害公共安全罪，则应当要求该行为具有与这4种行为相当的危险性、破坏性，而不能泛指其他所有危害公共安全的行为。同时，以危险方法危害公共安全罪是故意犯罪，行为人不仅故意实施危害公共安全的行为，并且希望或者放任危害结果（包括具体危险）的发生。例如，对醉酒驾车行为认定为以危险方法危害公共安全罪，就必须同时符合该罪的主客观条件，不能简单以危害后果判断醉酒驾车是否构成该罪。根据是否造成严重危害后果，醉酒驾车可以分为多种情形，不同情形下需要与以危险方法危害公共安全罪厘清界限的程度也不同。

（1）醉酒驾车没有发生交通肇事即被查获的。这种行为在《刑法修正案（八）》施行前属于行政违法，在《刑法修正案（八）》施行后一般认定为危险驾驶罪。不过在极少数情况下，即便没有发生交通事故，如果醉酒驾车具有与放火、决水等4种行为相当的危险性、破坏性，也存在认定为以危险方法危害公共安全罪的余地。例如，行为人在繁华路段醉酒驾车，连续多次闯红灯，或者高速逆行，导致很多车辆急刹车，给其他驾车者和行人造成恐慌，后被交警截停而未造成事故。这种情形下，醉酒驾车给公共安全造成的是紧迫的高度危险，可以考虑认定为以危险方法危害公共安全罪，依照《刑法》第一百一十四条的规定，处3年以上10年以下有期徒刑。当然，由于醉酒驾车出现具体危险但又没有造成事故的情形在实践中较为少见，故对于此类行为认定为以危险方法危害公共安全罪，应当是极个别情况。

（2）醉酒驾车发生交通事故，造成他人伤亡或者财产损失等后果的。对此，不少人认为醉酒驾车致人伤亡不同于普通交通肇事，说明驾车人对机动车缺乏有效控制力，对公共安全具有极大的危险性和侵害性，而醉驾者明知这一点仍然驾车，说明对危害后果的发生至少持放任心态，故为严厉打击这种犯罪，应当一律以危险方法危害公共安全罪定罪处罚。这种意见体现了对醉酒驾车肇事犯罪的从严惩处，但实践中醉酒驾车肇事的情形较为复杂，如一律认定为以危险方法危害公共安全罪，不符合主客观相统一的定罪原则和罪刑相适应原则，也会造成打击面的不当扩大。即使是醉酒驾车造成人员伤亡或者财产损失的，也应当根据案件的具体情况定性，而不能一律认定为以危险方法危害公共安全罪。

（3）醉酒驾车肇事只发生一次冲撞的情形。在这种情形下，如果行为人肇事致人伤亡或者造成财产损失较小，根据《最高人民法院关于审理交通肇事刑事案件具体应用法律若干问题的解释》（以下简称《解释》）尚不构成交通肇事罪的，一般应认定为危险驾驶罪，而不是以危险方法危害公共安全罪。主要理由是醉酒驾车发生交通事故，醉驾者对驾车行为虽出于故意，但对于发生肇事后果通常出于过失，如果尚未达到交通肇事罪这一过失犯罪的入罪标准，则不能反过来以以危险方法危害公共安全罪这一故意犯罪追究其刑事责任。即使确有证据表明醉驾者对危害后果持故意心态，也还要看其当时的醉驾行为是否具有与放火、决水等4种行为相当的危险性、破坏性，不能一概认定为以危险方法危害公共安全罪。醉驾者也可能出于报复目的而在道路上针对特定人员或者车辆实施撞击，此时醉驾者可能构成故意伤害罪、故意杀人罪或者故意毁坏财物罪，而不是以危险方法危害公共安全罪。

　　如果行为人醉酒驾车肇事属于一次撞击，所造成他人伤亡或者财产损失的后果达到了《解释》规定的交通肇事罪的定罪标准，则一般应当认定为交通肇事罪，而不是以危险方法危害公共安全罪。因为肇事后果加重，并不当然表明醉驾行为具有与放火、决水等4种行为同等的危险性、破坏性，也不等于醉驾者对肇事后果一定持故意心态。实践中存在较大认识分歧的情形是，醉驾者一次性撞击造成特别重大的伤亡后果，如致2人以上死亡或者5人以上重伤，负事故全部或者主要责任，或者致6人以上死亡，负事故同等责任，对此情形能否认定为以危险方法危害公共安全罪？有意见认为，行为人醉酒驾车肇事，一次性撞击造成特别严重的伤亡后果，说明行为人醉驾程度严重，基本丧失对车辆的控制能力，且多属于严重超速行驶，对公共安全的危险程度高，故应当以以危险方法危害公共安全罪定罪处罚。这种意见有一定合理性。

　　（4）醉酒驾车肇事后继续驾车冲撞的情形。最高人民法院2009年制定的《关于醉酒驾车犯罪法律适用问题的意见》（以下简称《意见》）提出："行为人明知酒后驾车违法、醉酒驾车会危害公共安全，却无视法律醉酒驾车，特别是在肇事后继续驾车冲撞，造成重大伤亡，说明行为人主观上对持续发生的危害结果持放任态度，具有危害公共安全的故意。对此类醉酒驾车造成重大伤亡的，应依法以以危险方法危害公共安全罪定罪。"一般认为，《意见》的上述规定提出了认定醉酒驾车肇事在何种情形下构成以危险方法危害公共安全罪的标准。即醉酒驾车肇事，仅发生一次性冲撞的，一般不构成以危险方法危害公共安全罪，肇事后继续冲撞造成重大伤亡的，可以认定为以危险方法危害公共安全罪。《意见》以黎景全案和孙伟铭案做了说明。这两个案例的被告人都是在严重醉酒状态下驾车肇事，连续冲撞，造成重大伤亡，说明两人主观上对他人伤亡的危害结果持放任态度，具有危害公共安全的故意，故两人的行为均构成以危险方法危害公共安全罪。应当说对于类似孙伟铭案、黎景全案这种有连续冲撞行为的案件，认定为以危险方法危害公共安全罪已基本达成共识。但有以下两个问题值得注意。

　　第一，如何看待前一次冲撞与后续冲撞之间的关系？多数情况下，第一次撞击时行为人的主观心态是过失，后续冲撞多为间接故意，有的可能是直接故意。如果第一次撞击行为本身已经构成交通肇事罪，后续冲撞行为构成以危险方法危害公共安全罪的，则前后行为具有相对独立性，存在认定为两个罪名的余地。《意见》为了便于司法评价与操作,提出可以把肇事后继续驾车冲撞造成重大伤亡的情形统一认定为以危险方法危害公共安全罪,是有其合理性的。不过,如果行为人肇事后逃逸途中只发生轻微交通事故,根据其逃逸时驾驶情形难以认定具有与放火、决水等行为相当的危险性、破坏性的,则不宜简单地以发生两次碰撞为由认定为以危险方法危害公共安全罪。

第二,对一次性撞击但有多个撞击点的,是否可认定为以危险方法危害公共安全罪?例如,行为人因醉酒而导致控车能力下降,撞到前方车辆后来不及刹车,出于本能往右打方向盘又撞到路边行人与车辆。这种情形与《意见》所说的二次撞击有所差别,因为这两次或多次撞击系一次性完成,可称为一次性多点撞击。在这种情形下,不能简单套用《意见》关于二次撞击造成重大伤亡认定为以危险方法危害公共安全罪的规定,而应当根据具体情况分析判断。对于行为人高度醉酒后明显控车能力不足,又有超速、逆行、闯红灯等其他违法情节,肇事时一次性多点撞击,造成重大伤亡的,鉴于这种情形下认定行为人主观上具有放任心态的理由较充分,故可以认定为以危险方法危害公共安全罪。但如果行为人醉酒后没有明显降低控车能力,肇事前也没有其他交通违法情节,因一时疏忽而违章肇事,即使肇事时一次性有两个或多个撞击点,造成了重大人员伤亡的,也不宜简单地为了体现严惩而认定为以危险方法危害公共安全罪,该认定为交通肇事罪的还是应当依法认定。

本案被告沈某在多人聚集的公共道路上驾车多次高速冲撞,不顾周边群众的安危,已对不特定的多数人构成危害,沈某的行为已构成以危险方法危害公共安全罪。

三、任某、王某甲犯过失以危险方法危害公共安全罪

案件简介

2015年8月24日13时许,被告人任某、王某甲相约前往保康县后坪镇桂河里游泳,途中任某提议购买农药到河里毒鱼。王某甲驾驶白色路虎越野车载任某途经保康县城关镇封银岩路段时,任某在李某的农资配送中心购买农药"鱼藤酮"两件(每件20瓶,每瓶280毫升)及酒精、洗衣粉、水桶,王某甲驾车载任某及上述物品来到保康县后坪镇洪家院村路段,任某将一件"鱼藤酮"与酒精、洗衣粉混合后倒入桂河河道水坝的流水中,河水流经下游王某乙的保康县飞腾冷水渔业养殖基地,将该基地使用河水喂养的三文鱼、虹鳟鱼等鱼类毒死19 490千克,经鉴定经济损失为1 364 300元。次日,被告人任某、王某甲向公安机关投案。同年10月14日,被告人任某、王某甲与被害人王某乙达成赔偿协议,赔偿了王某乙经济损失共计74万元,并取得王某乙

的谅解。

案件进展

（一）案件审理程序

保康县人民检察院以保检公诉刑诉（2016）10号起诉书指控被告人任某、王某甲犯过失以危险方法危害公共安全罪，于2016年2月22日向法院提起公诉。法院受理后，依法适用简易程序，同年3月8日，本案转为普通程序，依法组成合议庭，公开开庭审理了本案。现已审理终结，判决如下：①被告人任某犯过失以危险方法危害公共安全罪，判处有期徒刑2年，缓刑3年。②被告人王某甲犯过失以危险方法危害公共安全罪，判处有期徒刑2年，缓刑2年。

（二）各方意见

公诉人认为

被告人任某、王某甲在河道投放农药"鱼藤酮"毒鱼，应当预见自己的行为会发生危害公共安全后果，由于疏忽大意而没有预见，造成他人财产遭受严重损失，其行为触犯了《刑法》第一百一十五条第二款，犯罪事实清楚，证据确实、充分，应当以过失以危险方法危害公共安全罪追究两被告人的刑事责任。

被告人及辩护人认为

被告人任某、王某甲对指控的事实和罪名均无异议。

法院认为

被告人任某、王某甲以向河道内投放农药毒鱼的危险方法，因疏忽大意未能预见会发生危害公共安全的后果，致下游他人利用河水喂养的鱼类大量死亡，遭受重大损失，其行为均构成过失以危险方法危害公共安全罪。公诉机关指控的罪名成立，适用法律正确。案发后，被告人任某、王某甲自动投案并如实供述了犯罪事实，系自首，依法可以从轻处罚；两被告人积极赔偿了被害人的经济损失并取得了被害人的谅解，可酌定从轻处罚。鉴于被告人任某、王某甲认罪态度较好，有悔罪表现，且犯罪情节较轻，经审前社会调查，可以对两被告人适用缓刑。

案件评析

过失以危险方法危害公共安全罪是一个概括性罪名，是指过失以放火、决水、爆炸以及投放危险物质以外的危险方法危害公共安全，造成严重后果的行为。该罪侵犯的客体是公共安全，主观表现为过失，该罪属于结果犯，不同于以危险方法危害公共安全罪，只有造成严重后果才能以该罪论处。因此《刑法》规定，犯过失以危险方法危害公共共安全罪的,处三年以上七年以下有期徒刑;情节较轻的,处三年以下有期徒刑或者拘役。

该罪侵犯的客体是公共安全,即不特定多数人的生命、健康和重大公私财产的安全。

该罪在客观方面表现为实施以其他危险方法危害公共安全,造成严重后果的行为。在司法实践中,过失以其他危险方法危害公共安全的犯罪形式多种多样,其具体犯罪形式,律法条文没有明确规定。

在司法实践中应注意以下两点。

(1)过失以其他危险方法是指过失以放火、决水、爆炸、投放危险物质以外的危险方法。

(2)过失以其他危险方法是指与过失以放火、决水、爆炸、投放危险物质的危险性或者社会危害性相当的危害公共安全的方法。

在客观方面必须同时具备以下 3 个特征。

(1)行为人实施了以其他危险方法,即除放火、决水、爆炸以及投放危险物质以外的并与之相当的危险方法危害公共安全的行为。如果行为人采用的犯罪方法与放火、爆炸等方法的严重危险性显然不相称,不足以危害公共安全,表明不符合该罪客观特征。

(2)已经造成了危害公共安全的严重后果,致不特定的多数人重伤、死亡或者使公私财产遭受严重损失。如果未造成危害结果或者危害结果不严重,均不构成该罪。

(3)严重后果必须是以其他危险方法危害公共安全的行为所造成。

该罪主体是一般主体,凡达到法定刑事责任年龄、具有刑事责任能力的人均可构成。

该罪在主观方面表现为过失,包括过于自信的过失和疏忽大意的过失,即行为人对其使用其他危险方法可能发生的危害公共安全的严重结果已经预见,但轻信能够避免;或者应当预见这种严重结果可能发生,因为疏忽大意而没有预见,以致发生了这种严重结果。这两种过失对发生危害公共安全的严重后果均持否定态度,既不希望也不放任其发生。这一特征是行为人负有刑罚处罚的主观基础。

在本案中,被告人任某、王某甲以向河道内投放农药毒鱼的危险方法,因疏忽大意未能预见会发生危害公共安全的后果,致下游他人利用河水喂养的鱼类大量死亡,遭受重大损失,其行为均构成过失以危险方法危害公共安全罪。

四、刘某某犯过失以危险方法危害公共安全罪

案件简介

2015 年 4 月 13 日 14 时 30 分许,杨某某、张某某及被告人刘某某乘坐宋某某驾驶的冀 B××××L 号小型轿车沿新华道由西向东行驶至税后新村路口西侧时,被告人刘某某与宋某某发生口角,刘某某让宋某某靠边停车,遂用手抢夺方向盘,后突然松手。宋某某驾驶的车辆失控,驶入逆向车道并与对向王某某驾驶的冀 B×××Z× 小型普通客车相撞,同车乘车人杨某某被甩出车外又与停放在路边的冀 B×Q××× 号小型轿车发生碰撞,致使上述 3 辆车受损,宋某某、刘某某、杨某某(未进行鉴定)、张某某受伤。经鉴定,张某某的损伤程度为重伤二级,八级伤残,Ia 值为 10%,宋某某、刘某某均十级伤残;冀 B××××L 号小型轿车损失价值 25 024 元,冀 B×××Z× 小型普通客车损失价值 25 043 元。案发后,被告人刘某某于 2015 年 4 月 15 日被传唤到案。被告人刘某某已经对各被害人进行民事赔偿,犯罪行为得到谅解。

案件进展

(一) 案件审理程序

唐山市开平区人民检察院以唐开检公刑诉(2016)62 号起诉书指控被告人刘某某犯过失以危险方法危害公共安全罪一案,于 2016 年 7 月 7 日向法院提起公诉。法院依法组成合议庭,公开开庭审理了此案。本案现已审理终结,判决如下:被告人刘某某犯过失以危险方法危害公共安全罪,判处有期徒刑 1 年 6 个月,缓刑 2 年。

(二) 各方意见

公诉人认为

被告人刘某某以危险方法危害公共安全,致一人重伤,其行为已触犯《刑法》第一百一十五条第二款之规定,构成以危险方法危害公共安全罪,提请依法判处。

被告人及辩护人认为

被告人刘某某对公诉机关指控的犯罪事实没有意见,当庭表示认罪。对公诉机关指控其构成过失以危险方法危害公共安全罪有异议,应为过失致人重伤罪。

被告人刘某某的辩护人辩称,在本案中,受伤最为严重的是张某某,其乘坐车辆为宋某某所驾驶,并且其与刘某某是老朋友,显然,张某某并不属于不特定人群的范畴。尽管刘某某和宋某某的行为直接导致了车祸的发生,造成了张某某的重伤,是刘某某的过失行为在特定的环境下即同乘的车内造成的。由此可以看出,刘某某的行为和客

观危害结果并不符合过失以危险方法危害公共安全罪的构成要件。刘某某主观上的过失行为,客观上造成了同车人张某某的重伤伤害,这一行为是在特定的环境里对于特定人群所造成的严重损害结果,符合过失致人重伤罪的犯罪构成要件,应当以过失致人重伤罪对其定罪处罚。根据《刑法》第二百三十五条的规定,过失伤害他人致人重伤的,处三年以下有期徒刑或者拘役。刘某某系初犯,之前一贯表现良好。事后积极对受害人进行了赔偿,并得到受害人谅解。被告人刘某某犯罪后,能如实供述,认罪态度较好。请合议庭考虑对其适用缓刑。

法院认为

被告人刘某某过失以危险方法危害公共安全,致一人重伤,其行为已经构成过失以危险方法危害公共安全罪,依法应予惩处。公诉机关指控的犯罪事实及罪名成立。鉴于被告人刘某某当庭自愿认罪,积极赔偿被害人的部分经济损失,并取得了被害人的谅解,均可酌情从轻处罚。被告人刘某某及其辩护人辩称,被告人刘某某的行为应定为过失致人重伤罪的辩护观点,经查,被告人刘某某在乘坐他人车辆时,因与驾驶人发生口角抢夺行驶中驾驶人手中的方向盘后松手,致车辆驶入逆行车道,虽致同车人一人重伤,但其行为不仅危害了车内乘车人的人身安全,同时该车辆在行驶中也危害到路上其他车辆和行人的安全,其侵犯的客体是公共安全,为此,其行为符合过失以危险方法危害公共安全罪的构成要件,故对被告人刘某某及其辩护人的辩护意见,法院不予采信。结合对被告人刘某某的社会考察结果,被告人的悔罪表现及被害人对被告人的谅解情况,决定对被告人适用缓刑。

案件评析

我国《刑法》第一百一十四条规定:"放火、决水、爆炸以及投放毒害性、放射性、传染病病原体等物质或者以其他危险方法危害公共安全,尚未造成严重后果的,处三年以上十年以下有期徒刑。"第一百一十五条规定:"放火、决水、爆炸以及投放毒害性、放射性、传染病病原体等物质或者以其他危险方法致人重伤、死亡或者使公私财产遭受重大损失的,处十年以上有期徒刑、无期徒刑或者死刑。过失犯前款罪的,处三年以上七年以下有期徒刑;情节较轻的,处三年以下有期徒刑或者拘役。"由此确定过失以危险方法危害公共安全罪是指过失以放火、决水、爆炸、投毒以外的并与之相当的危险方法,足以危害公共安全的行为。

过失以危险方法危害公共安全的犯罪是一个独立的罪名,是以放火、决水、爆炸、投毒以外的各种不常见的危险方法实施危害公共安全的犯罪,但确定其构成要件需要结合放火、决水、爆炸、投毒等危害公共安全犯罪,从主客观要件准确定性。

　　主观方面要件需要确定主体要件和主观要件。主体要件要求行为人达到刑事责任年龄，具有刑事责任能力，即行为人在实施行为时主体行为状态，主要体现在行为人的身心特征，对具体行为的辨别认知。主观要件要求行为人的行为存在过失，是行为人对自己的某种举动所引起的危害公共安全严重后果的心理态度，即行为人对其使用其他危险方法可能发生的危害公共安全的严重结果已经预见，但轻信能够避免，或者应当预见这种严重结果可能发生，因为疏忽大意而没有预见，以致发生了这种严重结果。这两种过失对发生危害公共安全的后果均持否定态度，既不希望也不放任其发生。

　　客观方面要件需要确定客体要件和客观要件。客体要件要求侵犯的客体是社会的公共安全，即不特定的多人的生命、健康、重大公私财产以及正常的生产、工作、生活的安全。所谓公共安全是指人民群众的正常生产、工作和生活的安全，即不特定的多人的生命、健康或重大公私财产的安全。所谓不特定是指犯罪行为可能危害的对象，不是针对某一个人、某几个人的人身权或某项财产权，该行为一旦实施，其犯罪就具有严重性或广泛性。客观要件方面表现为行为人以危险方法实施了足以危及不特定多人的生命、健康和财产安全即危害公共安全的行为。

　　从犯罪认定的关键点角度，准确界定过失以危险方法危害公共安全罪，具体如下。

　　(1) 危害公共安全。从《刑法》的规定而言，本罪与爆炸、放火、决水、投放危险物质等犯罪在犯罪手法、手段上具有一定的相同性，本质区别均在于本罪突出危害公共安全的客观形态。爆炸、放火、决水、投放危险物质等犯罪强调犯罪行为的直接结果效应，而以危险方法危害公共安全犯罪展现的是行为事实状态。因此，是否构成以危险方法危害公共安全犯罪或过失以危险方法危害公共安全犯罪重点在于犯罪行为是否对公共安全存在一定的危险状态。

　　(2) 本罪与过失致人死亡罪的界定。过失致人死亡罪指行为人应当预见自己的行为可能发生他人死亡的危害结果，因为疏忽大意而没有预见，或者已经预见而轻信能够避免，以致发生他人死亡的危害结果。但行为针对的是特定主体或同类主体，且行为对象具有一定的指向性，而以危险方法危害公共安全罪无法预期行为对象的指向性，更无法确定受害人的类别或行为的同类性。

　　本案被告刘某某与宋某某发生口角，遂用手抢夺方向盘迫使车停下，致车辆驶入逆行车道，虽致同车人一人重伤，但其行为不仅危害了车内乘车人的人身安全，同时该车辆在行驶中也危害到路上其他车辆和行人的安全，其侵犯的客体是公共安全，为此，其行为符合过失以危险方法危害公共安全罪的构成要件。

第二章

破坏交通工具罪

一、麦某犯破坏交通工具罪

案件简介

2007年7月14日19时许,被告人麦某驾驶日吉小汽车载着陈某丁、妃某在207国道客路附近路段巡查是否有运沙货车经过。当发现被害人王某驾驶的粤G×××××号运沙货车经过时,妃某便电话通知在207国道客路镇许产村路段等候的黄某某、刘某和陈某甲。当粤G×××××号货车经过许产村路段时,黄某某、刘某持砖块投掷砸坏粤G×××××号货车的前挡风玻璃,王某在慌乱之中不能控制货车,险些造成交通事故。作案得逞后,陈某甲等人逃离现场。

2007年7月17日下午,吴某(已判刑)纠集被告人麦某及陈某甲、黄某某、刘某、陈某乙等人到雷州市邮电局门口,一起沿207国道寻找是否有运沙货车经过。当晚11时许,被害人宋某驾驶一辆红色运沙货车沿207国道从廉江往徐闻经过雷州电信局门口路段时,吴某便指挥陈某甲骑摩托车搭黄某某、刘某追赶。当陈某甲驾驶摩托车追赶至南渡桥收费站附近路段时,刘某持砖块掷砸货车不中。接着,陈某甲骑摩托车超过货车,黄某某和刘某立即下车站在公路边,当宋某驾车经过时,黄某某用砖块掷砸货车前挡风玻璃。宋某慌忙刹车,险些造成交通事故。作案得逞后,当黄某某、刘某乘坐陈某甲的摩托车逃走时,被雷州市公安局巡逻的交警发现并当场抓获黄某某。

案件进展

(一)案件审理程序

雷州市人民检察院以雷检诉刑诉(2015)563号起诉书指控被告人麦某犯破坏交通

工具罪,于 2015 年 11 月 10 日向法院提起公诉,法院当日立案,依法适用普通程序组成合议庭,公开开庭审理了本案。本案现已审理终结。判决如下:被告人麦某犯破坏交通工具罪,判处有期徒刑 3 年。

(二)各方意见

公诉人认为

被告人麦某伙同他人故意用三角铁扎破正在行驶中的汽车轮胎或用石头砸打汽车挡风玻璃的方法,足以造成行驶中的汽车发生颠覆的危险,其行为已触犯《刑法》第一百一十六条之规定,依法应当以破坏交通工具罪追究被告人麦某的刑事责任。提请法院依法判处。

法院认为

被告人麦某伙同他人故意砸打正在行驶中车辆的前挡风玻璃,足以使行驶中的汽车发生倾覆的危险,其行为已构成破坏交通工具罪,故依法应以破坏交通工具罪追究其刑事责任。被告人麦某伙同他人故意砸打正在行驶中车辆的前挡风玻璃,构成共同犯罪,在共同犯罪中,被告人与同案人亲手实施了砸打车辆前挡风玻璃的行为,系涉案共犯。公诉机关指控被告人麦某犯破坏交通工具罪的事实清楚,证据确实、充分,罪名成立,法院予以支持,但公诉机关指控被告人麦某于 2007 年 7 月 14 日伙同同案人黄某某、刘某和陈某甲(均已判刑)等人,用石块砸打被害人符某乙停放在 207 国道客路圩路段忆香饭店门口处的粤 G××××× 号货车前挡风玻璃的行为,经审查,该行为不至于汽车倾覆、毁坏或者完全报废,因此不符合《刑法》第一百一十六条所规定的破坏交通工具罪的构成要件,故对公诉机关的本次指控,法院不予采纳。鉴于被告人麦某能够当庭坦白认罪,且认罪态度较好,法院依法对被告人麦某予以从轻处罚。

案件评析

破坏交通工具罪是指故意破坏火车、汽车、电车、船只、航空器,足以使火车、汽车、电车、船只、航空器发生倾覆、毁坏危险,危害公共安全的行为。

本罪具有以下特征。

(1)本罪侵犯的客体是交通运输安全。本罪的对象是正在使用中的火车、汽车、电车、船只、航空器 5 种大型交通运输工具。所谓"正在使用中的交通工具",包括正在运行中的交通工具,也包括虽处于停放状态但已经交付使用,随时都可开动从事交通运输的交通工具。

作为本罪犯罪对象的交通工具应当具有以下特点。

其一，该工具的使用目的必须是为了交通运输。如果某种工具本身不具有这一功能或者先前曾有这一功能但现在已经丧失了，不能再视为本罪中的交通工具，如已经报废供展览用的火车、汽车、船只、飞机等。

其二，针对该工具的破坏行为会危及公共安全。如果针对某种可用于交通运输的工具的破坏行为不会危及公共安全，那么该行为不构成本罪，同样，该工具也就应当排除于本罪的交通工具的范围之外。如破坏自行车的行为，虽然也可能对骑车人的人身安全乃至财产造成侵害，但对公共安全尚不能形成危险，因而不能视为本罪中的交通工具。

其三，破坏交通工具罪中的"交通工具"具有法定性，只限于《刑法》第一百一十六条中规定的5种交通工具，即火车、汽车、电车、船只、航空器。破坏这5种交通工具之外的其他交通工具，如用作交通运输的大型拖拉机，即使会造成危害公共安全的后果，也不应以本罪论处。

（2）本罪在客观方面表现为破坏正在使用的火车、汽车、电车、船只、航空器，足以使其发生倾覆、毁坏危险的行为。首先，行为人必须实行了破坏交通工具的行为。破坏的方法可以有多种，但对于构成本罪来说，重要的是要查明破坏行为是否有使交通工具发生倾覆、毁坏危险。其次，破坏行为已经产生了使火车、汽车、电车、船只、航空器发生倾覆、毁坏的危险。所谓倾覆是指汽车、电车翻车，火车脱轨，船只翻沉，飞机坠落等。所谓毁坏是指烧毁、炸毁、坠毁，或者造成其他无法修复的严重破坏，它不是指任何局部的损害，而是指使交通工具完全毁坏，或者是严重毁坏而不能安全行驶。构成本罪不要求已经发生了交通工具倾覆或者毁坏的结果，只要产生了使交通工具倾覆或者毁坏的危险即可。至于在具体案件中，行为人的行为是否造成了足以发生倾覆、毁坏的危险，应根据其破坏的方法、破坏的部位等具体情况进行判断，必要时要请有关专家进行技术鉴定。

使用放火、爆炸的手段破坏交通工具的安全与放火罪、爆炸罪犯罪手段相同，而且都危害公共安全。其主要区别在于，前者的犯罪对象是正在使用的火车、汽车、电车、船只、航空器等交通工具，放火罪、爆炸罪侵害的对象则是上述交通工具以外的其他公私财物和不特定多数人的人身和财产安全。为了保证交通运输安全，本法将正在使用的交通工具作为特殊保护对象加以规定，因此行为人无论采用何种手段破坏交通工具，只要足以使之发生倾覆、毁坏危险，因而危害交通运输安全，均以破坏交通工具罪论处。如果行为人使用放火、爆炸的手段破坏未交付使用的交通工具，则应以放火罪或爆炸罪定罪。

（3）本罪的主体为一般主体，即任何达到负刑事责任年龄并具有刑事责任能力的自然人。

（4）本罪主观方面出自为故意。犯罪的动机可以是各种各样的，如泄愤报复、嫁祸于人、贪财图利，等等。但是动机如何并不影响定罪，只可能影响量刑。

本案被告人麦某伙同他人故意砸打正在行驶中车辆的前挡风玻璃，足以使行驶中的汽车发生倾覆的危险，其行为已构成破坏交通工具罪。

二、贾某、何某等人犯盗窃罪、破坏交通工具罪

案件简介

（1）2014 年 7 月 30 日下午 15 时许，被告人贾某、何某伙同"平平"（身份未查明）3 人由"平平"驾驶贾某的晋 C×××××黑色朗逸轿车，先将车号更换为冀 A×××××的假车牌，后从平定上高速，沿石家庄方向来到阳泉服务区东区。"平平"未下车，贾某、何某下车物色目标车辆，后何某将携带的自制空心钉插到一个土豆片上，放到一辆白色大众车（车型、车号、车主不详）右后轮胎下，随后和贾某上车等候。当日 16 时许，贾某、何某看到一男一女上了该大众车并开走后，立即让"平平"驱车尾随，继续往石家庄方向行驶了约 3 千米，看到该大众车靠边停下，车上一男一女下车查看轮胎，贾某、何某让"平平"超车并在超出该大众车的视线范围后停车，两人下车后安排好"平平"下高速公路接应等事项，然后翻过高速公路隔离带往回返至白色大众车停车的地方，看到一男一女都在车的右后侧更换轮胎，贾某再次翻过隔离带，潜至该车跟前，打开车门将放在车挡杆位置的一部正在充电的白色华为手机及另外一部白色华为手机（型号、特征均不详）盗走，随后两人翻下高速逃离，由"平平"开车将两人接回平定，盗窃的手机以 800 元的价格卖掉。赃款除去给"平平"100 元开车费外，其余由两人平分挥霍。

（2）2014 年 7 月 29 日上午，贾某驾驶其朗逸车，去平定接上何某、范某明，随后范某明驾驶该车从平定上高速往太原方向行驶，快到晋中服务区时，贾某等人将车牌号更换为冀 A×××××，继续行驶至晋中服务区西区，将车停在西区厕所门口。贾某、何某下车物色作案目标，之后贾某看中一辆灰色奥迪轿车（车型、车号、车主不详），贾某用同样方法将一枚空心钉放到该车右后轮胎下，然后与何某上了自己的车，待看到车主驾车离开时，由范某明驱车尾随。尾随一段路后，看到奥迪车主下车查看轮胎，范某明等人驱车超过该车，后用同样的方法由贾某、何某下车返回作案，何某潜至奥迪车跟前，打开车门，从车上盗窃一台黑色联想笔记本电脑，随后与贾某就近躲藏，经电话联系，范某明驱车将两人接上回到平定，在路上何某提出要按 1000 元价格收下该笔记本转卖给其老乡，便给了贾某、范某明各 300 元，将该笔记本收下，回到平定将该笔记

本以 900 元价格卖给李某某(身份未查明),赃款均已挥霍。

(3) 2014 年 7 月 28 日上午,贾某驾驶其朗逸车,从阳泉森海大酒店接上范某明,又从平定接上何某,从平定上高速往太原方向行驶,途中将车牌号更换为冀 A×××××的假车牌,行至晋中服务区后将车停在服务区厕所门口,范某明在车上,贾某、何某下车用同样的方法将空心钉放到一辆黑色越野车右后轮胎下。3 人在车上等该黑色越野车离开时,立即尾随,沿太原方向行至有祁县路标的路段时,看到这辆越野车靠边更换轮胎,3 人继续用同样的手段,贾某、何某下车靠近后,何某从车内盗窃一个黑色皮革质地的挎包,后发现包内没有任何财物,便将包扔掉。

(4) 当日两人在榆祁高速岔口等到范某明从反方向开车过来后,上车继续往太原东环行驶,到了阳曲服务区后将车停到该服务区停车场,范某明在车上,贾某、何某下车用同样方法将空心钉放到一辆黑色奔驰商务车(车型、车号、车主不详)右后轮胎下,之后上车坐等该奔驰商务车离开后,尾随该奔驰车至阳泉、盂县之间的路段时,看到该奔驰车更换轮胎,贾某、何某用同样的方法从车上盗窃一台旧联想笔记本电脑及 3000 余元现金,之后两人由范某明驾车接回阳泉,将笔记本电脑以 600 元价格卖掉,3 人将赃款平分后挥霍。

(5) 2014 年 7 月 18 日上午,由段某驾驶贾某的朗逸车,事先将车牌更换为晋 A×××××的假车牌后,从平定上高速沿石家庄方向行驶,进入阳泉服务区,段某在车上,贾某下车用同样方法将空心钉放到刘某停放在该服务区的白色奥迪汽车的右后轮胎下,之后尾随该车,看到该车靠边停车,车上一男一女下车更换轮胎,贾某用同样的手段从该车上盗窃一个黑色男式 BV 牌手包及一个女式 COACH 牌手袋,男式包内有现金 4000 元左右、银行卡若干(均设有密码)、刘某身份证、驾驶证,女式包内有现金 2000 元左右、史某的身份证、银行卡若干。贾某盗得上述财物后,徒步下高速由段某驾车将其接回阳泉,赃款由贾某挥霍。

(6) 2014 年 7 月 17 日上午 9 时许,由段某驾驶贾某的黑色朗逸轿车,伙同贾某、何某从平定上高速,来到晋中服务区东区,由何某下车将空心钉放在被害人许某停在公厕门前的白色别克车(冀 A×××××)的右后轮胎下,许某等人上完厕所回到车上驶离服务区,由段某驾驶汽车尾随,趁许某发现汽车轮胎缺气并靠边停车更换轮胎之机,由何某和贾某将许某车内的一个棕色马连奴背包盗走,背包内有一钱包,钱包内有现金 1000 元,20 多张银行卡,身份证、驾驶证;一部白色中兴 G717C 手机;一台宏基笔记本电脑。3 人商议后笔记本由段某出 1000 元买下,赃款除贾某 200 元的车费外,其余的钱由贾某、何某平分。

(7) 2014 年 7 月 16 日,贾某伙同何某、段某,由段某驾驶贾某的黑色朗逸车从阳泉上高速,之后将车牌更换为晋 A×××××的假车牌,来到晋中服务区,贾某、何某下车,由何某用上述方法将空心钉放到该服务区停放的一辆棕色轿车(车型、车号、车主不详)右后轮胎下,等待该车离开过程中,发现该车行至加油站加油,加油过程中发现轮胎故障,车主维修去了。贾某、何某再次在晋中服务区重新物色了一辆轿车(车型、车号、车主不详),并将空心钉在该车右后轮胎下放好,待该车离开时,3 人驱车尾随伺机作案,看到该车停下后,车主只是看了看轮胎,随后就加速前行,贾某等人没有继续尾随。从晋中北高速出口掉头,往太长高速方向行驶,行至太谷服务区时,贾某、何某下车将空心钉放到一辆黑色本田 CRV 汽车右后轮胎下,之后等车主驾车离开后,尾随至太长高速一隧道内时,看到车主下车更换轮胎,由于隧道内不便于实施盗窃,该 3 人又继续前行,行至武乡服务区,在该服务区贾某、何某下车将空心钉放到陈某停放在此处的黑色奔驰汽车(车号晋 A×××××)右后轮胎下,待陈某驾车离开后,3 人驾车尾随陈某,待陈某发现轮胎缺气并更换轮胎时,贾某、何某用同样的手段由何某从陈某车内副驾驶座位盗窃钱包一个,包内有银行卡 11 张、陈某的身份证、驾驶证、行车证等证件、黄金项链一条、玛瑙手镯一只及现金 5000 元。贾某、何某盗得上述财物后,由段某驾车接应回到阳泉,赃款由贾某、何某平分后挥霍,经榆次区价格认证中心鉴定,被盗的黄金项链价值约 15 600 元人民币,其余物品无法估价。

(8) 2014 年 7 月 11 日上午,段某驾驶贾某的朗逸车伙同贾某、何某从平定上高速,到达太谷服务区,何某在该服务区将空心钉放到赵某停放在该服务区的黑色奔驰越野车右后轮胎下,待赵某驾车离开后,该 3 人驾车尾随至太长高速公路 13 号隧道出口时,看到赵某更换轮胎,便用同样的手段盗窃赵某放在汽车后座的黑色皮包,包内有一黑色钱包,内有现金 5500 元、赵某身份证、驾驶证等证件及银行卡 7 张、银行 U 盾、钥匙两串。贾某、何某盗得上述财物后,由段某驾车接应回去,赃款由贾某、何某平分后挥霍。

(9) 2014 年 7 月 7 日,贾某伙同何某、段某,由段某驾驶黑色朗逸轿车(晋 C×××××),从平定上高速,将真车牌换成晋 A×××××的假车牌后来到太旧高速晋中服务区,何某下车将空心钉放在佘某帕桑特汽车轮胎下,并尾随其车离开服务区,在佘某更换轮胎时,何某将佘某车内的现金 10 000 余元、一部苹果 5s 手机、几张银行卡等物品盗走。所盗现金除贾某 200 元车费外,剩余的由贾某、何某二人平分,手机等物品被扔掉了,经榆次区价格认证中心鉴定,该苹果 5s 手机价值约 3280 元人民币。

(10) 2014 年 6 月 16 日,贾某伙同何某、范某明由范某明驾驶贾某的朗逸车,从平定上高速,沿石家庄方向到达阳泉服务区,在此处由贾某将空心钉放到齐某停放在此处的一辆车号为冀 B××××× 的黑色别克汽车右后轮胎下,之后用同样的方法从该车上盗窃齐某手提包一个,内有现金 34 000 元左右、5 张银行卡、驾驶证,卢某手提包一个,内有现金 10 000 元左右、两张银行卡及貔貅式翡翠项链一条,后贾某等人将包内财物取走,手提包扔到现场附近,赃款均挥霍。

(11) 2014 年 5 月 28 日,具体时间不详,贾某伙同何某、范某明,由范某明驾驶黑色朗逸轿车(晋 C×××××),从平定上高速,来到太长高速武乡服务区,何某下车将空心钉放在李某停放在该服务区的香槟色奥迪 Q5 车(蒙 B×××××)的轮胎下,并尾随其离开服务区,跟至榆社休闲区时,看到车主李某在榆社休闲区更换轮胎,何某、贾某下车趁机将车内的一个黑色女式拎包盗走,包内有现金 10 000 余元、黑色酷派手机一部、银行卡、身份证及一些票据等物,3 人将现金扣除贾某 200 元的车费后平分,其他物品全部扔掉。

案件进展

(一)案件审理程序

榆次区人民法院审理榆次区人民检察院指控原审被告人贾某、何某、段某、范某明犯盗窃罪、破坏交通工具罪一案,于 2015 年 11 月 9 日作出(2015)榆刑初字第 40 号刑事判决。判决如下:①被告人贾某犯盗窃罪,判处有期徒刑 4 年,并处罚金人民币 5 万元;犯破坏交通工具罪,判处有期徒刑 3 年。决定执行有期徒刑 6 年,并处罚金人民币 5 万元。②被告人何某犯盗窃罪,判处有期徒刑 4 年,并处罚金人民币 5 万元;犯破坏交通工具罪,判处有期徒刑 3 年。决定执行有期徒刑 6 年,并处罚金人民币 5 万元。③被告人段某犯盗窃罪,判处有期徒刑 1 年 3 个月,并处罚金人民币 2 万元;犯破坏交通工具罪,判处有期徒刑 1 年。决定执行有期徒刑 1 年 6 个月,并处罚金人民币 2 万元。④被告人范某明犯盗窃罪,判处有期徒刑 2 年,并处罚金人民币 2 万元;犯破坏交通工具罪,判处有期徒刑 1 年。决定执行有期徒刑 2 年 6 个月,并处罚金人民币 2 万元。⑤作案工具细钢管段 17 节、空心钉 10 个、车牌一副(冀 A×××××)、车牌贴 4 个依法予以没收。⑥对被告人贾某、何某、段某、范某明的违法所得依法予以追缴。一审宣判后,原审被告人贾某、何某、范某明不服,提出上诉。法院依法组成合议庭,经过阅卷,讯问原审被告人,认为本案事实清楚,决定不开庭审理,现已审理终结。裁定如下:驳回上诉,维持原判。

(二)各方意见

上诉人及辩护人认为

原审被告人贾某的主要上诉理由:①上诉人实施的盗窃行为和破坏交通工具行为具有牵连关系,破坏交通工具行为系手段行为,盗窃车上财物行为系目的行为,应当按照"从一重罪处断"进行定罪量刑。②原判认定上诉人构成破坏交通工具罪的罪名不能成立。③没有实施原判认定的 2014 年 6 月 16 日该起犯罪事实。④原判对其盗窃的数额认定错误。⑤一审法院违反法定诉讼程序,超期审理。

原审被告人何某的主要上诉理由:①没有实施原判认定的 2014 年 6 月 16 日该起犯罪事实。②原判对其盗窃的数额认定错误。③原判认定上诉人构成破坏交通工具罪的罪名不能成立。

原审被告人范某明的主要上诉理由:①没有实施原判认定的 2014 年 6 月 16 日该起犯罪事实。②其与贾某为雇用关系,不构成破坏交通工具罪。

二审法院认为

上诉人贾某、何某、范某明、原审被告人段某以非法占有为目的,多次秘密窃取他人财物,其行为均已构成盗窃罪。4 被告人在高速公路服务区用自制的空心钉放置在多名被害人中途休息于服务区的汽车轮胎下,导致多名被害人汽车驶离服务区后因轮胎毁坏无法正常行驶,极易造成交通事故,导致重大的人员伤亡和公私财产的严重损失,其行为严重危害公共安全和公民的人身财产安全,均已构成破坏交通工具罪。一审法院认定上诉人贾某、何某在共同犯罪中起主要作用,系主犯;上诉人范某明、原审被告人段某在共同犯罪中起辅助作用,系从犯,并依法予以从轻或减轻处罚;上诉人范某明在刑罚执行完毕后 5 年内再犯应当判处有期徒刑以上刑罚之罪,系累犯,依法予以从重处罚,均符合法律规定。

针对上诉人贾某、何某、范某明在上诉状中均提到的原判认定 3 名上诉人构成破坏交通工具罪的罪名不能成立的上诉理由,法院认为,上诉人贾某、何某、范某明、原审被告人段某在高速公路服务区用自制的空心钉经巧妙伪装,秘密共同实施放置在多名被害人行驶中途临时于服务区休息的汽车轮胎下,待毫无防备的被害人驾车驶离服务区后,即紧随其后,伺机作案,其行为极易造成被害人从高速服务区驶出后因胎压问题致高速行驶的汽车侧翻、碰撞,造成车毁人亡的恶性交通事故,其主观恶性大、作案手段秘密且不计后果,其行为与为了实施盗窃而破坏高某驾驶的汽车,且被害人极易发现待驶车辆存在不安全状况的行为性质不同,其行为不仅危害公民的人身财产安全,还侵犯了交通运输安全和公共安全。上诉人贾某、何某、范某明、原审被告人段某之行为均已构成破坏交通工具罪,其共同实施的两种犯罪行为分别侵犯了两种不同的犯罪构成客体要件,且大量的盗窃案件中并无多少是通过以破坏交通工具设置障碍的行为来完成的。一审法院对上诉人贾某、何某、范某明、原审被告人段某所犯罪行实行数罪并罚符合法律规定,上诉人贾某、何某、范某明所提该上诉意见法院不予采纳。

案件评析

破坏交通工具罪是一种以交通工具作为特定破坏对象的危害公共安全的犯罪。

本罪侵犯的客体是交通运输安全。破坏交通工具不但给铁路、公路、水上、空中安全运输造成严重威胁,严重危害国家经济建设和国防建设,也危及广大群众生命财产的安全。

本罪的犯罪对象,此处对汽车应作广义解释,包括用于交通运输的拖拉机在内。但破坏耕种用的拖拉机,不危及交通运输安全,不构成本罪。构成犯罪的,应以故意毁坏财物罪论处。

作为本罪破坏对象的交通工具不仅是特定的,还需是正在使用中的,包括运行中的和交付使用停机待用的交通工具。因为只有破坏这样的交通工具,才可能危害交通运输安全。破坏正在制造或修理中,尚未交付使用的交通工具,通常不会给公共安全造成威胁,其情节严重的,应以故意毁坏财物罪论处。

本罪在客观方面表现为实施破坏火车、汽车、电车、船只、航空器的行为,并且足以使其发生倾覆、毁坏危险。破坏的方法多种多样,如放火、爆炸、拆卸或砸毁重要机件,故意违章操作制造事故,在修理中制造隐患并交付使用等。实施破坏行为足以使火车等特定交通工具发生倾覆、毁坏的危险,才构成本罪。所谓倾覆是指车辆倾倒、颠覆、船只翻沉、航空器坠落等。所谓毁坏是指使交通工具完全报废,或受到严重破坏,以致不能行驶或不能安全行驶。倾覆、毁坏危险则指破坏行为虽未实际造成交通工具倾覆、破坏,但具有使之倾覆、毁坏的实际可能性和危险性。通常只有破坏正在使用的交通工具的重要部位和机件,如交通工具的操作驾驶系统,制动、刹车系统,以及破坏船体造成行船危险等,才可能产生这种实际可能性和危险性。有些破坏行为使交通工具门窗破碎,车身表现凹陷,油漆剥落,从表面看遍体鳞伤,但其机体性能完好,不影响安全运行,因而不构成破坏交通工具罪。有些破坏行为从表面看,机体完好无损,但其关键机件遭受破坏、拆卸,足以使交通工具发生倾覆、毁坏危险,则构成破坏交通工具罪。因此,认定破坏交通工具的破坏程度,不应以给交通工具本身造成损失的价值大小为标准,而应以是否足以使交通工具发生倾覆、毁坏危险为根据。有的破坏行为可能只拆卸一个螺丝钉。一个螺丝钉本身的价值不大,但由于被拆卸,足以使交通工具发生倾覆、毁坏危险的,就构成破坏交通工具罪。一般而言,判断行为人的行为是否足以造成交通工具倾覆或者毁坏的危险,应从以下两个方面来判断。

(1) 要看被破坏的交通工具是否正在使用期间。所谓正在使用的交通工具,不仅包括正在行驶或者飞行中的交通工具,也包括经过验收,在交付使用期间,停机待用的交通工具。因为只有破坏这种正在执行和随时可能执行运输任务的交通工具,才能够危害公共安全,给人民群众的生命财产造成重大的损失。如果破坏正在制造、修理中的,或者已经报废的,或者虽然制造出成品,但尚未交付使用的交通工具,由于不可能构成对公共安全的威胁,因此不能构成破坏交通工具罪,而应以故意毁坏财物罪论处。但是如果负责修理交通工具的人员在修理中故意进行破坏,或制造隐患,将受到破坏或尚未修复的交通工具交付使用,则构成破坏交通工具罪。

(2)要看破坏的方法和部位。一般地说,只有使用放火、爆炸等危险方法,或者用其他方法破坏交通工具的重要装置部件,才足以造成车翻、船沉、航空器坠落的严重后果,才能构成本罪。例如,在长途公共汽车中途停车休息时,甲把汽车的重要部件刹车泵偷偷拆下,汽车开动后,因不能刹车而造成翻车事故,致多人伤亡,甲的行为构成破坏交通工具罪。如果只破坏上述交通工具中一些不影响安全运行的协助性设备,如门窗、玻璃、灯具、卧具、座椅、卫生设备等,则不构成破坏交通工具罪。情节严重的,可以按故意毁坏财物罪论处。

破坏交通工具只要达到足以使之发生倾覆、毁坏危险,无论是否造成严重后果,均构成本罪的既遂。本罪是否存在未遂,刑法理论界有两种不同的观点。否定未遂存在的观点认为,本罪属于危险犯,以行为造成交通工具倾覆、毁坏危险作为法定的既遂标准。而行为人着手实施犯罪就具备了这种危险性,已经达到既遂状态,因而无既遂与未遂之分。肯定未遂存在的观点认为,根据本条的规定,本罪是以行为造成交通工具倾覆、毁坏的实际危险状态作为既遂的标志,通常行为实行终了才会产生这种实际危险状态。如果行为人虽已着手对交通工具进行破坏,但尚不足以造成交通工具倾覆、毁坏的实际危险状态,就构成本罪的未遂。比如,行为人刚着手破坏汽车的刹车系统,未容剪断刹车管即被当场抓获,而未得逞,就应按破坏交通工具未遂犯处理。后一种意见较为合理。

本罪的主体为一般主体,即凡年满 16 周岁、具有刑事责任能力的自然人均可构成。

本罪在主观方面表现为故意,包括直接故意和间接故意。即行为人明知其破坏行为足以造成交通工具倾覆、毁坏的危险,并希望或者放任这种危险的发生。本罪的动机多种多样,如出于报复泄愤、邀功请赏或嫁祸于人而蓄意制造事故,出于贪利而盗窃正在使用的交通工具的重要部件,出于流氓动机故意捣乱破坏等。无论出于何种个人动机都不影响本罪的成立。

本案被告人段某在高速公路服务区用自制的空心钉经巧妙伪装,秘密共同实施放置在多名被害人的汽车轮胎下,其行为极易造成被害人从高速服务区驶出后因胎压问题致高速行驶的汽车侧翻、碰撞,造成车毁人亡的恶性交通事故,其行为不仅危害公民的人身财产安全,还侵犯了交通运输安全和公共安全,故被告人的行为构成破坏交通工具罪。

第三章

破坏交通设施罪

一、王某某、张某、李某某犯破坏交通设施罪

案件简介

2015 年 6 月到 7 月间,被告人王某某、张某、李某某到蒙河高速公路下行线 K197＋400 米处,将高速公路水泥防护墩抬开,并将护栏拆除,让拉运货物的车辆从开口进入蒙河高速公路,从中收取过往通道车辆费用,获取非法利益。

另查明,公安机关电话通知被告人李某某到案后,被告人李某某如实供述犯罪事实。

经法院主持调解,附带民事诉讼原告人云南省公路开发投资有限责任公司与被告人王某某、张某、李某某就附带民事诉讼赔偿达成了赔偿协议,被告人王某某、张某、李某某分别赔偿附带民事诉讼原告人云南省公路开发投资有限责任公司各项经济损失人民币 1 万元、1 万元、6000 元。被告人王某某、张某、李某某已分别于 2016 年 8 月 26 日、25 日、24 日将赔偿款人民币 1 万元、1 万元、6000 元汇入河口县人民法院执行账户。

案件进展

(一) 案件审理程序

河口县人民检察院以河检公诉刑诉(2016)69 号起诉书指控被告人王某某、张某、李某某犯破坏交通设施罪,于 2016 年 7 月 14 日向法院提起公诉。在审理过程中,附带民事诉讼原告人(以下简称原告)云南省公路开发投资有限责任公司向法院提起

附带民事诉讼,法院受理后依法组成合议庭,依法公开开庭对两案进行了合并审理。原告人云南省公路开发投资有限责任公司提出赔偿经济损失从50万元变更至286 489元。被告人王某某、张某、李某某同意原告人变更的诉讼请求,并放弃原告人变更诉讼请求的举证期限。现已审理终结,判决如下:①被告人王某某犯破坏交通设施罪,判处有期徒刑3年。②被告人张某犯破坏交通设施罪,判处有期徒刑3年。③被告人李某某犯破坏交通设施罪,判处有期徒刑2年8个月。

(二)各方意见

公诉人认为

被告人王某某、张某、李某某等人破坏高速公路设施,足以使在公路上行驶的车辆发生倾覆、毁坏危险,其行为触犯了《刑法》第一百一十七条之规定,犯罪事实清楚,证据确实、充分,应当以破坏交通设施罪追究其刑事责任。

被告人及辩护人认为

被告人王某某对公诉机关指控罪名无异议,辩称其系初犯,请求法院从轻处罚。

被告人张某辩称其只是协助参与,也没有直接破坏高速公路交通设施,其系初犯,请求法院从轻处罚。

被告人李某某对公诉机关指控罪名无异议,辩称其系初犯,请求法院从轻处罚。

法院认为

被告人王某某、张某、李某某为获取利益,受他人雇用,故意破坏高速公路砼防撞护栏、波形护栏和护栏桩等交通设施,破坏了高速公路的封闭性,使货运车辆非法出入高速公路,足以造成正常行驶的交通工具发生倾覆、毁坏危险,其行为已构成破坏交通设施罪,公诉机关指控被告人王某某、张某、李某某犯破坏交通设施罪的事实清楚,证据确实、充分,指控罪名成立。被告人李某某在公安机关电话通知后到案,并如实供述其犯罪事实,系自首,依法予以减轻处罚。被告人王某某、张某、李某某到案后如实供述自己的犯罪事实,认罪态度较好,依法予以从轻处罚。被告人王某某、张某在羁押期间主动学习监规,积极改造,服从管理,有悔罪表现。本案被告人王某某、张某、李某某受雇后实施破坏行为,未参与前期预谋和后期收费,在共同犯罪中所起作用较小,三被告人在共同犯罪中的地位、作用相当,不宜区分主从犯。被告人王某某、张某、李某某在法院主持下,与原告人达成赔偿协议(调解书另行制作),并积极赔偿原告人经济损失,得到原告人云南省公路开发投资有限责任公司的谅解,可酌情对被告人王某某、张某、李某某从轻处罚。河口县走私活动猖獗,被告人王某某、张某、李某某为走私活动提供便利条件,私自在高速公路开口,破坏道路交通设施,社会影响恶劣,危害性严重,故不适用缓刑。本案系3被告人共同犯罪,被告人张某与其他被告人一起实施或指使被告人王某某等人实施破坏高速公路波形护栏、砼防撞护栏的行为,应承担相应的刑事责任。故被告人张某关于"其没有直接破坏高速公路交通设施"的辩护意见,与查明的事实、证据和法律规定不符,法院不予采纳;3 被告人其他辩护意见,予以采纳。

案件评析

破坏交通设施罪是指故意破坏轨道、桥梁、隧道、公路、机场、航道、灯塔、标志或者进行其他破坏活动,足以使火车、汽车、电车、船只、航空器发生倾覆、毁坏危险,足以危害公共安全的行为。这是一种以交通设备为特定破坏对象的危害公共安全犯罪。

本罪侵犯的客体是交通运输安全,破坏的对象是正在使用中的直接关系交通运输安全的交通设备。

所谓正在使用中的交通设施是指交通设施已经交付使用或者处于正在使用之中,而不是正在建设或正在修理且未交付使用的交通设施或已废弃不用的交通设施。如果破坏的是正在建设、修理而未交付使用的或废弃不用的交通设施,则不构成本罪。因为上述交通设施不处于正在使用的过程中,因而不涉及是否会影响交通工具的安全运行问题,故不构成破坏交通设施罪。对于破坏上述不在使用中的交通设施构成犯罪的,应依法认定为毁坏公私财物或盗窃等犯罪。所谓直接关系交通运输安全是指直接关系到火车、汽车、电车、船只、航空器的行车、行船、飞行安全。如铁路轨道、地铁隧道、公路、飞行跑道、机场航道、灯塔、信号灯等,交通工具要在这些交通设施上行驶或者要根据其打出的信号指示行驶,也就是说,这些交通设施与交通运输安全有着直接联系,如果对这些交通设施进行破坏,就会直接造成火车、汽车、电车、船只、航空器发生倾覆、毁坏危险,危害公共安全。反之,破坏那些虽然也是交通设施,但不直接关系交通运输安全的交通设施,则不构成破坏交通设施罪。如破坏火车站的候车室、长途汽车站的货仓、机场的候机室等,因其不直接关系行车、行船、飞行的安全,故不能成为本罪的犯罪对象。

从现实生活中来看,对交通设施的对象范围可以具体分为以下 5 种:一是正在使用的铁路干线、支线、地方铁路、专用铁路线路、地下铁路和随时可能投入使用的备用线以及线路上的隧道、桥梁和用于指示车辆行驶的信号标志等;二是用于公路运输的公路干线及支线,包括高速公路、国道、省道、地方公路以及线路上的隧道、桥梁、信号和重要标志等;三是用于飞机起落的军用机场、民用机场的跑道、停机坪以及用于指挥飞机起落的指挥系统,用于导航的灯塔、标志等;四是用于船只航行的内河、内湖航道,我国领海内的海运航道、导航标志和灯塔等;五是用于运输、旅游、森林采伐的空中索道及设施等。

本罪在客观方面表现为使用各种方法破坏轨道、桥梁、隧道、公路、机场、航道、灯塔、标志,或者进行其他破坏活动,足以使火车、汽车、电车、船只、航空器发生倾覆、毁坏危险的行为。所谓破坏,包括对交通设备的毁坏和使交通设备丧失正常功能。例如,破坏海上的灯塔或航标,既可以将灯塔的发光设备砸毁,也可以故意挪动航标的位置,使之失去正常指示功能,从而导致航船发生安全事故。这些交通设备必须是正在使用的,因为只有破坏正在使用的交通设备才可能危害交通运输安全。如果破坏的是正在修筑的或者已经废弃的交通设施,不应定本罪。破坏交通设备的方法多种多样。如炸毁铁轨、桥梁、隧道,拔除铁轨道钉,抽掉枕木,拧松或拆卸夹板螺丝,破坏公路路基,堵塞航道,在公路、机场路道上挖掘坑穴,拆毁或挪动灯塔、航标等安全标志。这里其他破坏活动是指诸如在铁轨上放置石块、涂抹机油等虽未直接破坏上述交通设备,但其行为本身同样可以造成交通工具倾覆、毁坏危险的破坏活动。

行为人的破坏行为必须足以使火车、汽车、电车、船只、航空器发生倾覆、毁坏危险。而实际上的倾覆与毁坏结果并不是本罪的构成要件。也就是说,破坏交通设施会造成两种后果:一种是可能发生的后果;另一种是已经发生的后果。只要造成两种后果之中的任何一种后果,都构成破坏交通设施罪。如果行为人的某种行为不足以使火车、汽车、电车、船只、航空器发生倾覆、毁坏危险的,则不构成本罪。在司法实践中,通常从以下两个方面考察某种行为是否足以使交通工具发生倾覆、毁坏危险:一是从破坏的方法看。如果行为人使用了极其危险的破坏方法,如采取爆炸、放火、拆毁的方法破坏交通设施,由于这些破坏方法本身可以使交通设施遭受严重破坏,从而足以使交通工具发生倾覆、毁坏危险。二是从破坏的部位看。破坏交通设施的重要部位就会直接危及交通工具的运输安全。如挖掉铁轨、枕木,卸去轨道之间的连接部件等,这些破坏交通设施重要部位的行为直接关系到交通工具的行驶安全,足以造成交通工具的倾覆、毁坏危险。但是,如果行为人破坏的只是交通工具的附属部位,比如在公路边上采挖少量砂石等,因为这些破坏行为与交通运输安全没有直接联系,不足以使交通工具发生倾覆、毁坏危险,因此不构成破坏交通设施罪。

不论采取何种方法,只要足以使交通工具发生倾覆、毁坏危险,就构成破坏交通设施罪既遂。如果破坏行为不可能使交通工具发生倾覆或毁坏,不危及交通运输安全,不能按本罪处理。具体认定破坏行为是否足以使交通工具发生倾覆、毁坏危险,应当从破坏方法、破坏交通设施的部位等多方面综合考察确定。

破坏交通设施罪有既遂、未遂之分。根据本条的规定,本罪属于危险犯,其犯罪既遂并不要求必须造成交通工具倾覆、毁坏的实际结果,而是以具备法定的客观危险状态为标志，即破坏行为只要足以使交通工具发生倾覆、毁坏危险，无论是否造成严重后果，均构成本罪既遂。如果行为人已经着手破坏交通设备，刚刚接触破坏对象，破坏行为尚未实行终了，由于犯罪分子意志以外的原因（如被抓获、制止），没有造成交通工具倾覆、毁坏的危险状态，应视为本罪的未遂。

根据《铁路法》规定："故意毁坏、移动铁路行车信号装置或者在铁路线路上放置足以使列车倾覆的障碍物，盗窃铁路线路上行车设施的零件、部件或者铁路线路上的器材，危及行车安全，均按破坏交通设施罪处理。"造成严重后果是指因为行为人故意毁坏、移动铁路行车信号装置或者在铁路线路上放置足以使列车倾覆的障碍物，或者盗窃铁路线路上行车设施的零件、部件，铁路线路上的器材，造成人身伤亡、重大财产毁损、中断铁路行车等。

本罪主体为一般主体，即任何达到刑事责任年龄、具有刑事责任能力的人。

主观方面表现为故意，包括直接故意和间接故意，即行为人明知破坏交通设施会造成交通工具倾覆、毁坏危险，并且希望或者放任这种危险状态的发生。犯本罪的动机多种多样。如出于报复泄愤、图谋隐害、嫁祸于人、贪财图利等。这些不同的个人动机对构成本罪并无影响。

本案中，被告人王某某、张某、李某某为获取利益，受他人雇用，故意破坏高速公路砼防撞护栏、波形护栏和护栏桩等交通设施，破坏了高速公路的封闭性，使货运车辆非法出入高速公路，足以造成正常行驶的交通工具发生倾覆、毁坏危险，其行为已构成破坏交通设施罪。

二、李某犯破坏交通设施罪

案件简介

被告人李某因对沪昆客专项目建设及沪昆高铁运行中遗留的房屋拆迁、补偿等事项的处理心存不满，遂产生报复心理。被告人李某为此事先购买了两个全丝螺杆螺帽，并于 2016 年 5 月 28 日 11 时许带至浏阳市普济镇一从事电焊加工的私人机械门店，要求该店按照其设计制作了一个 U 形钢铁制装置拟置放于沪昆高铁轨道上。2016 年 5 月 29 日 22 时许，被告人李某携带该装置窜至沪昆高铁醴陵东至长沙南区间的石塘子 1 号大桥西头，用老虎钳剪断水泥护栏立柱的铁丝进入路基，然后将水泥立柱和碎石放置在沪昆高铁下行线 K1043＋850 米轨道处，并将携带的 U 形钢铁制装置固定在钢轨上，致使上海虹桥站至长沙南站的 G1365 次列车当日 22 时 48 分撞上上述障碍物，造成 G1365 次列车机车破损并停车。

案件进展

（一）案件审理程序

长沙铁路运输检察院以长铁检诉刑诉(2016)26 号起诉书指控被告人李某犯破坏交通设施罪,于 2016 年 9 月 8 日向法院提起公诉。法院于同日立案,依法适用简易程序,并组成合议庭,公开开庭审理了本案。现已审理终结,判决如下：①被告人李某犯破坏交通设施罪,判处有期徒刑 8 年。②扣押的作案工具依法予以没收。

（二）各方意见

公诉人认为

长沙铁路运输检察院同时提出量刑建议,建议对被告人李某判处有期徒刑 6 年至 8 年。

被告人及辩护人认为

对起诉书指控的上述事实,被告人李某在开庭审理过程中无异议,被告人李某对长沙铁路运输检察院的量刑建议亦无异议。

法院认为

被告人李某为泄私愤,企图报复社会,故意在高铁轨道上放置钢铁障碍物,足以使高铁发生倾覆、毁坏危险,导致 G1365 次列车破损并停车,并造成直接经济损失 103 085.08 元,其行为已危害公共安全,尚未造成严重后果,构成破坏交通设施罪。但被告人李某自愿认罪,并如实供述自己的罪行,可以酌情从轻处罚。公诉机关指控被告人李某所犯罪名成立,证据确实充分,量刑建议适当,予以采纳。

案件评析

《刑法》第一百一十七条规定："破坏轨道、桥梁、隧道、公路、机场、航道、灯塔、标志或者进行其他破坏活动,足以使火车、汽车、电车、船只、航空器发生倾覆、毁坏危险,尚未造成严重后果的,处三年以上十年以下有期徒刑。"第一百一十九条第一款规定："破坏交通工具、交通设施、电力设备、燃气设备、易燃易爆设备,造成严重后果的,处十年以上有期徒刑、无期徒刑或者死刑。"根据本条的规定,本罪属于危险犯,其犯罪既遂并不要求必须造成交通工具倾覆、毁坏的实际结果,而是以具备法定的客观危险状态为标志,即破坏行为只要足以使交通工具发生倾覆、毁坏危险,无论是否造成严重后果,均构成本罪既遂。

对本罪的认定应注意以下几点。

1. 破坏交通设施罪与盗窃罪的界限

在司法实践中,出于非法占有的目的,盗窃交通设施(如盗窃铁轨上的枕木,偷割使用中的铁路专用电缆,从保障交通运输安全的电气设备上偷拆电子元件等),从而严重危害交通运输安全的犯罪,与盗窃罪容易混淆。两者虽然都是以非法占有为目的,秘密窃取财物,但前者盗窃的不是一般公共财物,而是正在使用中关系到交通运输安全的设施,这种盗窃行为不仅侵犯财产关系,而且严重危害交通运输安全;同时行为人对其行为可能造成交通工具倾覆或者毁坏的危险大多采取放任态度,即表现为间接故意。因此,这种行为既是盗窃罪,又是破坏交通设施罪,应当按一个重罪即破坏交通设施罪定罪判刑。而盗窃罪窃取的是一般公私财物,或者盗窃未投入使用的交通设备,不影响交通运输安全,其侵犯的客体只是公私财产权利,因此,与上述以盗窃交通设施为目的而构成的破坏交通设施罪,有本质区别。

2. 破坏交通设施罪与非罪的界限

根据《中华人民共和国治安管理处罚条例》第二十条第八项的规定,破坏交通设备的一般违法行为是指在铁路、公路、水域航道、堤坝上,挖掘坑穴、放置障碍物,损毁、移动指示标志,可能影响交通运输安全,尚不够刑事处罚的行为。区分破坏交通设施罪与上述一般违法行为的关键在于,破坏交通设备的行为是否足以使交通工具发生倾覆、毁坏危险,是否危害交通运输安全。如果破坏行为已经造成或者足以造成交通工具倾覆或毁坏,从而危害交通运输安全的,应以本罪论处;如果破坏行为只是可能影响交通运输安全,但尚未达到足以使交通工具发生倾覆、毁坏危险的严重程度,则属于破坏交通设备的违法行为。

3. 本罪与破坏交通工具罪的区分

破坏交通设施罪和破坏交通工具罪都是危害交通运输安全的犯罪,两者的主要区别在于侵犯的对象不同。破坏交通设施罪侵犯的对象是正在使用中的轨道、桥梁、隧道、公路、机场、航道、灯塔、标志等保证交通工具正常行驶的交通设施,通过破坏这些交通设施来达到引起火车、汽车等交通工具发生倾覆、毁坏危险;而破坏交通工具罪侵犯的对象则直接指向正在使用中的火车、汽车、电车、船只、航空器等交通工具本身,通过破坏交通工具本身来引起交通工具发生倾覆、毁坏危险。

由于交通设备与交通工具之间的相互依存关系,破坏交通设施往往引起交通工具的倾覆、毁坏,而且这种危害结果的发生通常是行为人所追求的目的;同样,破坏交通工具也常引起交通设备被破坏。在这种情况下,是定破坏交通设施罪,还是定破坏交通工具罪,要视行为的直接指向而定。如果行为指向交通设施,直接破坏交通设备,应定破坏交通设施罪。其所引起的交通工具的倾覆、毁坏,应视为破坏交通设施,造成严重后果,适用本法第一百一十九条规定的破坏交通设施罪的结果加重条文。如果行为指向交通工具,直接破坏交通工具,应定破坏交通工具罪。其所引起的对交通设备的破坏,也应视为破坏交通工具,造成严重后果的情况。

被告人李某故意在高铁轨道上放置钢铁障碍物,足以使高铁发生倾覆、毁坏危险,导致 G1365 次列车破损并停车,并造成直接经济损失 103 085.08 元,其行为已危害公共安全,其行为构成破坏交通设施罪。

三、罗某军、罗某辉犯过失损坏交通设施罪

案件简介

2012 年 12 月 19 日,位于益阳市赫山区龙光桥镇境内的进港公路(起于 S308 线 K225+923 米处,止于赫山区龙光桥镇全丰村泥湾千吨级码头,全长 6.4 千米)通车,但因后续基础设施没有配套到位,引发龙光桥镇某 A 组和 B 组两个村民组村民的不满。为此,时任 A 组组长的被告人罗某军和时任 B 组组长的被告人罗某辉召集社员开会,决定采取用泥土将公路堵住的办法给政府部门施压。在会上,罗某平(已判刑)因认识一拖泥土的司机,便主动提出拖土堵路的事情由他来安排,事后由 A 组和 B 组共同负责,当时与会人员都表示同意,并提出要罗某平搞好一点的泥土,以便将来容易铲除。2013 年 3 月 4 日,罗某平打电话叫一名李姓货车司机拖了 2 车泥土堆在进港公路砂湾路段,并叫李某民告诉司机将泥土倒放的具体位置。几天后,罗某平等人发现 2 车泥土根本起不到堵路的作用,又叫货车司机加拖了 5 车泥土,将公路完全堵住。随即,罗某平等人意识到,公路被堵后肯定会导致车辆不能正常通行,由于担心会发生交通事故,就和李某宇、李某民等人在所堆的泥土旁边放置了一盏灯,以此来提醒过路车辆。事后,罗某平分别从被告人罗某辉和 A 组会计李某明处各领取堆土费用 1600 元(共计 3200 元)用于支付货车司机。通过协调,龙光桥镇政府重点工程办于 2013 年 3 月 18 日叫当地村民把堆放在公路上的泥土铲掉了一半。2013 年 4 月 30 日 23 时 40 分,被害人曹某斌驾驶两轮摩托车搭乘汤某强在进港公路上自东向西行驶至该路段时,为避让泥土,撞上迎面而来的刘某驾驶的货车,导致曹某斌当场死亡、汤某强受伤。

案发后,被告人罗某军、罗某辉分别赔偿被害人曹某斌的家属经济损失 6 万元,取得了被害人曹某斌家属的谅解。

案件进展

(一)案件审理程序

益阳市赫山区人民检察院以益赫检刑诉(2014)21 号起诉书指控被告人罗某军、罗

某辉犯过失损坏交通设施罪,于 2014 年 1 月 23 日向法院提起公诉。法院受理后,依法组成合议庭,公开开庭审理了本案。现已审理终结,判决如下:被告人罗某军犯过失损坏交通设施罪,判处有期徒刑 3 年,缓刑 4 年。被告人罗某辉犯过失损坏交通设施罪,判处有期徒刑 3 年,缓刑 4 年。

(二)各方意见

法院认为

被告人罗某军、罗某辉过失损坏交通设施,导致发生一起一死一伤的交通事故,造成了严重的后果,其行为已构成过失损坏交通设施罪。益阳市赫山区人民检察院指控的罪名成立。案发后,被告人罗某军、罗某辉分别赔偿被害人曹某斌的家属经济损失 6 万元,其行为取得了被害人曹某斌家属的谅解,且在庭审过程中,被告人罗某军、罗某辉认罪态度较好,均可酌情从轻处罚。根据被告人罗某军、罗某辉所犯罪的性质和情节以及悔罪表现,对其判处缓刑在其所居住地没有重大不良影响,可宣告缓刑。

案件评析

过失损坏交通设施罪是指过失损坏轨道、桥梁、隧道、公路、机场、航道、灯塔、标志等交通设备,危害公共安全、致使火车、汽车、电车、船只、航空器倾覆或毁坏,造成严重后果的行为。本罪是一种以交通设施为侵害对象的过失危害公共安全罪。

本罪侵犯的客体是交通运输安全。这是本罪区别于其他过失犯罪的显著特征。过失损坏交通设施,造成严重后果的行为,不仅使交通设施本身价值遭受损失甚至报废,更重要的是它直接影响火车、汽车、电车、船只、航空器的安全运行,造成火车、汽车、电车、船只、航空器的倾覆、毁坏,给国家、集体和人民群众带来巨大损失。因此,理应运用刑法武器惩治此种犯罪行为。过失损坏交通设施罪的犯罪对象是法律规定的特定对象,即轨道、桥梁、隧道、公路、机场、航道、灯塔、标志等交通设施。而且这些交通设施必须是处于正在使用中。因为只有过失损坏正在使用中的交通设施,才可能危害交通运输安全,造成严重后果。也就是说,如果行为过失损坏的交通设施不是正在使用中,而是正在生产或正在修理而未交付使用,或者废弃不用的交通设施,则不成立本罪。

本罪在客观方面表现为实施损坏上述交通设备,危害公共安全,致使火车等交通工具倾覆或毁坏,造成严重后果的过失行为。这是本罪同过失破坏交通工具罪的区别所在。

(1)行为人必须实施破坏交通设备的行为。这种行为通常是发生在日常生活和工作中,由于行为人缺乏谨慎所致。如火车通过铁路道口不慎将路旁放置的废钢挂带在路轨上,造成列车颠覆。如果直接管理交通设备的人员,在操作中违反规章制度,以致过失破坏交通设备,发生重大责任事故,引起严重后果的,应以重大责任事故罪论处。

(2)破坏交通设备的过失行为必须造成危害交通运输安全的严重后果,即造成火车、汽车等交通工具倾覆或毁坏,致人重伤、死亡或者使公私财产遭受重大损失。如果未成后果或者后果不严重,不构成本罪。

(3)破坏交通设备的行为同严重后果之间必须具有因果关系。如果严重后果不是由于行为人过失行为所引起,行为人不负刑事责任。

本罪的主体为一般主体。已满 16 周岁、具备刑事责任能力的自然人均可成为本罪的主体。

本罪在主观方面表现为过失,包括过于自信的过失和疏忽大意的过失。即行为人对其行为可能造成的危害交通运输安全的严重后果已经预见,但轻信能够避免;或者应当预见,因为疏忽大意而未预见,以致发生这种严重结果。

本案中,被告用泥土将公路完全堵住的行为,系过失损坏交通设施的行为,且导致发生了一起一死一伤的交通事故,造成了严重的后果,其行为已构成过失损坏交通设施罪。

四、崔某、刘某犯过失损坏交通设施罪

案件简介

潍坊市某市政工程有限公司承包了潍坊高新华润燃气有限公司的潍安路燃气管道穿越胶济铁路工程。潍坊市某市政工程有限公司在未与铁路部门办理施工手续、无施工作业计划的情况下,安排施工队长崔某带领钻机手刘某等人在潍安路东侧、西葛家庄村西侧的施工现场进行下穿胶济铁路线路的顶管施工作业。

2013 年 4 月 24 日 17 时许,被告人刘某在操作水平定向钻机顶管作业中,前方遇到阻力,遂向崔某报告求援。被告人崔某上机操作时在观察到钻机压力表压力增大的情况下,疏忽大意,没有采取相应措施予以解决,而是继续操作钻机前行。被告人刘某在对钻机前方工作状况不了解的情况下,又继续操作钻机,致使钻杆钻出地面后继续前行,钻杆侵入胶济线 K159+980 米处,与行驶中的 D27004 次货物列车撞击,造成直接经济损失人民币 488 010.40 元,影响胶济上行线行车 2 小时 57 分。

案件进展

(一)案件审理程序

青岛铁路运输检察院以青铁检刑诉(2013)30 号起诉书指控被告人崔某、刘某犯过失损坏交通设施罪,于 2013 年 11 月 25 日向法院提起公诉。法院于同日立案,依法适

用简易程序,实行独任审判,公开开庭审理了本案。现已审理终结,判决如下:被告人崔某犯过失损坏交通设施罪,判处有期徒刑1年,缓刑2年。被告人刘某犯过失损坏交通设施罪,判处有期徒刑1年,缓刑2年。

(二) 各方意见

公诉人认为

被告人崔某、刘某在实施燃气管道穿越胶济铁路工程顶管作业时,疏忽大意,造成严重后果,其行为触犯了《刑法》第一百一十九条第二款之规定,应以过失损坏交通设施罪追究其刑事责任。

被告人及辩护人认为

被告人崔某、刘某对起诉书指控的犯罪事实供认不讳。

法院认为

被告人崔某、刘某由于过失损坏正在使用中的轨道,致使火车发生毁坏的严重后果,侵犯了交通运输安全,其行为已构成过失损坏交通设施罪,应根据《刑法》第一百一十九条第二款之规定处罚。公诉机关指控的犯罪成立。被告人崔某、刘某到案后认罪态度较好,确有悔罪表现,没有再犯罪的危险,根据《刑法》第六十七条第三款、第七十二条、第七十三条第二款、第三款之规定处罚。

案件评析

本罪是指由于过失而使轨道、桥梁、隧道、公路、机场、航道、灯塔、标志等交通设备遭受破坏,造成火车、汽车、电车、船只、飞机发生倾覆、毁坏等严重后果,危害公共安全的行为。

过失损坏交通设施罪与破坏交通设施罪的界限。过失损坏交通设施罪与破坏交通设施罪,侵害的客体和对象相同。两者的主要区别如下。

(1) 对犯罪结果要求不同。前者损坏交通设施的过失行为必须造成危害交通运输安全的严重后果才构成犯罪;后者只要实施破坏交通设施的行为,并足以使交通工具发生倾覆、毁坏危险,无论是否造成严重后果,均成立犯罪,而且构成犯罪既遂。

(2) 主观罪过不同。前者是过失犯罪,后者是故意犯罪。从行为人认知方面看,前者行为人对其行为可能造成的危害结果已经预见,或者应当预见而未预见;后者对其行为会造成的危害结果是明知的。从行为人态度看,前者对严重后果持否定态度,由于轻信能够避免或者出于疏忽大意,才发生了危害交通运输安全的严重后果;后者对交通工具倾覆、毁坏的严重后果持希望或放任的态度。

本案被告人崔某、刘某由于过失损坏正在使用中的轨道,致使火车发生毁坏的严重后果,侵犯了交通运输安全,其行为已构成过失损坏交通设施罪。

第四章

破坏电力设备罪

一、徐某、许某犯破坏电力设备罪

案件简介

2015 年 11 月 16 日凌晨,被告人徐某、许某及刘某、"老许"(均另行处理)经事先预谋,窜至海宁市海昌街道嘉海线北面大转盘北 300 米处,采用挖砖、剪线等手段,窃得路灯 A3♯ 至 A9♯ 之间的电缆线 6 根,共计 212.6 米,价值 8800 余元。窃后销赃,赃款分配后挥霍。

案件进展

(一)案件审理程序

浙江省海宁市人民检察院以海检刑诉(2016)586 号起诉书指控被告人徐某、许某犯破坏电力设备罪,于 2016 年 6 月 16 日向法院提起公诉。法院于同日立案,在适用简易程序审理过程中,发现本案具有不宜适用简易程序审理的情形,于 2016 年 7 月 6 日转为普通程序审理,并依法组成合议庭,于 2016 年 7 月 21 日公开开庭审理了本案。海宁市人民检察院指派检察员杨某平及张某亮出庭支持公诉,被告人徐某、许某及其辩护人陈某敌、於某胜到庭参加诉讼。现已审理终结。判决如下:①被告人徐某犯破坏电力设备罪,判处有期徒刑 3 年 6 个月。②被告人许某犯破坏电力设备罪,判处有期徒刑 3 年。

(二)各方意见

公诉人认为

被告人徐某、许某以非法占有为目的,结伙盗割已经交付使用的电缆线,破坏电力设备,危害公共安全,尚未造成严重后果,其行为均已构成破坏电力设备罪。被告人徐某系累犯。被告人徐某、许某归案后能如实供述自己的犯罪事实。据此,诉请法院依照《刑法》第一百一十八条、第二十五条第一款、第六十五条第一款、第六十七条第三款之规定分别予以判处。

被告人及辩护人认为

被告人徐某、许某对起诉书指控的犯罪事实没有异议,但均认为其行为属于盗窃罪,另外,被告人徐某认为其不构成累犯。

辩护人陈某敌的主要辩护意见是:①被告人徐某等人盗窃的是没有通电使用的路灯电缆线,其行为并未实际危及公共安全,且被告人徐某等人是出于盗窃的故意实施犯罪行为,故应认定为盗窃罪。②在共同犯罪中,被告人徐某起次要作用,应认定为从犯。③被告人徐某前次犯罪时未满18周岁,故不构成累犯。④归案后,被告人徐某能如实供述。请求法庭对被告人徐某从轻处罚。

辩护人於某胜对本案定性没有异议,其主要辩护意见是:被告人许某系初犯,归案后认罪态度好,坦白了自己的全部犯罪事实,在共同犯罪中仅参与望风,分得赃款较少。请求法庭对被告人许某从轻处罚。

法院认为

被告人徐某、许某以盗窃的方式破坏电力设备,危害公共安全,其行为均已构成破坏电力设备罪。公诉机关指控被告人许某、徐某所犯罪名成立。关于本案定性问题,法院认为,涉案的照明线路于2013年7月业已交付使用,根据司法解释的规定,属于正在使用中的电力设备,而正在使用中的电力设备并不等于正处在通电状态下的电力设备,因此,即便两被告人提出其盗窃的电缆线所连路灯均不亮的意见属实,也不影响本案定性;被告人以非法占有涉案电缆线为目的实施的盗窃行为造成涉案电力设备的损坏,依法应按照刑法处罚较重的破坏电力设备罪定罪处罚。被告人及辩护人就本案定性所提意见,于法不符,不予采纳。在共同犯罪中,被告人徐某、许某及其同伙均积极参与,地位、作用相当,不区分主从犯。辩护人提出被告人徐某系从犯的意见,不予采纳。被告人徐某前次犯罪时,其在实施7次破坏公用电信设施犯罪行为中的后6次时已满18周岁,在被判处有期徒刑刑罚执行完毕后5年内,再犯应当判处有期徒刑以上刑罚之罪,系累犯,依法应从重处罚。被告人徐某及其辩护人认为其不构成累犯的意见,不予采纳。归案后,被告人徐某、许某能如实供述其主要犯罪事实,依法可以从轻处罚。两被告人就其行为定性所提辩解意见,不影响对其如实供述的认定。辩护人的相关辩护意见,可予采纳。

案件评析

破坏电力设备罪是指故意破坏电力设备、危害公共安全尚未造成严重后果或者已经造成严重后果的行为。

本罪侵犯的对象是正在使用的电力设备，包括用来发电、供电的公共设备，如电厂、变压器、输电设备等。破坏电力设备罪的方法多种多样，如毁坏、拆卸、割断等。行为人实施上述破坏电力设备的行为，必须是危害公共安全，即有可能引起不特定多数人伤亡或者使公私财产遭受重大损失或者使生产、生活秩序受到严重影响，才能构成本罪。犯罪的主体是一般主体。犯罪的主观方面是由故意构成，即行为人明知其破坏电力设备的行为会发生危害社会公共安全的后果，并且希望或者放任这一结果的发生，犯罪的动机多是为了贪图钱财。

本罪所侵犯的客体属于公共安全。犯罪对象是正在使用中的电力设备。破坏电力设备是指用于发电、供电、输电、变电的各种设备，包括火力发电厂的热力设备，如锅炉、汽轮机、燃气机等；水力发电厂的水轮机和水力建筑物，如水坝、闸门、水渠、隧道、调压井、蓄电池、压力水管等；供电系统的供电设备，如发电机包括励磁系统、调相机、变波机、变压器、高压线路、础、拉线、接地装置、导线、避雷线、金具、绝缘子、登杆塔的抓梯和脚钉，导线跨越航道的保护设施，巡（保）线站，巡视检修专用道路、船舶和桥梁、标志牌及附属设施；电力电缆线路，架空、地下、水底电力电缆和电缆联结装置，电缆管道、电缆隧道、电缆沟、电缆桥、电缆井、盖板、人孔、标石、水线标志牌及附属设施；电力线路上的变压器、断路器、刀闸、避雷器、互感器、熔断器、计量仪表装置、配电室、箱式变电站及附属设施。

还应指出，上述电力设备如果没有使用，如正在制造、运输、安装、架设或尚在库存中，以及虽安装好但尚未使用中的电力设备，行为人对其进行破坏也就不构成破坏电力设备罪。行为人必须实施了破坏正在使用中的电力设备的行为。在实际生活中，这种破坏行为的表现形式是多种多样的。大多数情况下，行为人表现为作为，如采用爆炸、放火的方法破坏电力设备，在电力设备中掺放杂物，毁坏电力设备的重要部件或者偷割、偷拆电力设备等。在少数情况下，行为人也可能表现为不作为。如对电力设备负有维修保护职责的工作人员，在上班检修电力设备期间，发现重要部件异常或出现故障，有毁坏电力设备的危险，却故意置之不理，放任危险的发生，其客观行为方式就是不作设备的自然人均可成为破坏电力设备罪的犯罪主体。

本罪在主观方面必须出于故意，包括直接故意和间接故意。至于犯罪的动机，亦可多种多样，不论是为泄愤报复，还是为嫁祸他人，或出于贪财图利及其他动机，都不影响本罪成立。

破坏电力设备罪与盗窃罪的界限：出于非法占有之目的，盗窃正在使用中的电力设备，危害公共安全的，应当以本罪论处。如果不能危及公共安全，则应以盗窃罪论处。最高人民法院《关于盗窃案件具体应用法律若干问题的解释》第十二条第二项规定："盗窃使用中的电力设备，同时构成盗窃罪和破坏电力设备罪的，择一重罪处罚。"如果盗窃库存的或者废置的线路上的电线的，则应定为盗窃罪。

本案中涉案的照明线路于 2013 年 7 月业已交付使用，根据司法解释的规定，属于正在使用中的电力设备，而正在使用中的电力设备并不等于正处在通电状态下的电力设备，被告人以非法占有涉案电缆线为目的实施的盗窃行为造成涉案电力设备的损坏，危害公共安全，其行为均已构成破坏电力设备罪。

二、郑某某犯过失损坏电力设备罪

案件简介

2015 年 8 月 13 日下午 15 时许，被告人郑某某驾驶无牌照 4-11 号东风牌翻斗车，在翠峦区某中学门前道路施工工地装满工程弃土后，开车到翠峦区某供热站南侧，在未观察周围是否会发生危险的情况下，升起车斗卸弃土时，因疏忽大意将车上方电线刮断，被告人郑某某明知自己已将电线刮断，未通知电业部门，而是将刮断的电线扔在旁边的草丛中，后致使被害人邱某某触电身亡。经伊春市公安局刑事技术支队法医学尸体检验鉴定，邱某某符合电击死亡。被告人郑某某于 2015 年 10 月 8 日被公安机关工作人员传唤至伊春市公安局翠峦分局。

案件进展

（一）案件审理程序

伊春市翠峦区人民检察院以伊翠检诉刑诉（2016）1 号起诉书，指控被告人郑某某犯过失损坏电力设备罪，于 2016 年 1 月 4 日向法院提起公诉。法院受理后，依法组成合议庭，公开开庭审理了本案。翠峦区人民检察院指派检察员李某出庭支持公诉，被告人郑某某到庭参加诉讼。现已审理终结。判决如下：被告人郑某某犯过失损坏电力设备罪，判处有期徒刑 3 年，缓刑 3 年。

（二）各方意见

公诉人认为

被告人郑某某应当预见自己的行为会导致电力设施损坏，致使被害人邱某某死亡,其行为触犯《刑法》第一百一十九条第二款的规定,应追究被告人郑某某的刑事责任。

被告人及辩护人认为

被告人郑某某对公诉机关指控的犯罪事实供认不讳,不作辩解。

法院认为

被告人郑某某驾驶无牌照 4-11 号东风牌翻斗车卸弃土时,因疏忽大意将电线刮断,造成一人死亡之后果,其行为已构成过失损坏电力设备罪。公诉机关指控被告人郑某某犯过失损坏电力设备罪罪名依法成立。被告人郑某某在庭审中认罪态度较好,并与被害人家属达成赔偿协议,取得被害人家属的谅解,可酌情从轻处罚。

案件评析

过失损坏电力设备罪是指过失损坏电力设备,危害公共安全,造成严重后果的行为。

本罪侵犯的客体是公共安全,即不特定多数人的生命、健康安全和重大公私财产的安全。这是本罪区别于其他过失犯罪的显著特征。过失损坏电力设备罪的犯罪对象是法律规定的特定对象,即电力设备,包括供电设备、发电设备和变电设备等。而且本罪的犯罪对象即电力设备必须是处于正在使用中的电力设备。也就是说,过失损坏的如果不是正在使用中的电力设备如库存的、废弃的、正在生产中的或修理中的电力设备,则不成立本罪。例如,某村村民甲烧荒种玉米时,不慎将本村一台因报废而长年丢弃在外的变压器焚毁。此事件中,甲过失焚毁的是报废的并且长年丢弃在外的变压器,而非正在使用中的变压器,焚毁这一变压器并不危害公共安全,因而不构成过失损坏电力设备罪。

本罪在客观方面表现为行为人过失损坏电力设备,危害公共安全,造成严重后果的行为。本罪在客观方面具有以下特征。

(1) 行为人必须有过失损坏电力设备的行为,即行为人由于自己的行为不慎,损坏了电力设备。

(2) 行为人过失损坏电力设备的行为必须危害公共安全。也就是说,由于行为人的过失行为损坏了电力设备,从而影响或破坏了电力设备的正常性能,并进而危害公共安全。但是如果行为人的过失损坏行为没有影响电力设备的正常性能,没有危害公共安全的,则不构成本罪。这就要根据过失损坏行为损坏的部位、损坏的程度以及损坏的方式等因素进行综合评判。例如,某甲用小石子打逗留在变压器上的鸟,鸟飞走了,小石子打在变压器的铁壳上。此事件中,某甲用小石子打鸟,结果打在变压器的铁壳上,从损坏方式、损坏部位和损坏程度看,其行为并不危害公共安全,因此不构成本罪。

（3）行为人过失损坏电力设备的行为必须造成严重后果。过失犯罪都是以发生严重后果作为构成犯罪的要件。如果没有发生严重后果或者后果不严重的,则不构成犯罪。因此,要构成过失损坏电力设备罪,也必须发生严重后果。这里的严重后果是指致人重伤、死亡或者使公私财产遭受重大损失。

（4）行为人过失损坏电力设备的行为与严重后果之间存在刑法上的因果关系,即严重后果是由于行为人过失损坏电力设备的行为引起的。这是行为人对严重后果负刑事责任的客观基础。如果行为人过失损坏电力设备的行为与严重后果之间不存在刑法上的因果关系,行为人则不对严重后果负刑事责任。以上 4 个条件必须同时具备,缺一不可。

本罪的犯罪主体是一般主体,即凡是达到刑事责任年龄,具备刑事责任能力,由于自己的过失行为破坏电力设备,危害公共安全,造成严重后果的自然人,都可成为本罪的犯罪主体。

本罪在主观方面只能是过失,即行为人应当预见自己的行为可能损坏电力设备,由于疏忽大意没有预见或者已经预见而轻信能够避免,以致发生这种结果的心理态度。这是本罪与意外事件的主要区别之所在。本罪的过失包括过于自信的过失和疏忽大意的过失。

本案中被告人郑某某就是由于疏忽大意将电线刮断,造成一人死亡之后果,构成过失损坏电力设备罪。

三、冯某犯过失损坏电力设备罪

案件简介

2014 年 12 月 20 日左右,被告人冯某所在工程队在江西某粮油有限责任公司粮食现代物流中心从事桩基施工时发现地下有电缆线,便暂时停工。被告人冯某被告知在施工时要注意避开电缆线。2015 年 1 月 10 日上午,管桩送到工地,为赶工程进度,被告人冯某等人对工地现场进行了检查,敲破已经被挖出裸露在外的电缆线外包管,没有发现外包管内的电缆线,误以为电缆线已经迁移,遂操作桩基进行打桩,不慎将工地下埋设的九江县供电公司所属的 3.5 万伏金州线 9# -10# 段高压电缆线打断,造成九江县江洲镇 1.1 万户居民断电达 16 小时。

事故发生后,九江县供电局员工报警,九江县公安局民警赶至现场,将在现场等待的被告人冯某传唤至九江县公安局执法办案中心。

案件进展

（一）案件审理程序

九江县人民检察院以九检刑诉(2016)12 号起诉书指控被告人冯某犯过失损坏电力设备罪，于 2016 年 3 月 21 日向法院提起公诉。法院依法组成合议庭，公开开庭审理了本案。现已审理终结，判决如下：被告人冯某犯过失损坏电力设备罪，判处有期徒刑 1 年，缓刑 1 年。

（二）各方意见

公诉人认为

被告人冯某施工时疏忽大意，损坏电力设备，造成九江县江洲镇 1.1 万户居民断电达 16 小时，情节较轻，其行为构成过失损坏电力设备罪。被告人冯某具有自首情节。提请依照《刑法》第一百一十九条第一款、第六十七条第一款之规定定罪处罚。

被告人及辩护人认为

被告人冯某对起诉书指控的犯罪事实没有异议，未提出辩解意见。

法院认为

被告人冯某在被告知施工桩位附近有电缆线且已经看到裸露的电缆线外包管的情况下，应当预见到其实施打桩行为会将管内的电缆线打断，但其疏忽大意，仅进行简单的查看后，未发现管内的电缆线，误以为电缆线已经移开，打桩施工时将电缆线打断，造成严重后果，其行为构成过失损坏电力设备罪，但情节较轻。公诉机关指控的犯罪事实清楚，证据确实、充分，罪名成立，法院予以确认。被告人冯某事发后留在现场等待公安机关处理，且归案后能如实供述自己的犯罪事实，系自首，依法从轻处罚。被告人冯某犯罪情节较轻，有悔罪表现，没有再犯罪的危险，宣告缓刑对其所居住的社区没有重大不良影响。

案件评析

《刑法》第一百一十九条规定："破坏交通工具、交通设施、电力设备、燃气设备、易燃易爆设备，造成严重后果的，处十年以上有期徒刑、无期徒刑或者死刑。过失犯前款罪的，处三年以上七年以下有期徒刑；情节较轻的，处三年以下有期徒刑或者拘役。"

依本条第二款规定，犯过失损坏电力设备罪的，处三年以上七年以下有期徒刑；情节较轻的，处三年以下有期徒刑或者拘役。

过失损坏电力设备行为在造成严重后果,构成犯罪的情况下,本法以情节轻重为标准,将该罪的法定量刑分为两个量刑档次。第一量刑档次是三年以上七年以下有期徒刑,这是基本量刑档次。在司法实践中,如果行为人过失损坏电力设备,危害公共安全,造成了致人重伤、死亡或者使公私财产遭受重大损失的严重后果之一的,则一般在三年以上七年以下有期徒刑这一基本量刑档次内给犯罪行为人裁量刑罚。

本罪第二个量刑档次是情节较轻的,处三年以下有期徒刑或者拘役。也就是说,在行为人过失损坏电力设备,造成严重后果的前提下,如果综合考察分析犯罪行为人主客观方面的情况,属于情节较轻的,则应在三年以下有期徒刑或者拘役这一量刑档次内裁量刑罚。至于何谓情节较轻,则应考察行为人主客观方面的各种事实情况予以综合认定,切不可只凭一个方面的情况单独认定。从司法实践来看,这些需要考虑的因素主要有:①行为人的刑事责任年龄和刑事责任能力。②行为人犯罪前的一贯表现。③行为人的罪过形式(是过于自信的过失,还是疏忽大意的过失)。④犯罪客观方面的情节,如犯罪所造成的具体损害情况、犯罪方法和犯罪的时间、地点、对象等。⑤行为人犯罪后的态度等。

在本案中,被告人冯某施工时疏忽大意,损坏电力设备,造成九江县江洲镇1.1万户居民断电达16小时,情节较轻,其行为构成过失损坏电力设备罪。

对本罪的认定还需注意以下几点。

1. 本罪与破坏电力设备罪的界限

两罪侵犯的对象都是正在使用中的电力设备,在客观方面也都实施了破坏行为,侵犯的客体都是公共安全,但两者之间有明显区别,具体如下。

(1) 主观罪过形式不同。破坏电力设备罪在主观方面是出自故意;过失损坏电力设备罪在主观方面则表现为过失。

(2) 客观方面不同。过失损坏电力设备罪必须造成致人重伤、死亡或者使公私财产遭受重大损失的严重后果,才能构成犯罪;破坏电力设备罪并不要求发生严重后果才成立犯罪,只要足以危害公共安全即有危害公共安全危险的,就可成立犯罪。

(3) 破坏电力设备罪有既遂与未遂之分;过失损坏电力设备罪不存在既遂与未遂问题。

2. 本罪与重大责任事故罪的界限

重大责任事故罪与过失损坏电力设备罪的主要区别如下。

(1) 犯罪主体不同。重大责任事故罪的犯罪主体是特殊主体;过失损坏电力设备罪的犯罪主体是一般主体。

(2) 侵犯的客体不同。重大责任事故罪侵犯的客体是企业、事业单位的生产作业安全;过失损坏电力设备罪侵犯的客体是公共安全。因此,电力部门职工在生产作业过程中,违反规章制度,因而发生损坏电力设备的重大事故,造成严重后果的行为,是由于电力部门职工这一特殊犯罪主体在生产作业过程中的业务过失所造成的严重后果,应以特别法条即重大责任事故罪论处,而不能以过失损坏电力设备罪论处。

第五章

破坏易燃易爆设备罪

一、王某甲犯破坏易燃易爆设备罪

案件简介

2012 年 9 月的一天,被告人王某甲和张某营(已判刑)商量从油田输油管线上盗窃原油,后张某营雇用了周某、姚某、张某等人去盗油现场干活。同年 9 月 25 日晚,被告人王某甲和张某营、周某、姚某、张某(以上 3 人已判刑)等人来到清河采油厂北区工作站采油六队广 6 站西南约 500 米的外输管线处,在管线附近清除杂草并挖好一个装油用的土坑,后在该处输油管线上安装卡子并打孔一处,多次从该处盗窃原油。同年 9 月 30 日晚,被告人王某甲等人再次来到该卡子处盗窃原油,由姚某在附近望风,次日姚某被巡逻职工当场抓获,并查获土坑内纯原油 3 吨,价值 14 955 元。

案件进展

(一)案件审理程序

东营市东营区人民检察院以东区检公刑诉(2016)192 号起诉书指控被告人王某甲犯破坏易燃易爆设备罪,于 2016 年 4 月 21 日向法院提起公诉。法院同日立案,依法组成合议庭,于同年 5 月 20 日公开开庭审理了本案,现已审理终结。判决如下:被告人王某甲犯破坏易燃易爆设备罪,判处有期徒刑 3 年。

(二)各方意见

公诉人认为

被告人王某甲结伙在输油管线上打孔一处,并盗窃原油,案发时现场缴获原油价值 14 955 元,其行为触犯了《刑法》第一百一十八条、第二十五条第一款之规定,应当以破坏易燃易爆设备罪追究其刑事责任。

被告人及辩护人认为

被告人王某甲对指控的罪名不持异议。但辩称其只参与了指控中 2012 年 9 月 25 日的望风,没参与打孔;其在共同犯罪中系从犯。

法院认为

被告人王某甲以非法占有为目的,结伙与他人采用破坏性手段在正在使用中的输油管线上打孔一处,并盗窃原油,价值 14 955 元,数额较大,其行为同时符合盗窃罪和破坏易燃易爆设备罪的构成要件,应以处罚较重的破坏易燃易爆设备罪追究其刑事责任。公诉机关提供的证据确实、充分,指控的罪名成立。本案系共同犯罪,被告人王某甲与他人共同预谋,积极参与实施犯罪行为,在犯罪过程中起主要作用,系主犯,被告人提出系从犯的辩解不成立,法院不予采纳。被告人归案后如实供述了部分犯罪事实,量刑时根据其供认情况酌情从轻处罚。

案件评析

破坏易燃易爆设备罪是指故意破坏燃气或者其他易燃易爆设备,足以危害公共安全的行为。这是一种以燃气等易燃易爆设备为特定破坏对象的危害公共安全罪。

本罪所侵犯的客体属于公共安全。犯罪对象是正在使用中的燃气或其他易燃易爆设备。所谓燃气设备是指生产、储存、输送诸如煤气、液化气、石油气、天然气等燃气的各种机器或设施,包括制造系统的燃器发生装置,如煤气发生炉,净化系统的燃气净化装置,输送系统的输送设备如排送机器、输送管道以及储存设备如储气罐等。所谓其他易燃易爆设备则是指除电力、燃气设备以外的其他用于生产、储存和输送易燃易爆物质的设备,如石油、化工、炸药方面的油井、油库、储油罐、石油输送管道、液化石油罐、汽油加油站以及酒精、煤油、丙酮、炸药、火药等易燃易爆物品的生产、储存、运送设备等。上述易燃易爆设备还必须正在使用中,如果没有使用,如正在制造、运输、安装、架设或尚在库存中,以及虽然已交付使用但正在检修暂停使用的,对其进行破坏,不应构成本罪。构成犯罪的应根据破坏的方法等以他罪如放火罪、爆炸罪、故意毁坏财物罪等论处。

还应注意的是,本罪行为的对象在于生产、储存、运送易燃易爆物品的机器设备,而不是易燃易爆物品本身。如果行为人在生产、储存、运输、使用易燃易爆物品的过程中,违反危险物品的管理规定,造成爆炸、火灾后果的,则应以危险物品肇事罪定罪。这时的爆炸、火灾发生自然会使易燃易爆设备遭受破坏,但这种破坏不是行为人的行为直接破坏易燃易爆设备所导致,而是行为人的行为造成易燃易爆物品的燃烧、爆炸而间接产生的。易燃易爆物品的燃烧、爆炸乃是易燃易爆设备发生破坏的直接原因。如果行为人直接破坏易燃易爆设备,致使易燃易爆物品发生燃烧、爆炸的,则应以本罪论处。这时的破坏是行为人的行为直接所致并由此成为易燃易爆物品发生燃烧、爆炸的原因。

本罪在客观方面表现为使用各种方法破坏电力、燃气或者其他易燃易爆设备,足以危害公共安全的行为。本罪在客观方面具有以下特征。

(1) 本罪侵犯的对象是正在使用中的易燃易爆设备。所谓正在使用中是指易燃易爆设备一旦经过验收,正式交付或投入使用后,即为正在使用中,那么就要时刻保持其使用的良好状态,保证随时可以使用。因此,对那些库存的、废置不用的、正在制造安装的或正在修理中的易燃易爆设备,则不能认定为正在使用中的设备,破坏这些非使用中的易燃易爆设备,则不构成本罪。

(2) 行为人必须实施了破坏易燃易爆设备的行为。行为人破坏易燃易爆设备的行为是多种多样的。既可以表现为作为,如行为人采用放火、爆炸、拆毁或者其他方法破坏易燃易爆设备的重要零部件等;也可以表现为不作为,比如维修工在值班时间发现煤气管道破损,有发生火灾、爆炸事故的危险存在而不予维修,任其发生燃烧、爆炸,危害公共安全。无论行为人采取何种行为方式,只要其实施了破坏易燃易爆设备的行为,足以危害公共安全的,都构成本罪而不要求有实际的严重后果发生。

(3) 行为人破坏易燃易爆设备的行为必须足以危害公共安全或者已经造成危害公共安全的严重后果。这就要根据破坏的具体对象、破坏的具体部件、行为人采取的破坏方法等各方面加以综合认定。如果行为人的破坏行为足以危害或者已经危害公共安全的,则构成本罪;如果行为人的破坏行为不足以危害公共安全的,如破坏行为轻微或者破坏次要零部件,不足以发生严重后果、危害公共安全的,则不宜以本罪论处。情节严重的,可依法以其他犯罪论处。以上3个方面缺一不可。

本罪的主体是一般主体,即达到法定刑事责任年龄、具有刑事责任能力的人均可构成。

本罪在主观方面表现为故意。即行为人明知其破坏易燃易爆设备的行为会发生危害公共安全的结果,并且希望或者放任这种结果的发生。包括直接故意和间接故意。本罪的动机多种多样,如出于贪财图利、报复泄愤、嫁祸于人等。无论出自何种个人动机,均不影响定罪。

1. 本罪与放火罪、爆炸罪的界限

破坏易燃易爆设备罪与放火罪、爆炸罪侵犯的客体都是公共安全,破坏易燃易爆设备罪行为人亦可采用放火、爆炸的手段破坏易燃易爆设备,往往也会导致火灾、爆炸的严重后果。区分两者的关键在于犯罪对象不同。破坏易燃易爆设备罪的犯罪对象仅限于正在使用中的易燃易爆设备;放火罪、爆炸罪的犯罪对象是一切公私财物。行为人采用放火、爆炸方法破坏易燃易爆设备,这是法条竞合问题。按照特别法优于普通法的原则,应以破坏易燃易爆设备罪论处,而不能定放火罪或爆炸罪。

2. 本罪与故意毁坏财物罪、盗窃罪等侵犯财产方面的犯罪的界限

确定某一破坏易燃易爆设备的行为是构成破坏易燃易爆设备罪还是构成侵犯财产方面的犯罪,主要看受破坏的易燃易爆设备是否处于正在使用中,破坏行为是否足以危害公共安全。也就是说,如果破坏正在使用中的易燃易爆设备,足以危害公共安全或者已经造成严重后果、危害公共安全的,则构成破坏易燃易爆设备罪。反之,如果行为人破坏的是非正在使用中的易燃易爆设备,因其不存在危害公共安全的可能性,因而不构成破坏易燃易爆设备罪;只是对财产所有权的侵犯,情节严重的,则构成侵犯财产方面的犯罪。如果是故意毁损非正在使用中的易燃易爆设备,情节严重的,应以故意毁坏财物罪论处;如果行为人采用盗窃方法破坏非正在使用中的易燃易爆设备,数额较大或者多次盗窃的,应以盗窃罪论处。

本案被告人王某甲以非法占有为目的,结伙与他人采用破坏性手段在正在使用中的输油管线上打孔一处,并盗窃原油,数额较大,其行为同时符合盗窃罪和破坏易燃易爆设备罪的构成要件,应以处罚较重的破坏易燃易爆设备罪追究其刑事责任。

二、田某某等人犯过失损坏易燃易爆设备罪

案件简介

2013年11月23日23时许,被告人田某某雇用被告人宋某某用铲车到河北省内丘县金店镇某村村东私自采沙,并将沙子卖给被告人王某某。其间,由田某某负责望风,王某某在沙坑指挥铲车,宋某某开铲车采沙装车,在采沙过程中,宋某某开铲车将京邯天然气输气管道挖坏,致使天然气发生泄漏。经河北省内丘县涉案物品价格鉴证中心鉴定,京邯天然气输气管道被破坏造成的直接经济损失为人民币1 059 387元。案发后,被告人钱某甲在明知田某某等人在采沙时将天然气管道挖坏,造成天然气泄露的情况下,帮助田某某逃跑到江苏省射阳县。另查明,2013年11月28日田某某到江苏省射阳县公安局海河派出所投案;2013年11月29日公安民警到江苏省射阳县公安局押解田某某时,钱某甲也在射阳县公安局等候,就将钱某甲一并带回。钱某甲到案后供述了案发时田某某在现场,案发后为逃避打击,协助田某某一起先逃南京,后又

逃到江苏省射阳县,于 2013 年 11 月 28 日陪同田某某到当地公安局投案;2013 年 11 月 24 日 22 时许,宋某某到内丘县公安局投案;2013 年 12 月 1 日王某某主动到内丘县公安局接受讯问。

经法院调解,被告人田某某、宋某某、王某某已与被害人河北省天然气有限责任公司达成民事赔偿协议,且已履行,并取得了被害人的谅解。

案件进展

(一)案件审理程序

河北省内丘县人民检察院以内检刑诉(2014)28 号起诉书指控被告人田某某、宋某某、王某某犯过失损坏易燃易爆设备罪、被告人钱某甲犯窝藏罪,于 2014 年 7 月 23 日向法院提起公诉。现已审理终结,判决如下:①被告人田某某犯过失损坏易燃易爆设备罪,判处有期徒刑 3 年。②被告人宋某某犯过失损坏易燃易爆设备罪,判处有期徒刑 2 年 6 个月。③被告人王某某犯过失损坏易燃易爆设备罪,判处有期徒刑 2 年 6 个月。④被告人钱某甲犯窝藏罪,判处有期徒刑 1 年,缓刑 2 年。

(二)各方意见

公诉人认为

被告人田某某、宋某某、王某某的行为已触犯了《刑法》第一百一十九条的规定,构成过失损坏易燃易爆设备罪,被告人钱某甲的行为已触犯《刑法》第三百一十条的规定,构成窝藏罪。

被告人及辩护人认为

被告人田某某对河北省内丘县人民检察院指控其的犯罪事实供认不讳。辩护人樊某强提出的辩护意见是:①田某某投案自首,并愿意赔偿燃气公司的损失,以求得谅解。②田某某没有直接危害燃气管道的行为。

被告人宋某某对河北省内丘县人民检察院指控其的犯罪事实供认不讳。辩护人张某提出的辩护意见是:①宋某某受雇于他人,在他人指使下造成本案的发生,且受益较小,在量刑时应与其他被告人相区别。②宋某某具有自首情节,悔罪态度较好。③宋某某表现一贯良好,无前科,属初犯,愿意赔偿被害人的经济损失。

被告人王某某对河北省内丘县人民检察院指控其的犯罪事实供认不讳。辩护人王某文提出的辩护意见是:①王某某不是本地人,也不是沙场所有人,对案发地点的地理环境、地下管道情况不清楚,对于因买沙挖坏天然气管道没有主观恶性,属于情节显著轻微。②鉴定意见书的 105 余万元损失的证据真实性、合法性不足。③王某某不是过失损坏易燃易爆的行为犯,且具有自首情节,应对其免予刑事处罚。

被告人钱某甲对河北省内丘县人民检察院指控其的犯罪事实供认不讳。

法院认为

被告人田某某明知其私自挖沙地点的附近有天然气管道,但轻信其雇用的宋某某挖沙时会绕开管道避免危害结果的发生,被告人宋某某、王某某在挖沙时看到了挖沙地点东边的警示牌,因其疏忽大意而没有注意到是天然气管道的警示牌,田某某在附近负责望风,王某某在现场指挥,致使宋某某在挖沙时将正在使用的京邯天然气输气管道损坏,并造成严重后果,3 被告人已构成过失损坏易燃易爆设备罪;被告人钱某甲明知田某某雇用的宋某某在挖沙时将正在使用的天然气输气管道损坏,而帮助田某某逃匿,已构成窝藏罪,对 4 被告人应依法惩处。河北省内丘县人民检察院指控被告人田某某、宋某某、王某某、钱某甲的犯罪事实清楚,证据确实、充分,罪名成立。田某某、宋某某在案发后主动到公安机关投案,王某某接到内丘县公安局电话传唤后,主动到案,钱某甲与田某某一同被带回内丘县公安局后经口头传唤到案,4 被告人均能如实供述自己的犯罪事实,是自首,可对 4 被告人从轻或减轻处罚。被告人田某某、宋某某、王某某已与被害人河北省天然气有限责任公司达成民事赔偿协议,且已履行,并取得了被害人的谅解,法院分别对其酌定从轻处罚。被告人田某某有犯罪前科,法院对其酌定从重处罚。辩护人樊某强提出田某某投案自首,并愿意赔偿燃气公司的损失,以求得谅解,没有直接危害燃气管道的行为的辩护意见,辩护人张某提出宋某某受雇于他人,在他人指使下造成本案的发生,且受益较小,具有自首情节,悔罪态度较好,表现一贯良好,无前科,属初犯,愿意赔偿被害人经济损失的辩护意见,辩护人王某文提出王某某不是本地人,也不是沙场所有人,对案发地点的地理环境、地下管道情况不清楚,对于因买沙挖坏天然气管道没有主观恶性,具有自首情节的辩护意见,法院分别予以采纳;辩护人张某、王某文提出的其他辩护意见,法院均不予采纳。被告人钱某甲具有自首情节、悔罪表现,可对其适用缓刑。

案件评析

过失损坏易燃易爆设备罪是指过失损坏燃气或者其他易燃易爆设备,危害公共安全,造成严重后果的行为。本罪是一种以易燃易爆设备为特定破坏对象的过失危害公共安全罪。

本罪侵犯的客体是公共安全,即不特定多数人的生命、健康安全和重大公私财产的安全。现实生活中,过失损坏易燃易爆设备的行为,不仅使易燃易爆设备本身遭到损坏,而且常常引发火灾、爆炸事故,造成不特定多数人的伤亡和重大公私财产的毁损。过失损坏易燃易爆设备罪的犯罪对象是法律规定的特定对象,即燃气或者其他易燃易爆设备。所谓燃气主要是指煤气、天然气等可燃性气体。燃气设备主要包括供气系统的燃气发生装置、燃气净化装置、燃气输送设备等。其他易燃易爆设备包括的内容则更为广泛,可以包括燃气设备之外的一切易于燃烧或者易于爆炸的设备,如用于化工、石油方面的油井、油库、储油罐,石油运输管、储气室,制造或者储存各种炸药的设备等。值得注意的是,本罪的犯罪对象必须是易燃易爆设备,而不包括易燃易爆物品。而且本罪的犯罪对象即燃气或者其他易燃易爆设备必须是处于正在使用中的燃气或者其他易燃易爆设备。也就是说,过失损坏的如果不是正在使用中的燃气或者其他易燃易爆设备如库存的、废弃的、正在生产中的或修理中的燃气或者其他易燃易爆设备,则不成立本罪。

本罪在客观方面表现为实施使燃气或者其他易燃易爆设备遭受毁坏,并造成严重后果的行为。破坏易燃易爆设备的行为必须造成严重后果才构成本罪。这里造成严重后果是指致人重伤、死亡,使公私财产遭受重大损失,或者使公共生产、生活秩序受到严重破坏。这种严重后果通常是由于行为人在日常生活和工作中,对行为不谨慎所致。如果是直接管理、操作易燃易爆设备的人员,在生产作业中违反规章制度,过失地发生重大事故,造成上述设备破坏,致人重伤、死亡或者使公私财产遭受重大损失的,应定重大责任事故罪。

本罪主体为一般主体,即一切达到法定刑事责任年龄、具有刑事责任能力的人均可构成。

本罪在主观上表现为过失,包括过于自信的过失和疏忽大意的过失。即行为人对其破坏易燃易爆设备的行为可能造成的严重后果应当预见,因为疏忽大意而未预见;或者虽然已经预见但轻信能够避免,以致发生了这种严重后果。如果行为人对其破坏易燃易爆设备的行为可能造成的严重后果,主观上既非出于故意,也无过失,则属于意外事件,不构成犯罪。

在本案中,被告人田某某明知其私自挖沙地点的附近有天然气管道,但轻信其雇用的宋某某挖沙时会绕开管道避免危害结果的发生,被告人宋某某、王某某在挖沙时看到了挖沙地点东边的警示牌,因其疏忽大意而没有注意到是天然气管道的警示牌,田某某在附近负责望风,王某某在现场指挥,致使宋某某在挖沙时将正在使用的京邯天然气输气管道损坏,并造成严重后果,3被告人已构成过失损坏易燃易爆设备罪。

三、鲍某、胡某等人犯过失损坏易燃易爆设备罪

案件简介

2015年4月17日上午,被告人鲍某、胡某、孙某等人在省道104东侧大石铺村路段,挖坑立电线杆,鲍某、胡某、孙某明知挖坑地点附近埋有中石化鲁宁输油管道,施工有可能损坏输油管道,但轻信能够避免,鲍某与胡某选定地点后未履行监督责任,孙某无证操作挖掘机,以致在施工过程中损坏输油管道,造成原油外泄等后果。经物价鉴定,损坏输油管道导致的直接损失为325 929.80元。

案发后,被告人鲍某、胡某、孙某主动投案,鲍某退赔损失34 000元,胡某退赔损失35 000元,孙某退赔损失35 000元。

案件进展

(一)案件审理程序

山东省肥城市人民检察院以肥检公刑诉(2015)537号起诉书指控被告人鲍某、胡某、孙某犯过失损坏易燃易爆设备罪,于2015年12月7日向法院提起公诉。法院受理后,依法组成合议庭,公开开庭进行了审理。现已审理终结,判决如下:①被告人鲍某犯过失损坏易燃易爆设备罪,判处有期徒刑1年6个月,缓刑1年6个月。②被告人胡某犯过失损坏易燃易爆设备罪,判处有期徒刑1年,缓刑1年。③被告人孙某犯过失损坏易燃易爆设备罪,判处有期徒刑1年6个月,缓刑1年6个月。

(二)各方意见

被告人及辩护人认为

被告人鲍某对审理查明的事实无异议。

其辩护人辩护意见为:①鲍某确定挖坑地点后离开事故现场,没有直接实施危害输油管道的行为。②鲍某系自首。③系初犯、偶犯。④愿积极退赔损失。

被告人胡某对审理查明的事实无异议。

其辩护人辩护意见为:①对损失鉴定数额有异议,不能作为定案依据。②系自首。③主观恶性不大,系初犯、偶犯。④愿积极退赔损失。⑤被害单位存在管理漏洞。

被告人孙某对审理查明的事实无异议。

其辩护人辩护意见为:①孙某不构成过失损坏易燃易爆设备罪,其不具有主观上的过失。②系自首。③系初犯,愿积极退赔损失。④系过失犯罪,无社会危害性。

法院认为

被告人鲍某、胡某、孙某过失损坏易燃易爆设备,情节较轻,其行为均已构成过失损坏易燃易爆设备罪。公诉机关指控的事实及罪名均成立,应予支持。三被告人案发后主动投案并如实供述其犯罪事实,系自首,依法可从轻或减轻处罚。三被告人案发后积极退赔部分损失,可酌情从轻处罚。鲍某的辩护人关于鲍某未直接实施危害行为,请求对其从轻处罚的辩护意见,经查,鲍某身为供电公司工作人员,在现场负责电线杆施工工程,其在选定位置后离开现场,未尽到监督义务,对事故发生具有不可推卸的责任,对于该辩护意见,不予采纳。胡某的辩护人关于对损失鉴定数额存有异议的辩护意见,合议庭评议认为,肥城市价格认证中心出具的损失价值鉴定意见程序合法,鉴证机构及鉴证人员均具备资质,可以作为本案定案依据,对于该辩护意见,不予采纳。其关于被害单位存在管理漏洞的辩护意见,经查,事故现场置有地下管道警示标志,三被告人亦明知施工位置地下埋有输油管道,对于该辩护意见,不予采纳。孙某的辩护人关于孙某不构成过失损坏易燃易爆设备罪的辩护意见,合议庭评议认为,孙某无资格操作挖掘机,在施工前已明知现场地下埋有输油管道,施工时偏离选定挖坑位置,未尽到注意义务,主观上存在过失,构成犯罪,对于该辩护意见,不予采纳。三被告人的辩护人关于被告人系初犯、积极退赔损失,请求对其从轻处罚的辩护意见,予以采纳。

案件评析

注意区分过失损坏易燃易爆设备罪与破坏易燃易爆设备罪的界限。过失损坏易燃易爆设备罪与破坏易燃易爆设备罪,侵害对象相同,都危害公共安全。两者的主要区别如下。

(1) 主观罪过不同。破坏易燃易爆设备罪行为人对其破坏易燃易爆设备的行为会造成危害公共安全的严重后果是明知的,并且持希望或放任的态度,属于故意犯罪。本罪属于过失犯罪,行为人对其行为可能引起危害公共安全的严重后果应当预见,因为疏忽大意而未预见;或者虽然已经预见,但轻信能够避免。

鲍某、胡某、孙某明知挖坑地点附近埋有中石化鲁宁输油管道,施工有可能损坏输油管道,但轻信能够避免,以致在施工过程中损坏输油管道,造成原油外泄等后果,其行为均构成过失损坏易燃易爆设备罪。

(2) 对犯罪结果要求不同。破坏易燃易爆设备罪只要行为人实施破坏易燃易爆设备的行为,并足以造成危害公共安全的严重后果,无论严重后果实际是否发生,均构成犯罪,而且是犯罪既遂。而本罪则要求必须发生严重后果才构成犯罪。如果实施破坏易燃易爆设备的过失行为尚未造成严重后果,则不构成犯罪。

第六章

组织、领导、参加恐怖组织罪

一、M.M 犯参加恐怖组织罪

案件简介

2014 年 2 月被告人 M.M 受 Y.K 夫妇煽动产生浓厚宗教极端思想,于 3 月开始伙同 Y.K、R.K、R.M(3 人均另案处理)等人窜至广州市策划、实施"伊××特"活动,欲出境参加"圣战",意图分裂国家,因国家打击严厉而未能得逞。2014 年 3 月底,M.M 伙同 Y.K 等人潜至河南省镇平县石佛寺镇藏匿。在藏匿期间,M.M 又伙同 Y.K 多次通过语言、文字音视频等向 Y.A 等人宣扬、散播宗教极端思想,发展团伙成员,欲进行"伊××特"和"圣战"活动。5 月 27 日被告人 M.M 被公安机关抓获。经鉴定,在 M.M 手机内存储有大量煽动分裂国家、传授暴恐活动犯罪方法及传播宗教极端思想的内容。

案件进展

(一)案件审理程序

河南省南阳市人民检察院以宛检刑诉(2014)51 号起诉书指控被告人 M.M 犯参加恐怖组织罪,向法院提起公诉。法院受理后,依法组成合议庭,公开开庭进行了审理。现已审理终结,判决如下:被告人 M.M 犯参加恐怖组织罪,判处有期徒刑 9 年,剥夺政治权利 5 年。

(二)各方意见

公诉人认为

被告人 M.M 向他人宣传宗教极端思想、传播暴恐视频,积极参加恐怖组织行为,已触犯了《刑法》第一百二十条第一款之规定,应当以参加恐怖组织罪追究其刑事责任。

被告人及辩护人认为

被告人 M. M 对公诉机关指控的犯罪事实有异议,辩称其本人文化程度低,不懂国家的法律政策,没有向其他人传播宗教极端思想;其本人是受诱惑、引诱而参加的,请求从轻处罚。

辩护人的辩护意见是:指控被告人 M. M 参加恐怖组织的证据不足,其同伙均没有到案;被告人文化程度低,受他人诱骗参加恐怖组织,现认罪悔罪,有从轻处罚的情节。

法院认为

被告人 M. M 积极参加恐怖组织,并向他人宣传宗教极端思想、传播恐怖视频,其行为已构成参加恐怖组织罪。河南省南阳市人民检察院指控罪名成立,法院予以支持。M. M 关于其本人文化程度低,不懂国家的法律政策,没有向其他人传播宗教极端思想;其本人是受诱惑、引诱而参加的,请求从轻处罚的辩解理由及其辩护人关于指控 M. M 参加恐怖组织的证据不足,同伙均没有到案的辩护理由,经查,M. M 积极参加恐怖组织,多次预谋策划实施"伊××特"活动,欲出境参加"圣战",同案人 Y. K 现已被抓获,同案人的供述、证人证言、被查获的手机视频资料截图、M. M 本人的供述均证实其积极参加恐怖组织并向他人传播宗教极端思想的犯罪事实,M. M 的辩称理由及其辩护人的辩护意见与已查明的犯罪事实不符,法院不予采纳。被告人 M. M 到案后认罪态度较差,当庭翻供,无悔罪表现,依法不予从轻处罚。

案件评析

组织、领导、参加恐怖组织罪是指组织、领导、积极参加和参加恐怖组织活动的行为。本罪是危害公共安全罪之一。

本罪侵犯的客体为公共安全,即不特定多数人的生命、健康和财产安全。行为对象可以是本国公民,也可以是外国人。对象为恐怖活动组织,即以实施杀人、爆炸、绑架等恐怖活动为目的的犯罪组织。近年来,受西方暴力、凶杀影片和封建帮、江湖义气思潮的影响,恐怖犯罪活动在我国有所抬头。一些犯罪分子拉帮结伙、歃血为盟,称霸一方,制造杀人、爆炸、绑架事件,使当地人民群众的生命财产安全受到严重威胁,人们经常处于一种没有安全感的心理状态,严重影响了社会治安。

本罪在客观方面表现为组织、领导、积极参加和参加恐怖组织活动。

组织是指行为人首倡、鼓动、发起、召集有实行恐怖活动目的的人结合成一个恐怖活动组织的行为。领导是指恐怖组织成立以后，恐怖组织的领导者所实施的策划、指挥、布置、协调恐怖组织活动的行为。积极参加是指自愿加入恐怖组织，并且积极参加谋划、实施恐怖活动。其他参加是指行为人虽然不是恐怖组织的组织者、领导者或积极参加者，却经过一定方式加入了恐怖组织，成为恐怖组织的一名成员。恐怖组织由于其规模大小、组织严密程度不同，故而参加这些恐怖组织的方式也不同，有的是口头方式，有的是书面方式，有的要通过一定的手续，甚至还要举行一定的仪式。但无论采取何种方式参加的，只要实际加入，就是参加。

恐怖组织是指3人以上为了长期地、有计划地实施恐怖活动而建立起来的犯罪组织，是犯罪集团的一种。构成恐怖组织必须具备以下特征：①主体必须是3人以上，这是恐怖组织在人数上的最低限度。实践中，恐怖组织的人员少则几十人，多则几百人、上千人，规模大小不等。②恐怖组织必须以实施恐怖活动为目的。恐怖组织成立以后，以实施各种各样的恐怖活动为目的，极大地危害了公共安全。③恐怖组织具有严密的组织性。其成员固定且内部存在着领导与被领导的关系，有组织者、领导者，有骨干分子，还有一般成员，各司其职。等级森严、纪律严明，有一套成文或不成文的纪律规则，组织性非常强。④恐怖组织具有一定的稳定性。即恐怖组织自建立以后，在较长时间内反复多次进行恐怖活动，其实施完一次恐怖活动后，恐怖组织不是被解散了，而是继续存在，继续实施新的恐怖活动。⑤恐怖组织具有极大的社会危害性和危险性。它既不同于盗窃、走私、贩毒等犯罪集团，也不同于某些间谍、特务组织，它是犯罪集团中危害最大的犯罪组织之一。

本罪是选择性罪名，行为人只要实施了组织、领导、积极参加或者参加恐怖组织行为之一者，便成立本罪。行为人实施两个或两个以上的行为，比如既组织又领导恐怖组织的，也只成立本罪一罪，不实行数罪并罚。并且该组织事实上是否开始实施恐怖活动如杀人、爆炸、绑架等，不影响本罪的成立。但是行为人如果组织、领导、参加恐怖组织后又实施了杀人、爆炸、绑架等恐怖活动犯罪的，则应将组织、领导、参加恐怖组织罪与其他相关的犯罪实行数罪并罚。

本罪的主体为一般主体，即凡达到刑事责任年龄、具备刑事责任能力的人均可构成本罪。

本罪在主观方面表现为直接故意，并且具有进行恐怖活动的目的，即行为人以长期实行某种或某几种恐怖犯罪活动为目的，明知组织、领导恐怖组织是危害公共安全的犯罪行为，却仍然故意组织、领导；或者明知是恐怖组织而积极参加或参加。组织、领导、参加恐怖组织罪犯罪行为人的动机是多种多样的，有的是为了报复社会，有的是出于某种政治目的，有的是为了图财贪利，还有的是人格变态等。无论犯罪行为人出于何种动机,均不影响本罪的成立。

本罪是一个选择性罪名,行为人只要实施组织、领导、参加恐怖组织行为之一的即构成本罪。在司法实践中,对于参加恐怖组织罪而言,行为人必须明知是恐怖组织而自愿参加,方可构成本罪。也就是说,对于那些不明真相、受骗上当而参加恐怖组织,一经发觉就表示并实际上与其脱离关系的人,则不能认定其构成参加恐怖组织罪。但是如果行为人最初因受骗而参加恐怖组织,后来明知恐怖组织的性质后仍然不退出,甚至积极进行恐怖活动的,则当然构成本罪。

组织、领导、参加黑社会性质组织罪是指组织、领导、参加以暴力、胁迫或者其他手段,有组织地进行违法犯罪活动,称霸一方,为非作恶,欺压、残害群众,严重破坏经济、社会生活秩序的黑社会性质组织的行为。本罪与组织、领导、参加黑社会性质组织罪在主体、主观故意、行为方式等方面存在着相同或类似的特征,关键区别在于一个组织、领导、参加的是恐怖组织,另一个组织、领导、参加的是黑社会性质组织。两者的区别是:①两者的目的不同。本罪基于进行恐怖活动,恐吓、要挟政府、社会、公众的目的而成立;后罪则基于获取不法的与经济利益罪及一定的势力范围而成立。②两者的客观方面表现不同。本罪在客观方面表现为组织、领导、参加恐怖组织的行为;后罪则表现为组织、领导、参加黑社会性质组织的行为。③两者实施目的所采取的手段方式不同。本罪行为人之所以组织、领导、参加恐怖组织,是为了进行恐怖活动,恐吓、要挟政府、社会、公众,要实现这种目的还要具体进行暗杀、放火、爆炸等具体的恐怖犯罪行为。这些行为具有危害不特定多数人生命、健康及重大公私财物安全的危害大、范围广的危险性特征;后罪行为人所实施的主要则是有助于攫取不法经济利益,谋取、巩固、扩大其势力范围,称霸一方的目的诸如开设赌场、组织、强迫卖淫、走私、贩毒、抢劫、绑架、敲诈勒索、聚众斗殴、寻衅滋事、行贿等危害社会、经济管理秩序的行为。④两者对象及所指向的客体不同。本罪行为的对象为恐怖组织,指向的客体为公共安全;后罪行为的对象则为黑社会性质组织,指向的客体为社会管理秩序。由此可以看出,从静态上讲,本罪与组织、领导、参加黑社会性质组织罪是不难区分的。但是在司法实践中,有时由于恐怖组织与黑社会性质组织的行为相互交错,应当按照从一重处断的适用原则择重罪而以本罪论处。行为人既组织、领导、参加恐怖组织,又组织、领导、参加黑社会性质组织,且不同属于一个组织的,则属于在不同故意的支配下分别实施的两种不同的组织、领导、参加恐怖组织和组织、领导、参加黑社会性质组织的行为,为数罪,应当依法对其分别定罪,然后实行并罚。

本案中,被告人 M.M 向他人宣传宗教极端思想、传播暴恐视频,积极参加恐怖组织行为,其行为已构成参加恐怖组织罪。

二、R.R 等人犯组织、领导、参加恐怖组织罪

案件简介

2009 年 9 月底，被告人 R.R 在其舅舅家中两次用电脑观看艾山·买合苏木宣扬"迁徙""圣战"思想的视频和音频。2012 年 2 月至 9 月，被告人 R.R 在石河子其棉纺织厂务工期间，与同乡的被告人 R.M、R.P、K.Y 等相识后，被告人 R.R 给他们进行"太比力克"并号召他们坚定宗教立场，开展"迁徙""圣战"，与"异教徒"圣战。要一边打工一边学经。4 被告人便一同学习阿拉伯语，购买仿真枪和黑白色靶子，用以练习射击，购买地图，研究"迁徙"路线，进行体能、技能训练。

案件进展

（一）案件审理程序

新疆生产建设兵团人民检察院第十四师分院以新兵检十四分院刑诉（2013）01 号起诉书指控被告人 R.R、R.M、R.P、K.Y 犯组织、领导、参加恐怖组织罪一案，于 2013 年 8 月 21 日向法院提起公诉，法院依法组成合议庭，公开开庭审理了本案。现已审理终结，判决如下：①被告人 R.R 犯组织、领导、参加恐怖组织罪，判处有期徒刑 10 年，剥夺政治权利 3 年。②被告人 R.M 犯组织、领导、参加恐怖组织罪，判处有期徒刑 4 年，剥夺政治权利 2 年。③被告人 R.P 犯组织、领导、参加恐怖组织罪，判处有期徒刑 3 年，剥夺政治权利 1 年 6 个月。④被告人 K.Y 犯组织、领导、参加恐怖组织罪，判处有期徒刑 2 年，剥夺政治权利 1 年。⑤没收 HUAWEI 牌手机一部等犯罪工具。

（二）各方意见

公诉人认为

被告人的行为构成组织、领导、参加恐怖组织罪，适用《刑法》第一百二十条、第二十五条、第二十六条的规定，应依法惩处。

被告人及辩护人认为

被告人 R.R 辩称，我们是某农场党委送到石河子接受业务技术培训和工作的，在这一过程中，由于没有很好的监督管理，我们才犯了这个罪。

被告人 R.M 辩称，因本人年龄还小，不懂法律，犯了这个罪，违反了法律，请求从宽处理。

被告人 R.P 辩称，因不懂法，也不知道自己的行为是违法的，犯了这个罪，请求从宽处理，给我一条出路，把我交给父母亲教育。

被告人 K. Y 辩称，因不懂法犯了罪，现在很后悔，请求依法从轻处理，给我一条出路。

法院认为

被告人 R. R 在其舅舅家一同观看、复制艾山·买合苏木宣扬"迁徙""圣战"思想的视频、音频，听取了"太比力克"，接受了他的分裂思想。到石河子某棉纺织厂打工后，其又向同宿舍的被告人 R. M、R. P、K. Y 等讲解"迁徙""圣战"的含义，进行分裂思想的"太比力克"，学阿拉伯语，强身健体，聚集进行跑步、仰卧起坐、俯卧撑等体能训练。购买防真枪支和靶子进行训练，购买地图，为"迁徙""圣战"安排筹集资金，寻找路线，始终起到主要作用。检察院起诉书中对犯罪性质认定正确，事实认定清楚，证据确实、充分，被告的行为已经构成了《刑法》第一百二十条第一款规定的组织、领导、参加恐怖组织罪，应依法严厉追究。被告 R. R 在整个犯罪过程中，向其他被告渗透"迁徙""圣战"思想，起带头、组织作用，应将被告 R. R 认定为主犯。被告 R. M、R. P 在整个犯罪过程中遵循被告 R. R 的煽动，积极接受他的观念，应将被告 R. M、R. P 定为积极参加者。被告 K. Y 与被告 R. M、R. P 一起配合被告 R. R 进行犯罪活动，之后返回其家中，应将被告 K. Y 定为其他参加者。

案件评析

《刑法》第一百二十条规定："组织、领导恐怖活动组织的，处十年以上有期徒刑或者无期徒刑，并处没收财产；积极参加的，处三年以上十年以下有期徒刑，并处罚金；其他参加的，处三年以下有期徒刑、拘役、管制或者剥夺政治权利，可以并处罚金。

犯前款罪并实施杀人、爆炸、绑架等犯罪的，依照数罪并罚的规定处罚。"

本条是关于组织、领导、参加恐怖组织罪的犯罪及其处罚的规定。

组织、领导恐怖活动组织进行恐怖活动的犯罪具有极大的社会危害性，对于社会稳定、公民人身财产的安全都有极大的破坏力，为此 1997 年《刑法》规定了组织、领导、参加恐怖组织罪，并规定了相应的刑罚。近年来，随着社会经济的发展和现代科学技术的广泛运用，特别是在当前的国际形势下，恐怖犯罪活动无论在规模上，还是在破坏程度上，都有愈演愈烈之势，恐怖犯罪活动已经成为危害全人类的严重犯罪。在这种情况下，要求提高对上述犯罪的法定刑的呼声逐渐高涨，希望通过加大惩罚力度，增强对这类犯罪的惩治和威慑作用。因此，2001 年 12 月 29 日全国人大常委会通过的《中华人民共和国刑法修正案（三）》对本条作了修改，将"组织""领导"恐怖活动组织犯罪的法定刑由"三年以上十年以下有期徒刑"提高为"十年以上有期徒刑或者无期徒刑"。

本条共分两款。第一款是关于组织、领导和参加恐怖活动组织的犯罪的处罚规定。这里所说的"组织"是指鼓动、召集若干人建立或组织为从事某一特定活动的比较稳定的组织或集团的人。"领导"是指在某一组织或集团中起指挥、决定作用的人员;"积极参加的"是指对参与恐怖活动态度积极,并起主要作用的成员。"其他参加的"主要是指恐怖组织中的一般成员。其中,"恐怖活动组织"就是指以从事杀人、伤害、爆炸、绑架等暴力性犯罪为主要活动的犯罪集团。这种恐怖组织进行恐怖活动的目的主要有两个方面:一是因对政府或社会不满,寻求报复;二是图财,充当杀手,从而索取高额费用。其犯罪手段往往是非常残忍的,如挖眼睛、刹去四肢、挑断脚筋等。根据本款的规定,组织、领导恐怖活动组织的,处十年以上有期徒刑或者无期徒刑,并处没收财产;积极参加的,处三年以上十年以下有期徒刑,并处罚金;其他参加的,处三年以下有期徒刑、拘役、管制或者剥夺政治权利,可以并处罚金。

第二款是关于参加恐怖组织又进行恐怖活动的处罚规定。本款根据实际情况和国际反恐怖活动的经验,特别列举了恐怖组织中经常从事的几种犯罪活动,如杀人、爆炸、绑架等犯罪,这些犯罪活动都是严重危害人身安全、公共安全的严重刑事犯罪活动,必须予以严惩。根据本条规定,对组织、领导、参加恐怖组织,并实施杀人、爆炸、绑架等犯罪的,实施数罪并罚。即以本罪与所犯其他暴力性犯罪分别定罪量刑,然后依照《刑法》第六十九条的规定,决定应执行的刑罚。

关于本罪,应注意以下两点。

(1)恐怖活动组织是专门从事以危害社会公共安全的恐怖活动为主,且有侵犯公民人身及财产权利,妨害社会及经济管理秩序的活动及行为的犯罪组织。不论恐怖组织的形式如何,只要有组织、领导、参加恐怖组织及恐怖活动的行为,即构成本罪。不论恐怖组织形成后,是否实施了危害公共安全及其他犯罪行为,均构成本罪。

(2)本罪侵犯的客体主要是社会的公共安全。采取的犯罪手段主要为杀人、绑架人质、劫持公共运输工具、爆炸、在公共场所制造事件等国际上公认的造成公众恐慌的行为。其目的有的是政治性的,有的是经济性的。

本案被告人接受、传播"迁徙""圣战"思想,并积极筹备"迁徙""圣战"活动,其行为构成组织、领导、参加恐怖组织罪。

第七章

劫持船只、汽车罪

一、笪某某犯劫持汽车罪

案件简介

2015年6月14日22时许,被告人笪某某在湖北省黄梅县小池镇以租车到黄梅县城为由,与停于路边候客的被害人张某某谈好价格后,张某某即驾驶自己的车牌为赣G1××××灰色"昌河福瑞达"面包车载上笪某某,入福银高速后往黄梅县行驶。途中,被告人笪某某持刀要求张某某将车开往武汉,并用刀将被害人张某某右手臂划伤(经法医鉴定属轻微伤),车快到武汉江夏服务区时,被害人张某某借机跳车逃离,笪某某即独自驾车逃走,后将赣G1××××面包车遗弃于武洪(武汉—洪湖)高速路上,并拦乘其他车辆至新滩镇住宿。次日中午,被告人笪某某搭乘客车到达武汉市区逗留,并在逗留期间找他人购得毒品后吸食。

2015年6月16日凌晨1时许,被告人笪某某在武汉市硚口区汉西路附近将被害人刘某某驾驶的鄂AX××××出租车拦下,笪某某上车后,持刀胁迫刘某某走宜黄高速公路前往荆州,并逼迫刘某某强行冲过收费站卡口进入高速公路。途中,因刘某某进行反抗,笪某某用车上保险带将刘某某的右手缠住,令刘某某单手驾车而由其自己负责换挡,还用刀将刘某某身体多处刺、划伤(经法医鉴定属轻微伤)。在蔡甸服务区要加油工给车加入200元燃油后未付款离开。后车到荆州中出口时,笪某某又强迫刘某某驾车冲卡出收费站。出站后,笪某某将刘某某赶下车,独自驾车逃走,后将车遗弃于荆州市沙市区晶崴国际大酒店门前的公园路上,而后换乘被害人李某驾驶的车牌为鄂DT××××出租车逃往松滋市。途中,笪某某持刀威胁被害人李某,叫李某将其送到松滋市新江口镇,到达后又要求李某将其送到老家松滋市王家桥镇。当日下午,公安民警将被告人笱某某抓获归案,后经对笱某某尿样进行现场检测(甲基安非他明法),其检测结果呈阳性。

另查明,被害人刘某某受伤后住院治疗 4 天,花费住院治疗费用 1653.33 元、门诊治疗费用 107.88 元;误工 59 天,误工损失费 9833 元;花费车辆维修费 2969.90 元。

案件进展

(一)案件审理程序

荆州市沙市区人民检察院以沙检公诉刑诉(2016)3 号起诉书指控被告人笱某某犯劫持汽车罪,于 2016 年 4 月 6 日向法院提起公诉,法院经审查后于次日立案受理。在诉讼过程中,附带民事诉讼原告人刘某某向法院提起附带民事诉讼。法院依法组成合议庭,公开开庭对本案进行了合并审理。荆州市沙市区人民检察院指派检察员徐某某出庭支持公诉,附带民事诉讼原告人刘某某、被告人笱某某及其指定辩护人刘某芝到庭参加诉讼。现已审理终结。判决如下:①被告人笱某某犯劫持汽车罪,判处有期徒刑 6 年。②被告人笱某某赔偿附带民事诉讼原告人刘某某医疗费 1761.21 元、护理费 341.24 元、误工费 9833 元、车辆维修费 2969.90 元,共计 14 905.35 元,限于判决生效后 30 日内付清。③驳回附带民事诉讼原告人刘某某的其他诉讼请求。

(二)各方意见

公诉人认为

被告人笱某某劫持汽车,其行为已触犯《刑法》第一百二十二条之规定,应当以劫持汽车罪追究其刑事责任。提请人民法院依法判处。

附带民事诉讼原告人认为

附带民事诉讼原告人刘某某诉称,2015 年 6 月 16 日凌晨 1 时许,被告人笱某某劫持我的出租车至荆州市,途中笱某某持刀将我致伤,并导致车辆受损,请求判令被告人笱某某赔偿医疗费 7686 元,误工费 9833 元,护理费 1600 元,法医鉴定费 840 元,车辆维修费 3200 元,精神损失费 10 000 元,共计 33 159 元,并提供了身份证明材料,医疗费、车辆维修费发票,误工证明等相应证据。

被告人及辩护人认为

被告人笱某某对公诉机关指控的事实及罪名均无异议,表示认罪并请求从轻处罚。对附带民事诉讼原告人提出的诉讼请求及出示的证据亦未提出异议,但表示自己无赔偿能力。

辩护人刘某芝的辩护意见是:被告人笱某某系初犯,归案后认罪悔罪态度好,被告人案发时的行为不符合常理,请求对其减轻处罚。

法院认为

被告人笱某某持刀劫持汽车,严重危害公共安全,公诉机关指控其犯劫持汽车罪罪名成立,应予惩处。被告人笱某某当庭自愿认罪,酌情可以从轻处罚。关于辩护人提出被告人笱某某的行为不符合常理的异议,根据"被告人笱某某系使用精神活性物质(即吸食毒品)所致精神和行为精神病性障碍,笱某某在作案中具有完全刑事责任能力"的司法鉴定结论,该异议与事实不符,法院不予采信;辩护人关于被告人笱某某系初犯,归案后认罪悔罪态度好的辩护意见与事实相符,但其请求对被告人减轻处罚的意见于法无据,法院不予采纳。被告人笱某某由于其犯罪行为给附带民事诉讼原告人造成了相应的经济损失,依法应承担民事赔偿责任,附带民事诉讼原告人要求被告人赔偿医疗费、护理费、误工费、车辆维修费的诉讼请求法院予以支持,但其诉求的医疗费、护理费、维修费过高,应按其提供的有效证据和法定标准予以支持;其诉求的法医鉴定费、精神损失费,因未能提供相应证据和于法无据,法院不予支持。

案件评析

劫持船只、汽车罪是指以暴力、胁迫或者其他方法强行使行驶或使用中的汽车、船只按照行为人指定的路线、方向、航向或目的地行驶或强使车船改变用途的犯罪行为。

本罪侵犯的客体是公共安全,主要是指船只、汽车的交通运输安全和不特定多数旅客的生命、健康及财产安全。本罪的犯罪对象只能是船只、汽车。船只、汽车是大型的现代化交通运输工具,与公共安全联系密切。劫持这类交通工具就有可能危害船只、汽车的交通运输安全和不特定多数旅客的生命、健康及财产安全,造成人员伤亡和财产毁损。因此,严厉惩治劫持船只、汽车的犯罪行为,对维护旅客的生命、财产安全和船只、汽车的正常运营安全,维护社会治安秩序,保障、促进改革开放和经济建设的顺利进行,具有十分重要的意义。

1992年12月28日,全国人大常委会通过了《关于惩治劫持航空器的犯罪分子的决定》,为惩治劫持航空器的犯罪分子提供了法律武器,但对于如何惩治劫持船只、汽车的犯罪分子,1979年《刑法》无明文规定。近几年来,劫持船只、汽车,造成车、船只、人员伤亡的案件时有发生,作案者多系累犯、流窜犯,凶残成性,严重危害社会,危及旅客的人身、财产以至公共安全,因此有必要予以刑法打击。

本罪侵犯的对象是船只、汽车。船有机动船和非机动船之分。这里所说的船只应理解为机动船,非机动的木帆船、牛皮划艇等小船遭受侵犯虽也可造成损失,但一般不会危害公共安全。

本罪在客观方面表现为以暴力、胁迫或者其他方法劫持船只、汽车的行为。暴力是指对船只、汽车上的人员,特别是驾驶人员、售票人员,实施捆绑、殴打、伤害等行为,迫使船只、汽车改变方向或自己亲自控制航空器。胁迫是对乘务人员施以精神恐吓和强制,如以车、船相威胁,使驾驶、操纵人员不敢反抗,听凭其指挥或自己亲自操纵驾驶。其他方法是指上述暴力、胁迫方法以外的任何其他劫持方法,如使用麻醉品将驾驶人员致醉、致昏等,使驾驶人员处于不能反抗或不知反抗的状态,从而达到劫持船只、汽车的目的。这里的劫持是指犯罪分子以上述手段按照自己的意志强行控制船只、汽车的行为。

劫持船只、汽车罪是行为犯,不是结果犯。只要行为人实施了以暴力、胁迫或者其他方法劫持船只、汽车的行为,即构成本罪既遂,而不论其犯罪目的是否实现。

本罪的主体为一般主体。凡达到刑事责任年龄且具备刑事责任能力的自然人均可构成。既可以由中国人构成,也可以由外国人或无国籍人构成。例如,外国人船只、汽车、飞机进入中国境内,也构成劫持船只、汽车罪。

本罪在主观方面表现为故意犯罪,但对犯罪目的没有要求,行为人劫持汽车、船只,不论出于何种目的,都不影响本罪的成立。

在本案中,被告人笋某某持刀劫持汽车,使行驶中的汽车按其指定的路线行驶,严重危害公共安全,其行为构成劫持汽车罪,应予惩处。

二、莫某某犯劫持汽车罪

案件简介

2011年11月7日,被告人莫某某在吸食毒品后产生有人追杀自己的幻觉。其拉上女朋友胡某某窜上停在港口区采珠市场买菜的李某某、薛某某的柳州微型车(车牌桂BZ××××)上。被告人莫某某用随身携带的牛角刀抵住坐在驾驶位置的李某某,要求李某某将车往前开。后李某某按照被告人莫某某的要求开至北环路时,被告人莫某某嫌李某某开车慢,让李某某停车。后李某某将车停在路边,并与薛某某一同逃走。被告人莫某某自行驾驶该车先后行驶至高速公路港口、钦州收费站时,强行冲撞护栏、冲卡。在钦州市区时,被告人莫某某拨打110报警称自己被人追杀需要保护,后在钦州文峰南路君达商务酒店附近经警车追赶,被告人莫某某才停车,并被公安人员当场抓获。

案件进展

(一)案件审理程序

防城港市港口区人民检察院以港检刑诉(2012)7号起诉书指控被告人莫某某犯劫

持汽车罪,于2012年2月10日向法院提起公诉,法院于同日立案后,依法组成合议庭于2012年3月2日公开开庭审理了本案。港口区人民检察院指派代检察员宁某出庭支持公诉,被告人莫某某到庭参加诉讼。本案现已审理终结。判决如下:被告人莫某某犯劫持汽车罪,判处有期徒刑5年。

(二) 各方意见

公诉人认为

被告人莫某某采取暴力、胁迫的方式威胁驾驶员按照自己的意图行驶,控制汽车的行进方向,危害公共安全,应当以劫持汽车罪追究其刑事责任。提请法院依法判处。

被告人及辩护人认为

被告人莫某某辩称,其拨打110后主动找警察并停车,而非警察将其抓获。

法院认为

被告人莫某某在吸毒后产生被人追杀的幻觉,强拉其女友窜上他人的车,并用牛角刀威胁驾驶人员按照其指定的路线进行行驶,被告人莫某某在被害人逃跑后自行驾驶该车先后在高速路口即港口、钦州收费站冲撞栏杆、冲卡,后继续在钦州市内驾车行驶,在经钦州市公安人员阻拦才迫停,其行为已构成劫持汽车罪。公诉机关指控被告人莫某某犯劫持汽车罪罪名成立。被告人莫某某在庭审中辩称其拨打110后主动找警察并停车,而非警察将其抓获。经查,钦州市公安局巡逻警察支队出具的抓获经过显示,由公安人员驱车将驾驶劫持的汽车的被告人莫某某拦截并迫停。该事实亦有坐在该劫持的汽车上的胡某某的证言予以证实。因此,被告人莫某某的辩解不成立,法院不予采信。被告人莫某某归案后如实交代大部分犯罪事实,在法庭上仅对归案方式提出异议,对公诉机关指控的罪名和主要犯罪事实无异议并自愿认罪,认罪态度较好,可以酌情从轻处罚。

案件评析

《刑法》第一百二十二条规定:"以暴力、胁迫或者其他方法劫持船只、汽车的,处五年以上十年以下有期徒刑;造成严重后果的,处十年以上有期徒刑或者无期徒刑。"

劫持船只、汽车罪是指以暴力、胁迫或者其他方法劫持船只、汽车,危害公共安全的行为。其中,"以暴力、胁迫或者其他方法"规定的含义与第一百二十一条规定的劫持航空器罪中的"以暴力、胁迫或者其他方法"的基本含义是一致的,这里不再赘述。本条所说的"船只"是指各种运送旅客或者物资的水上运输工具;"汽车"主要是指公共汽车、电车等。根据本条规定,只要行为人实施了以暴力、胁迫或者其他方法劫持船只、汽车的,即构成本罪,处五年以上十年以下有期徒刑;造成严重后果的,即造成人员伤亡或者使国家和人民的财产遭受重大损失的,处十年以上有期徒刑或者无期徒刑。需要指出的是,本条规定的劫持船只、汽车行为的目的不是为了抢劫或者实施海盗行为,对于以抢劫为目的劫持船只、汽车的,应当依照抢劫罪的规定定罪处罚。本条规定的劫持船只、汽车的目的与第一百二十一条劫持航空器的目的是基本一致的,主要是为了逃避法律追究,让船只、汽车开往其指定的地点,或者以劫持车船作为要挟手段,让政府答应其提出的某项条件等。

在司法实践中,在认定某种行为是否构成劫持船只、汽车罪时,主要应把握该行为是否具有相当严重的社会危害性,是否具备本条规定的劫持船只、汽车罪的构成要件。如果行为人没有使用暴力、胁迫和其他方法,或者没有劫持船只、汽车,或者劫持的不是船只、汽车的,都不构成本罪。在司法实践中,特别要注意把劫持船只、汽车罪同正当的执行公务行为、紧急避险行为等区别开来。劫持船只、汽车罪中的劫持应是非法的,而不是合法的,如果行为人出于合法目的而强行使用船只、汽车的,不构成劫持船只、汽车罪。例如,人民警察看到犯罪分子正驾驶摩托车逃离作案现场,便出示有关证件,强行要求一小型私营公共汽车驾驶员开车追击。在这里人民警察为了抓捕在逃犯罪嫌疑人,强制私营公共汽车驾驶员开车追击的劫持汽车行为,不仅不具有社会危害性,而且是对社会有益的行为,因此,其不构成劫持汽车罪。同样,行为人出于正当的公务活动的需要或者出于紧急避让,而劫持船只、汽车的,也不构成劫持船只、汽车罪。

劫持船只、汽车罪与破坏交通工具罪都是故意犯罪,侵犯的客体都是交通运输安全,但有明显区别:①犯罪客观方面不同。劫持船只、汽车罪的行为人通常采取暴力、胁迫或者其他方法劫持船只、汽车,且一般是在船只、汽车内公然实施的;破坏交通工具罪的行为人通常是采取盗窃、爆炸等手段破坏船只、汽车等交通工具,一般容易导致船只、汽车等交通工具的倾覆或者毁坏,且多是秘密实施的。②犯罪对象不同。劫持船只、汽车罪的犯罪对象仅限于船只、汽车;破坏交通工具罪的犯罪对象则不限于船只、汽车,还包括火车、航空器等。③犯罪主观方面不同。劫持船只、汽车罪的行为人也可能对船只、汽车进行破坏,但其犯罪目的不是为了使船只、汽车发生倾覆或毁坏危险,而是为了劫夺和控制船只、汽车;破坏交通工具罪的行为人是通过破坏船只、汽车等交通工具而使船只、汽车等交通工具倾覆或毁坏。

本罪与抢劫罪的界限。两罪的主体都为一般主体,主观方面都是出于故意,客观方面都可表现为暴力、胁迫或者其他方法,但两者还是具有以下本质区别:①主观目的完全不同。本罪的行为意在控制船只、汽车按自己的意图行驶;而抢劫罪的目的在于非法占有财物。②所侵犯的客体不同。本罪所侵害的客体为公共安全,包括交通运输安全和不特定乘客的生命健康安全;而抢劫罪的客体则是公私财物的所有权和特定公民的人身健康权利。③所侵犯的对象不同。本罪的对象仅限于船只和汽车,而抢劫罪的对象则包括船只、汽车在内的一切有形的动产,对象比本罪广泛得多。④在客观方面的表现不完全相同。本罪由于意在控制船只、汽车,一旦达到其目的,往往会离船、离车而去,或者将所劫船只、汽车予以毁坏;而抢劫罪由于意在占有所动之物,通常就会在一段时间继续使用或出卖所劫船只、汽车。如果行为人出于非法占有的目的,劫取正在使用中的船只、汽车,其行为同时触犯本罪,但无需数罪并罚。如果查不清行为人的具体目的,则可以本罪论处。

　　本案被告人莫某某用牛角刀威胁驾驶人员按照其指定的路线进行行驶,在被害人逃跑后自行驾驶该车先后在高速路口即港口、钦州收费站冲撞栏杆、冲卡,后继续在钦州市内驾车行驶,在经钦州市公安人员阻拦才迫停,其行为已构成劫持汽车罪。

第八章

破坏广播电视设施、公用电信设施罪

一、陈某犯破坏公用电信设施罪

案件简介

2015 年 12 月初，被告人陈某从网络上购买一套伪基站设备，后在 2015 年 12 月初至 2016 年 3 月期间，被告人陈某多次骑电动车携带伪基站在福州市鼓楼区五四路、省体育中心、六一路与东大路交叉口等人员密集处使用伪基站屏蔽信号，中断手机用户和移动通信网络的连接，为自己发送代开虚假增值发票广告信息。经福建省公安厅物证鉴定中心鉴定，被告人陈某的伪基站记录手机卡 IMSI 号共计 147 188 户。经福建省移动公司福州市分公司认定，该伪基站造成上述移动网络用户每户通信中断不满 1 小时。

2016 年 3 月 8 日，被告人陈某被公安民警抓获。

案件进展

（一）案件审理程序

福州市鼓楼区人民法院审理福州市鼓楼区人民检察院指控原审被告人陈某犯破坏公用电信设施罪一案，于 2016 年 8 月 24 日作出（2016）闽 0102 刑初 606 号刑事判决。判决如下：被告人陈某犯破坏公用电信设施罪，判处有期徒刑 3 年。宣判后，原审被告人陈某不服，提出上诉。法院依法组成合议庭，经过阅卷，审阅上诉状并讯问上诉人，认为本案事实清楚，决定不开庭审理。现已审理终结。裁定如下：驳回上诉，维持原判。

（二）各方意见

上诉人及辩护人认为

上诉人陈某上诉理由：原审定性错误，应为扰乱无线电通讯管理秩序罪，上诉人有从轻处罚情节，请求从轻处罚并适用缓刑。

二审法院认为

上诉人陈某非法使用伪基站设备干扰公用电信网络信号，危害公共安全，其行为已构成破坏公用电信设施罪。上诉人陈某如实供述自己的罪行，可以从轻处罚。关于上诉人陈某提出原审定性错误，应为扰乱无线电通讯管理秩序罪的上诉理由，经查，经福建省公安厅物证鉴定中心鉴定，上诉人陈某的伪基站记录手机卡 IMSI 号共计147 188 户。经福建省移动公司福州市分公司认定，该伪基站造成上述移动网络用户每户通信中断不满 1 小时。符合最高人民法院《关于审理破坏公用电信设施刑事案件具体应用法律若干问题的解释》第一条"采用截断通信线路、损毁通信设备或者删除、修改、增加电信网计算机信息系统中存储、处理或者传输的数据和应用程序等手段，故意破坏正在使用的公用电信设施，具有下列情形之一的，属于《刑法》第一百二十四条规定的'危害公共安全'，依照《刑法》第一百二十四条第一款规定，以破坏公用电信设施罪处三年以上七年以下有期徒刑：（二）造成二千以上不满一万用户通信中断一小时以上，或者一万以上用户通信中断不满一小时"的规定，原审定性正确，该上诉理由法院不予支持。原判根据上诉人的犯罪事实、性质、情节和社会危害程度对其作出的量刑处罚适当。原判认定事实清楚，证据确实、充分，定罪准确，量刑适当，审判程序合法。

案件评析

破坏广播电视设施、公用电信设施罪是指故意破坏正在使用中的广播电视设施、公用电信设施，危害公共安全的行为。这是一种以广播电视设施、公用电信设施为特定破坏对象的危害公共安全罪。

本罪所侵犯的客体是通信方面的公共安全。犯罪对象是正在使用中的广播、电视、公用电信等通信设施，包括广播电台的发收电波的设施如铁塔发射台、发射机房、电源室等；电视台的发射与接收电视图像的设备，以及有线广播电视传播覆盖设施；邮电部门的收发电报的机器设备；公用电话的交换设备、通信线路如架空线路、埋设线路、无线线路等；卫星通信的发射与接收电信号的设施；微波、监测、传真通信设施；国家重要部门如铁路、军队、航空中的电话交换台、无线电通信网络；在航空、航海交通工具，以及交通设施中的无线电通信、导航设施；等等。如行为人破坏的是广播、电视、电信部门的非直接用于通信的设施如行政办公设施、日常生活设施或者虽属广播、电视、电信设施,仅属于一般性的服务设施,如宾馆、单位内部的闭路电视网络,城市中的公用电话亭,以及一般的民用家庭电话等,都不属于本罪对象。对之进行破坏的,不能构成本罪,构成犯罪的,应以他罪如故意毁坏财物罪等论处。此外,必须是正在使用中的通信设施才能成为本罪对象。倘若不是正在使用,如正在制造或虽已制造完毕但未安装交付使用的,对之进行破坏,亦不构成本罪。这是因为只有对正在使用中的通信设施进行破坏,才能给公共安全带来危害,而危害公共安全,则是构成本罪的一个重要条件。

本罪在客观方面表现为破坏广播电视设施、公用电信设施,足以危害公共安全的行为。破坏方法多种多样,如拆卸或毁坏广播电视设施、公用电信设施重要机件,砸毁机器设备,偷割电线,截断电缆,挖走电线杆,故意违反操作规程,使机器设备损坏,使广播、电视、电信通信无法进行等。如果用放火、爆炸等危险方法破坏广播电视设施、公用电信设施,危害公共安全,则同时触犯本罪和放火罪(或爆炸罪)两个罪名,属于想象竞合犯。根据对想象竞合犯"从一重处断"的处理原则,应以放火罪或爆炸罪论处。

构成本罪只需在客观上实施破坏广播电视设施、公用电信设施的行为,并足以危害公共安全,无论是否造成严重后果,均可成立。这里危害公共安全一般是指通信设备因遭受破坏丧失原有功能,以致造成公共广播、电视、通信不能正常进行,使不特定多数的单位和个人无法正常收听、收看广播、电视,或者进行其他通信联络活动,并且由此可能引起其他严重后果。如果行为人破坏通信设备并不影响正常通信的部件,或者仅将一户的电话机盗走,并不危害通信方面的公共安全,不能以本罪认定。视情节可作故意毁坏财物罪或盗窃罪处理。

本罪主体是一般主体。既可以是普通公民,也可以是从事广播、电视通信业务的人员。凡达到法定刑事责任年龄、具有刑事责任能力的人均可构成。

本罪在主观方面表现为故意,包括直接故意和间接故意。故意的内容表现为行为人明知其破坏广播电视、电信设施的行为会危害通信的公共安全,并且希望或者放任这种危害结果的发生。实施本罪的动机可以是多种多样,如出于报复泄愤、嫉妒陷害、贪财图利等。动机如何不影响本罪的成立。

本案上诉人陈某非法使用伪基站设备干扰公用电信网络信号,危害公共安全,其行为已构成破坏公用电信设施罪。

依据 2014 年《最高人民法院、最高人民检察院、公安部、国家安全部关于依法办理非法生产销售使用"伪基站"设备案件的意见》第一条第(二)点规定,非法使用"伪基站"设备干扰公用电信网络信号,危害公共安全的,依照《刑法》第一百二十四条第一款的规定,以破坏公用电信设施罪追究刑事责任;同时构成虚假广告罪、非法获取公民个人信息罪、破坏计算机信息系统罪、扰乱无线电通讯管理秩序罪的,依照处罚较重的规定追究刑事责任。除法律、司法解释另有规定外,利用"伪基站"设备实施诈骗等其他犯罪行为,同时构成破坏公用电信设施罪的,依照处罚较重的规定追究刑事责任。

二、林某清犯破坏广播电视设施、公用电信设施罪

案件简介

2011年4月16日凌晨3时许,被告人林某清伙同同案人林某祥(已判刑)驾驶闽C号轿车窜至仙游县枫亭镇秀峰村路段,用大剪刀盗割仙游县电信分公司架设在枫亭镇秀峰村接入网耕丰村路段的在用通信电缆线300米(规格分别为HY10020.5、HY20020.5、HYA3020.5,各100米),导致271户在用用户中断,历时48小时;两人在盗割通信电缆线时,引起倒杆并将与电缆线并行的12芯中继光缆线破坏,造成枫亭镇耕丰接入网至枫亭局向全阻中断,耕丰村、兰友村共计1365用户语音、网络通信中断,历时22小时,同时将光缆数据专线破坏,导致公安监控光缆专线一条、枫亭中学、中心小学等机关单位6芯光缆两条中断,历时22小时。两人将割下的通信电缆线装上闽C车时被赶来的仙游县电信分公司的工作人员赵某等人发现,弃车逃离现场。经仙游县价格认证中心价格认证,该300米电缆线损毁价值为人民币8420元。

案件进展

(一)案件审理程序

福建省仙游县人民检察院以仙检公刑诉(2016)508号起诉书指控被告人林某清犯破坏公用电信设施罪,于2016年8月4日向法院提起公诉。法院适用简易程序,依法组成合议庭,公开开庭审理了本案。现已审理终结,判决如下:被告人林某清犯破坏公用电信设施罪,判处有期徒刑4年。

(二)各方意见

法院认为

被告人林某清以非法占有为目的,伙同他人在共同盗割正在使用中电缆线的过程中,破坏正在使用的光缆线,导致耕丰接入网至枫亭局向通信全阻中断,引起耕丰村、兰友村1365户通信中断历时22小时,公安监控光缆专线、枫亭中学、中心小学等机关单位光缆专线中断历时22小时,同时导致271户在用用户中断历时48小时,其行为危害公共安全,构成破坏公用电信设施罪,系共同犯罪。公诉机关指控的罪名成立。在共同犯罪中,被告人所起的作用、地位相当,故不宜区分主从犯,被告人关于其系从

犯的辩解意见无理,不予采纳。鉴于其案发后能如实供述自己的罪行,可予从轻处罚。

案件评析

根据《刑法》第一百二十四条规定,破坏广播电视设施、公用电信设施罪是指故意破坏正在使用中的广播电视设施、公用电信设施,危害公共安全的行为。

构成破坏广播电视设施、公用电信设施罪必须具备以下条件。

(1) 行为人有故意破坏广播电视设施、公用电信设施,危害公共安全的行为。广播设施是指发射无线电广播信号的发射台站等;电视设施是指传播新闻信息的电视发射台、转播台等;公用电信设施是指用于社会公用事业的通信设施、设备,以及其他公用的通信设施、设备,如国家电信部门的无线电发报设施、设备,包括发射机、天线等;还有电话交换局、交换站,以及有关国家重要部门的电话交换台、无线电通信网络,如在航空、航海交通工具及交通设施中使用的无线电通信、导航设施等,总之,电信设施既包括各种机器设备,也包括其组成部分的线路等。对于那种不可能影响公共安全的通信服务设备,如城市大街上的公用电话亭、一般的民用家庭电话等,不属于本罪规定的"公用电信设施"范围内。如其破坏可按毁坏公私财物罪处理。

(2) 行为人破坏广播电视设施、公用电信设施的行为,必须达到"危害公共安全"的程度,才能构成犯罪。

犯本罪的,处三年以上七年以下有期徒刑;造成严重后果的,处七年以上有期徒刑。

所谓严重后果,不限于致人重伤、死亡或者使公私财产遭受重大损失。应结合本罪的特点,综合案件情节,如破坏的通信设备的性质、严重程度,通信中断的性质、时间长短、影响面,以及直接造成的危害结果等,全面考虑确定。

认定本罪需注意以下几点。

1. 本罪与盗窃罪的界限

在实践中,以非法占有为目的,盗窃通信器材的案件(如偷割电话线、通信电缆等)时有发生。如果窃取的是库存的或者正在生产、维修中的通信器材,只能侵害财产所有权,并不危害通信方面的公共安全,因此应以盗窃罪论处。如果窃取的是正在使用中的通信设备,如偷割正在使用中的电话线、电缆线,偷砍电线杆等,势必会使不特定多数单位或个人的广播、电视通信受阻。这种行为不仅侵害财产所有权,而且危害通信方面的公共安全,这样就触犯了盗窃罪和破坏广播电视设施、公用电信设施罪两项罪名。对此类案件应当如何定性?最高人民法院在 11 月 4 日《关于审理盗窃案件具体应用法律问题的解释》中明确指出:"盗窃广播、电视设施、公用电信设施价值数额不大,但是构成危害公共安全犯罪的,依照《刑法》第一百二十四条的规定定罪处刑。"

2. 本罪与放火罪、爆炸罪的界限

本罪的破坏方法除拆毁通信设施等一般方法外,还包括放火、爆炸等危害公共安全的危险方法。以放火、爆炸等危害公共安全的危险方法破坏广播、电视、公用电信等设施的,属于手段牵连。根据牵连犯的处罚原则,应当择一重罪处罚,即应按放火罪、爆炸罪处罚,当然,放火、爆炸的方法本身没有达到犯罪的程度,破坏广播电视设施、公用电信设施罪能够成立的,只以本罪一罪处罚。

3. 本罪与破坏交通工具罪、破坏交通设施罪的界限

现代化的交通工具如航海、航空交通工具,以及交通设施中,往往会使用一些无线电通信、导航设施。铁路部门为保障铁路交通运输安全,具有自己的专用通信设施。对交通工具、交通设施中的通信设施进行破坏,不仅会危及通信方面的公共安全,更主要的是还会危及交通运输方面的安全。如因破坏交通工具或交通设施中的通信设施,足以发生火车、船只、航空器等倾覆或毁坏的,又触犯破坏交通工具罪、破坏交通设施罪。对之应当择重罪即破坏交通工具罪或破坏交通设施罪处罚。倘若破坏交通工具、交通设施中的通信设施不足以危及交通运输安全,但足以危害通信公共安全的,则就应认定为本罪。

本案被告人林某清以非法占有为目的,伙同他人共同盗割正在使用中电缆线的过程中,破坏正在使用的光缆线,造成危害公共安全的后果,构成破坏公用电信设施罪。

第九章

非法制造、买卖、运输、邮寄、储存枪支、弹药、爆炸物罪

一、黄某科犯非法买卖枪支罪和非法持有弹药罪

案件简介

自 2014 年 11 月起,被告人黄某科通过互联网在某宝网站购买气枪配件及铅弹,自行组装枪支,然后又通过互联网发布出售枪支信息贩卖给他人,获取利益。

2014 年 11 月 13 日,被告人黄某科在某市场将一支"秃鹰"气枪(经鉴定为一支自制气枪,是枪支)给张某,得款 4500 元。

2014 年 12 月初,王某甲通过 QQ 得知被告人黄某科处有气枪出售。两人经商讨,黄某科答应通过物流货到付款方式将一支价格约为 5000 元的"秃鹰"气枪拆件分批寄给王某甲。黄某科通过物流将 3 件气枪的枪支零件寄给王某甲。后因王某甲没有付款,黄某科停止寄出余下的气枪零件。

2014 年 12 月 11 日,公安机关在汕头市龙湖区星湖大厦 4 楼汉堡王餐厅门口将被告人黄某科抓获。12 月 18 日,民警在黄某科居住的位于东莞市厚街镇东风二路某巷 5 号 402 的住处搜获黑色气枪配件 5 个、银色气枪配件 1 个、弹簧 3 条、铁盒 1 个、金属条 6 条、螺丝刀 3 把、金属刀 2 把、圆环 9 个、枪把 7 套、瞄准器 2 个、红外线器 1 个、内枪管 1 支、外枪管 1 支、工具零件 1 批及铅弹 1152 发(经鉴定为气枪铅弹,是弹药)。

案件进展

（一）案件审理程序

东莞市第一人民法院审理东莞市第一市区人民检察院指控原审被告人黄某科犯非法买卖枪支罪、非法持有弹药罪一案，于 2015 年 9 月 22 日作出（2015）东一法刑初字第 1731 号刑事判决。判决如下：①被告人黄某科犯非法买卖枪支罪，判处有期徒刑 3 年 3 个月；犯非法持有弹药罪，判处有期徒刑 7 个月，总和刑期 3 年 10 个月。数罪并罚，决定执行有期徒刑 3 年 9 个月。②随案移送的手机 1 部、平板电脑 1 部，予以没收，上缴国库。

宣判后，原审被告人黄某科对判决不服，提出上诉。法院受理后，依法组成合议庭，决定开庭审理并于 2015 年 12 月 15 日通知东莞市人民检察院阅卷。东莞市人民检察院以需要补充侦查为由，分别于 2016 年 1 月 15 日、2 月 15 日建议法院延期审理，于 2016 年 2 月 15 日、2016 年 3 月 15 日建议法院恢复审理。法院于检察机关通知恢复审理的次日起重新计算本案审理期限，检察机关的阅卷期间依法不计入审限。2016 年 4 月 25 日法院公开开庭审理了本案。经广东省高级人民法院批准，本案二次延长审理期限共 4 个月。全案现已审理终结，判决如下：①维持东莞市第一人民法院（2015）东一法刑初字第 1731 号刑事判决中对上诉人黄某科的定罪及涉案物品的处理部分。②维持东莞市第一人民法院（2015）东一法刑初字第 1731 号刑事判决中对上诉人黄某科所犯非法持有弹药罪的量刑部分。③撤销东莞市第一人民法院（2015）东一法刑初字第 1731 号刑事判决中对上诉人黄某科所犯非法买卖枪支罪的量刑部分及数罪并罚后的执行刑期部分。④上诉人黄某科犯非法买卖枪支罪，判处有期徒刑 2 年 10 个月；犯非法持有弹药罪，判处有期徒刑 7 个月。数罪并罚，决定执行有期徒刑 3 年 3 个月。

（二）各方意见

公诉人认为

黄某科分别向张某、王某甲贩卖气枪共两支，证据确实、充分，应当以非法买卖枪支罪追究其刑事责任。但在黄某科与王某甲的交易中，王某甲在盗取黄某科所寄快递里的气枪散件后未支付货款，黄某科得知情况后要求快递公司将其寄出的两个快件原件退回，致使双方的交易未能继续进行，黄某科也未能将气枪完整交付给王某甲，该次交易未遂。黄某科主观上存在贩卖两支气枪的故意，其中，一支完成交付，但第二支因买家未如约付款，致使双方没有完成交易，应认定为犯罪未遂。黄某科非法持有气枪铅弹 1152 发构成非法持有弹药罪。原审判决认定黄某科非法买卖枪支、非法持有弹药的事实清楚,证据确实、充分,审判程序合法,对非法持有弹药罪的量刑恰当,因没有认定非法买卖枪支罪未遂的情节,导致量刑偏重,建议依法从轻改判。

上诉人及辩护人认为

上诉人黄某科提出,王某甲从快递员处拿走的两件货中,其中,一件是枪管,但发货人不是他,不应认定该枪管是他邮寄的;张某拿到气枪后,该枪要更换一条胶管才能正常使用,他并没卖胶管给张某,故张某购买的枪应以零件计算。公安机关在黄某科的宿舍搜到的气枪子弹只有300～400颗是他的。辩护人叶某华提出,上诉人黄某科卖给王某甲的枪支配件只是充气瓶、枪管等物品,还不是枪支,且与公安机关在黄某科的住处缴获的枪支物品亦未能组装成一支整枪,依据相关司法解释的规定,黄某科没有贩卖以压缩气体为动力的非军用枪支两支以上,原判认定其触犯非法买卖枪支罪的依据不足,请求法院依法改判。

二审法院认为

上诉人黄某科无视国法,非法买卖枪支,又非法持有气枪铅弹1000发以上,其行为已分别构成非法买卖枪支罪、非法持有弹药罪,应依法予以惩处并数罪并罚。黄某科在贩卖枪支牟利的主观心态支配下,先后两次向他人贩卖以压缩气体为推动力的非军用枪支,但因意志以外的原因未能得逞,属犯罪未遂,依法可比照既遂犯从轻或减轻处罚。原审判决认定的事实清楚,证据确实、充分,定罪准确,审判程序合法,对黄某科所犯非法持有弹药罪量刑适当,但对黄所犯的非法买卖枪支罪量刑时没有认定其未遂情节,导致量刑过重,法院依法予以纠正。东莞市人民检察院所提出庭意见成立,法院予以采纳,上诉人黄某科及辩护人叶某华所提的意见经查不能成立,法院不予采纳,上已阐明理由。综合本案的犯罪情节、社会危害性及上诉人的悔罪态度等因素,法院依法对黄某科所犯非法买卖枪支罪减轻处罚。

案件评析

刑法中的"买卖"应当理解为具有流转交易性质的行为,而正是这种流转交易破坏了国家对特定物品的管制秩序,形成了刑事违法性的逻辑基础。对于不以出售为目的的单纯购买枪支行为,行为人往往是基于爱好、收藏等动机或目的,购买后予以存储或者把玩,其终极目的在于维持对枪支的持有,而不是实现对枪支的传播与流转,对此类行为不能认定为非法买卖枪支罪,而应认定为非法持有枪支罪。

如何理解刑法相关条款中的"买卖"行为,是否"买""卖"择一即可成立? 或者另作他解。笔者认为,刑法中的"买卖"应当理解为具有流转交易性质的行为,而正是这种流转交易破坏了国家对特定物品的管制秩序,形成了刑事违法性的逻辑基础。因此,这种"买卖"具体包括：①购买后的出售行为。②出售行为。③以出售为目的的购买行为。这3类行为都具有流转交易性质，可以认定为刑法意义上的"买卖"。反之，则不能认定为刑法意义上的"买卖"。故而不以出卖为目的的购买枪支行为，不宜认定为非法买卖枪支罪，而应认定为非法持有枪支罪。目前，我国司法解释对此问题尚未给予明确，本文拟就刑法解释的位阶，依次遵循文义解释、体系解释、社会学解释和目的论解释的顺序加以检讨与论证。

首先，文义解释。所谓文义解释，亦称语法解释、文法解释或者文理解释，是指根据语言的字面含义或者专业语境进行的解释方法。根据《现代汉语词典》《辞海》等权威词典的解释，"买卖"的本质特征是一种买进卖出的商业经营活动，仅仅是为自己使用而买入的行为无法称为"买卖"。社会公众对"买卖"一词的通常理解也是如此，所以往往将"买卖"与"生意"一词同义互用，"做买卖"也就是"做生意"。恐怕不会有人将单纯购买行为称作"买卖"，如买入一瓶酒自饮，你能说他是买卖酒水吗？所以将单纯购买行为纳入"买卖"的概念范畴，就严重背离了语言的常识含义和通用信息，侵犯了国民健康的可能性，违背了罪刑法定主义的旨趣。

其次，体系解释。所谓体系解释，亦称逻辑解释、系统解释，即将法律条文或语言置于整个法律体系或者法律文本中，追求形成前后语境照应、上下逻辑贯通的解释方法。我国刑法对购买、出售特定物品的行为规定了3种立法例：①运用"购买""收购"或者"出售""贩卖""倒卖""销售""转让"等概念，从而明确规定仅处罚购买或者仅处罚出售行为。如金融工作人员购买假币罪，非法收购盗伐、滥伐的林木罪，销售伪劣产品罪，转让金融机构经营许可证、批准文件罪，出售伪造的增值税专用发票罪，倒卖伪造的有价证券罪，非法转让、倒卖土地使用权罪，擅自出卖、转让国有档案罪，贩卖毒品罪等犯罪。②同时运用"出售、购买"概念，从而明确规定同时处罚购买与出售行为。如出售、购买假币罪，非法收购、出售珍贵、濒危野生动物、珍贵、濒危野生动物制品罪，非法收购、出售国家重点保护植物、国家重点保护植物制品罪等，上述犯罪的购买与出售行为因其违法性程度大体可以等量齐观，一并入罪，同等处罚。③运用"买卖"概念。如非法买卖枪支、弹药、爆炸物罪，非法买卖危险物质罪，买卖国家机关公文、证件、印章罪，非法买卖警用装备罪，非法买卖制毒物品罪，非法买卖毒品原植物种子、幼苗罪等。上述犯罪情形相当复杂，买方与卖方在客观危害与主观恶性上未必可以等量齐观。根据体系解释的规则，这里的"买卖"就值得推敲。因为刑法没有采取上述前两种明确的概念配置模式而使用"买卖"这一表述，就表明刑法在犯罪构成设计上试图构筑弹性框架，将解释权和判断权交付司法实践的需要，因此，对于购买和出售是否一同入罪需要给予个别化论证。

而对于枪支犯罪,这里拟采用体系解释的方法,并参照与枪支犯罪极其类似的毒品犯罪的构罪标准。2012年5月最高人民检察院、公安部发布的《关于公安机关管辖的刑事案件立案追诉标准的规定》规定:"贩卖是指明知是毒品而非法销售或者以贩卖为目的而非法收买的行为。有证据证明行为人以牟利为目的,为他人代购仅用于吸食、注射的毒品,对代购者以贩卖毒品罪立案追诉。不以牟利为目的,为他人代购仅用于吸食、注射的毒品,毒品数量达到本规定第二条规定的数量标准的,对托购者和代购者以非法持有毒品罪立案追诉。"根据这一规定,毒品交易犯罪的核心乃是贩卖行为,如果仅以自用为目的的买入行为,不认定为贩卖而认定为持有。同理,在枪支犯罪中,或者是出卖,或者是以出卖为目的的买入,才能成立买卖枪支行为。如果既没有出卖事实,也没有出卖目的,无论如何,不能称为"买卖"行为。单纯的购买行为应当认定为非法持有行为。

再次,社会学解释。社会学解释是指根据社会实态与实况对刑法文本与语言作出的生动解释。从社会现象层面来看,如果将单纯购买枪支行为认定为非法买卖枪支罪,则非法持有枪支罪的成立空间几乎被压缩殆尽。因为如果非法持有枪支行为的持有源头,不包括有偿的购买行为,而只能局限于无偿的拾得、继承、赠予等行为,而这些情形作为枪支持有的来源形式是极其罕见的,这样一来,非法持有枪支罪几乎无法成行,而非法买卖枪支罪则大行其道,这有悖于刑法的谦抑理念。事实上,购买与继承、受赠、拾得一样,都作为枪支持有的源头方式,应当被纳入枪支持有犯罪的概念范畴中,作为非法持有枪支罪的题中应有之义,否则,非法持有枪支罪就成为无本之木、无源之水。

最后,目的论解释。目的论解释作为具有终局意义的解释规则具有最高和最后的效力,是经由刑法的保护法益目的进行的解释方法。其旨趣在于犯罪的实质是侵害法益,刑法的目的是保护法益,如果行为对刑法保护的法益并未造成侵害或者构成威胁,则不能认定为犯罪;反之,评价一行为是否构成某罪,应当考量该行为对受保护的法益是否造成侵害或者构成威胁。因此,法益在构成要件解释过程中具有强大的解释机能,这也决定了目的论解释在其他解释难以取得共识或者无法形成确信的前提下所具有的最后拍板的地位。关于枪支犯罪,其共性都是破坏了国家对枪支的管制秩序,而枪支管制秩序是社会公共安全保障的重要内容。但是刑法相对于非法持有枪支罪而言,对非法买卖枪支罪配置了更重的刑罚,是因为买卖行为较之持有行为具有更重的梯度危害:买卖行为引致了枪支的传播性与流动性,导致国家对枪支管理的失控,继而成为各类暴力恐怖、黑恶犯罪案件的源头,对公共安全构成了实质的危害与威胁。而对于不以出售为目的的单纯购买枪支行为,行为人往往是基于爱好、收藏等动机或目的,购买后予以存储或者把玩,其终极目的在于维持对枪支的持有,而不是实现对枪支的传播与流动,其行为并未引发枪支的传播性与流动性,因此,不能认定为非法买卖枪支罪,而应认定为非法持有枪支罪。在当前司法实践中,存在大量因爱好、痴迷、收藏等原因购买枪支的行为,且行为人大多为青少年人群,购买渠道多为网络交易平台,其客观危害与主观恶性均与一般意义上的枪支交易行为存在实质的区别。

综上,笔者认为无论就解释规则还是刑事政策角度来考量,不以出卖为目的的单纯购买枪支行为不宜认定为非法买卖枪支罪,而应认定为非法持有枪支罪。

被告人黄某科通过互联网在某宝网站购买气枪配件及铅弹,自行组装枪支,然后又通过互联网发布出售枪支信息贩卖给他人,获取利益,其行为已构成非法买卖枪支罪。

二、陈某某犯非法制造枪支罪和非法持有枪支罪

案件简介

2015 年 10 月 29 日 22 时许,楚雄市公安局民警依法对出租房开展检查时,在楚雄市开发区丰胜路某小区陈某某租住房内,查获疑似枪支长枪 1 支、疑似枪支手枪两支、军用子弹 4 发、射钉枪子弹 1 盒、金属弹丸 229 克。经楚雄州市公安司法鉴定中心鉴定,查获送检的疑似枪支长枪 1 支是以火药燃烧为动力发射弹丸的非制式枪支,具有致伤力,送检的疑似手枪两支不属于枪支。

案件进展

(一)案件审理程序

楚雄市人民法院审理楚雄市人民检察院指控原审被告人陈某某犯非法制造枪支罪一案,于 2016 年 5 月 16 日作出(2016)云 2301 刑初 40 号刑事判决。作出如下判决:被告人陈某某犯非法制造枪支罪,判处有期徒刑 3 年 6 个月。

原审被告人陈某某不服,提出上诉。法院依法组成合议庭,于 2016 年 9 月 7 日公开开庭审理了本案。现已审理终结,判决如下:①撤销楚雄市人民法院(2016)云 2301 刑初 40 号刑事判决书,即被告人陈某某犯非法制造枪支罪,判处有期徒刑 3 年 6 个月。②被告人陈某某犯非法持有枪支罪,判处有期徒刑 2 年 6 个月。

(二)各方意见

公诉人认为

楚雄彝族自治州人民检察院意见认为,原判认定事实清楚,证据确实充分,审判程序

合法,定性准确,量刑适当。上诉人的上诉理由不能成立,建议二审驳回上诉,维持原判。

上诉人及辩护人认为

原审被告人陈某某上诉提出:①一审法院认定陈某某涉嫌非法制造枪支罪是属于定罪错误。上诉人只是更换了枪管,而该枪支购买时就是以火药燃烧为动力的,上诉人重新安装枪管的行为并没有从本质上更改该枪支的杀伤力。不符合非法制造枪支罪中的改装行为改变了枪支原有的性能的特征。且一审法院认定上诉人为了制造枪支购买了相关工具的事实也没有任何的证据支持。综上,一审法院按照制造枪支罪对上诉人进行定性不客观、不准确。②上诉人应当构成非法制造枪支罪的自首。本案是按照非法持有枪支罪进行立案侦查的,上诉人在未被采取刑事强制措施之前,主动交代了自己更换枪管的行为,应该构成自首。③一审法院对上诉人的量刑过重,与其他案件的量刑不能平衡。

二审法院认为

上诉人陈某某违反《枪支管理法》的规定,非法持有、私藏非制式枪支一支的行为,已构成非法持有枪支罪。陈某某提出其重新安装枪管的行为没有从本质上改变枪支的杀伤力,其行为仅构成非法持有枪支罪的上诉理由,有一定的事实和法律依据,予以采纳;陈某某提出其应当构成自首的上诉理由不符合法律规定,不予采纳。原判认定被告人陈某某为了制造枪支购买了锉刀、锯片等工具,且对长枪枪管进行更换,符合非法制造枪支罪客观方面的理由,证据不足,本案证据不能证实陈某某为了制造枪支而购买工具和陈某某具有制造枪支的行为。故原判认定上诉人构成非法制造枪支罪定性错误,应予以纠正。根据上诉人陈某某的犯罪事实、性质、情节及认罪、悔罪表现,陈某某提出的量刑意见过轻,不予采纳;楚雄彝族自治州人民检察院提出的量刑建议过重,不予采纳。据此,原判认定主要犯罪事实清楚,审判程序合法,但适用法律及判处不当,应予改判。

案件评析

我国枪支管理制度中存在枪支、仿真枪和玩具枪 3 个密切相关的概念。准确地了解三者之间的关系,是正确处理枪支犯罪案件的前提。我国的法律、法规、规章等规范性文件中对三者如何界定作出了规定。

1951 年 6 月 27 日,中央人民政府公安部公布的《枪支管理暂行办法》和 1981 年 4 月 25 日公安部公布的经国务院批准的《枪支管理办法》都只列举了纳入枪支管理范围的枪支种类,没有对枪支进行定义。1996 年 7 月 5 日全国人大常委会通过的《枪支管理法》首次对枪支进行了定义,其第四十六条规定:"本法所称枪支,是指以火药或者压缩气体等为动力,利用管状器具发射金属弹丸或者其他物质,足以致人伤亡或者丧失知觉的各种枪支。"根据这一规定,枪支包括 4 个必备特征:第一,动力特征,以火药或者压缩气体等为动力。第二,发射工具特征,利用管状器具作为发射工具。第三,发射物特征,发射物质是金属弹丸或者其他物质。第四,性能特征,足以致人伤亡或者丧失知觉。性能特征是枪支被纳入严格管制物品范围的关键特征,是从发射物对所指向之人的作用效果(即杀伤力)角度对枪支的特征作出的界定。《枪支鉴定规定》将枪口比动能作为认定枪支是否具有致伤力的依据:"当所发射弹丸的枪口比动能大于等于1.8 焦耳/平方厘米时,一律认定为枪支。"

根据 2008 年 2 月 22 日公安部发布的《仿真枪认定标准》规定,凡符合以下 3 个条件之一的,可以认定为仿真枪:第一,威力标准,即符合《枪支管理法》规定的枪支构成要件,所发射金属弹丸或其他物质的枪口比动能小于 1.8 焦耳/平方厘米(不含本数)、大于 0.16 焦耳/平方厘米(不含本数)的。第二,结构标准,即具备枪支外形特征,并且具有与制式枪支材质和功能相似的枪管、枪机、机匣或者击发等机构之一的。第三,外形标准,即外形、颜色与制式枪支相同或者近似,并且外形长度尺寸介于相应制式枪支全枪长度尺寸的 1/2 与 1 倍之间的。

根据 2012 年 12 月公安部治安管理局对网上群众咨询的答复意见,同时符合下列3 个特征的,认定为玩具枪:第一,外形标准,即在外形上与仿真枪存在较大差异。第二,颜色标准,即在外观颜色上大多使用红色、绿色等比较鲜艳的色彩,使用黑色面积小于全枪表面积的 1/3。第三,威力标准,即符合国家玩具标准规定,所发射弹丸的枪口比动能小于 0.16 焦耳/平方厘米(含本数)。

在国内公共安全管理领域,考虑到枪支极易被用于危害公共安全的性质,基于社会治安维护的立场,对枪支的含义作出必要的扩张解释,是可以接受的。根据《枪支鉴定规定》,除了枪口比动能≥78 焦耳/平方厘米的狭义枪支之外,我国的刑事司法实践已经把 1.8 焦耳/平方厘米≤枪口比动能<78 焦耳/平方厘米的可发射弹丸等物质的器械(原本属于"性能像枪的器械")扩大解释到枪支之内。关于这种扩张解释是否超出了合理限度,需要根据前述学说进行分析。笔者认为,扩张解释应当考虑国民的预测可能性。将"性能像枪的器械"解释到枪支之中,应当以该器械仍然具有"较大的杀伤力"这一枪支的核心属性为边界,否则就会超出国民可以预测的含义范围。现有的1.8 焦耳/平方厘米的标准过低,与大多数普通民众对枪支的认识差距过大;在制定枪支鉴定标准过程中未被采纳的第二种观点(10～15 焦耳/平方厘米),较好地兼顾了维护社会治安和保障个人自由,是可取的。

本案被告人陈某某持有的疑似枪支长枪是以火药燃烧为动力发射弹丸的非制式

枪支,具有致伤力,其违反《枪支管理法》的规定,非法持有、私藏非制式枪支一支的行为,已构成非法持有枪支罪。

三、陈某光犯非法制造、买卖、运输、邮寄、储存枪支、弹药、爆炸物罪

案件简介

浙江省苍南县赤溪镇某村因修建海水养殖场和开发海岛垂钓旅游项目需要清理大门山东向海岸边自然风化堆积的土石渣,被告人陈某光闻讯后即前往某村商谈并与该村村民委员会签署开采协议,其中,协议规定陈某光必须在某村指定范围内用挖掘机施工。陈某光在未办理相关开采手续的情况下,先后雇用叶某兵、郝某冉、郭某飞(均另案处理)等人在该大门山场地施工开采矿石。因矿石太硬,陈某光决定用黑火药开采矿石。陈某光联系好黑火药原材料的卖家后,由其与叶某兵负责运输黑火药原材料,由郝某冉、郭某飞等人进行非法制造,共制造出 100 千克左右的黑火药用于开采矿石。2014 年 9 月 28 日 14 时许,该采矿点被民警查获,在现场查获疑似黑火药 57 千克。经宁波市公安司法鉴定中心鉴定,在现场查获的疑似黑火药送检材料中均检出黑火药成分。

案件进展

(一)案件审理程序

浙江省苍南县人民法院审理苍南县人民检察院指控原审被告人陈某光犯非法制造爆炸物罪一案,于 2016 年 6 月 13 日作出(2016)浙 0327 刑初 341 号刑事判决。作出如下判决:①被告人陈某光犯非法制造爆炸物罪,判处有期徒刑 10 年。②扣押于苍南县公安局的硝 12 包、木炭 4 包、疑似火药 2 包、硫黄 1 包,予以没收。

原审被告人陈某光不服,提出上诉。法院依法组成合议庭,经过阅卷,讯问被告人,听取辩护人意见,认为事实清楚,决定不开庭审理。本案经浙江省高级人民法院批准,延长审限两个月。现已审理终结。判决如下:①撤销浙江省苍南县人民法院(2016)浙 0327 刑初 341 号刑事判决。②上诉人(原审被告人)陈某光犯非法制造爆炸物罪,判处有期徒刑 4 年。③扣押于苍南县公安局的硝 12 包、木炭 4 包、疑似火药 2 包、硫黄 1 包,予以没收。

(二)各方意见

上诉人及辩护人认为

原审被告人陈某光上诉称:①自己与村委会签订协议后进行平整土地,并非非法

采矿。②自己将平整土地工程转包给郝某冉,而非雇用郝某冉。③仅帮助郝某冉购买了相关配料,没有参与制造黑火药的过程,系从犯。④制造的黑火药用于平整土地,且不是在公共场所、居民区等人员集中区域非法制造,社会危害性较小,相比类似案例,原判量刑明显过重。⑤系初犯、偶犯。综上,原判认定事实不清,适用法律错误,导致量刑过重,请求二审法院依法改判,在有期徒刑3年以上10年以下量刑。

辩护人辩称:①陈某光主观上没有非法制造爆炸物的故意,其只是将平整土地工程转包给郝某冉,郝某冉如何平整土地是陈某光无法控制的,陈某光不应为郝某冉的行为负责;且没有证据证实陈某光是犯意的提议者和原料的购买者,陈某光也没有参与制造爆炸物;陈某光的行为不具有严重危害公共安全的特征,认定陈某光构成非法制造爆炸物罪,不符合罪刑均衡原则。②涉案爆炸物系在非常偏僻的地方使用,不是以危害公共安全为目的的产品,其本身及原材料黑火药不具有刑法意义上爆炸物的特征,不属于刑法规定的爆炸物。③陈某光的目的是平整土地,且制造和使用黑火药的地点在偏远地区,没有造成严重后果,根据相关司法解释规定,陈某光的情节显著轻微,依法不应认定为情节严重。

二审法院认为

关于上诉理由及辩护意见。经查:①同案人员叶某兵、郭某飞供认受陈某光雇用到岛上工作。郭某飞还供认陈某光直接支付其工资,听其他员工说过他们的工资也是陈某光发放的,陈某光曾说过矿点是他的,他负责所有员工的工资。故陈某光关于郝某冉等人非其雇用的上诉意见,与查明的事实不符,不予支持。②同案人员叶某兵供认岛上山石太硬,开采效果不好,陈某光雇用六七个人上岛配制黑火药炸石头,黑火药配料是陈某光联系并运到岛上的。同案人员郭某飞供认因山石太硬不好挖,陈某光雇用人员配制火药。陈某光在侦查阶段曾供认在开采过程中,因山石太硬无法开采,郝某冉提议使用炸药,其答应并购买了炸药原材料交给郝某冉。上述证据相互印证证实是陈某光决定使用黑火药进行开采矿石,并联系购买黑火药原材料的卖家,再将购得的黑火药原料交由郝某冉等人非法制造黑火药。陈某光作为该矿点的承包经营者决定使用爆炸物,还负责购买原料,是爆炸物的最终使用者、获利者,故其虽未直接参与制造黑火药的过程,但并不影响其构成非法制造爆炸物罪,且其行为积极,系主犯。关于陈某光不构成非法制造爆炸物罪及陈某光系从犯的上诉及辩护意见,均不能成立,不予支持。③刑法意义上的爆炸物是指能够引起爆炸,具有较高危险性、较大杀伤力的物品,本案涉案爆炸物含有大量的黑火药,足以危害公共安全,故辩护人关于涉案爆炸物本身及原材料黑火药不属于刑法意义上的爆炸物的意见,不能成立,不予支持。

法院认为,上诉人陈某光违反国家有关爆炸物管理规定,非法制造爆炸物,其行为已构成非法制造爆炸物罪。鉴于陈某光归案后如实供述了自己的犯罪事实,对其从轻处罚。陈某光承包的大门山施工点虽没有办理相关开采审批手续,但该施工点系为了某村的海水养殖和海岛垂钓旅游项目临时而设,不具有长久性,和通常意义上的非法采矿有所不同;虽然陈某光非法制造爆炸物的数量超出情节严重标准数倍,但考虑到陈某光非法制造爆炸物系因生产生活所需,其主观上并无实施其他严重危害社会治安秩序行为的恶意,也没有造成实际的危害后果,根据罪刑相适应的刑法原则,可不认定其行为构成情节严重。原判定罪准确,审判程序合法。唯量刑不当,予以变更。

案件评析

本案被告人陈某光作为该矿点的承包经营者决定使用爆炸物,还负责购买原料,是爆炸物的最终使用者、获利者,故其虽未直接参与制造黑火药的过程,但并不影响其构成非法制造爆炸物罪,其违反国家有关爆炸物管理规定,非法制造爆炸物的行为已构成非法制造爆炸物罪。

行为犯是指以危害行为的完成作为犯罪客观要件齐备标准的犯罪。只要行为人完成了刑法规定的犯罪行为,犯罪的客观方面即为完备,犯罪即成为既遂形态。

从行为犯的概念及刑法对非法制造爆炸物罪的规定可以看出,只要行为人着手实施非法制造爆炸物,无论成功与否,即为犯罪既遂。依照《刑法》第一百二十五条规定:"非法制造、买卖、运输、邮寄、储存枪支、弹药、爆炸物的,处三年以上十年以下有期徒刑;情节严重的,处十年以上有期徒刑、无期徒刑或者死刑。"结合法条及行为犯理论,行为人只要实施非法制造爆炸物,无论成功与否、数量大小,即为既遂犯,应以非法制造爆炸物罪定罪处罚。《最高人民法院关于审理非法制造、买卖、运输枪支、弹药、爆炸物等刑事案件具体应用法律若干问题的解释》第一条规定:"个人或者单位非法制造、买卖、运输、邮寄、储存枪支、弹药、爆炸物,具有下列情形之一的,依照《刑法》第一百二十五条第一款的规定,以非法制造、买卖、运输、邮寄、储存枪支、弹药、爆炸物罪定罪处罚,即非法制造炸药、发射药、黑火药一千克以上或者烟火药三千克以上才构成本罪。"司法解释对将该罪名单纯的行为犯的规定已有所改变,行为人制造的爆炸物即使不是解释中所规定的炸药、发射药、黑火药、烟火药,但也必须是具有爆炸能力的爆炸物,而且达到解释规定的数量才构成本罪。按照行为犯理论,以非法制造爆炸物罪定罪处罚明显与司法解释相悖,与罪刑法定、罪刑相适应原则不符。司法解释已将该行为具体量化为一定数量的炸药、发射药、黑火药、烟火药等具有爆炸能力的爆炸物,量化已突破该罪名的行为犯理论。

第十章

非法制造、买卖、运输、储存危险物质罪

远某某犯非法买卖危险物质罪

案件简介

(1) 2010年开始,被告人远某某在黑龙江省哈尔滨市松北区松浦镇某村租用一民房,从流动废品商贩、废品收购站或各医院回收医用点滴管等医疗废物,雇用人员将回收的点滴管进行挑拣粉碎后通过物流公司销往河北省定州市贩卖牟利。2013年6月13日,哈尔滨市环境保护局松北新区分局联合工商、公安部门对远某某的加工场所进行检查,查封医疗废物15.3吨,并将案件移送哈尔滨市公安局松北分局立案侦查。同年7月24日,远某某投案自首,同日,哈尔滨市公安局松北分局决定对其取保候审。哈尔滨市公安局松北分局以污染环境立案侦查终结后,移送哈尔滨市松北区人民检察院审查起诉,经哈尔滨市松北区人民检察院公诉科集体讨论研究认为,远某某收购、堆放医疗废弃物的行为没有给环境造成污染的实际危害后果,不属于其受案范围,故将此案退回哈尔滨市公安局松北分局案件科自行处理。2015年1月19日,哈尔滨市公安局松北分局将该案移送至肇东市公安局管辖。

(2) 自2013年9月开始,王某某(已判刑)在肇东市某村租下一厂房后与远某某合谋收购加工医疗废物贩卖牟利。远某某从哈尔滨市等地流动废品商贩手中收购输液管等医疗废物,并将收购的医疗废物运回厂房内囤积。2014年3月初,远某某、王某某雇用人员利用粉碎机将收购的医疗废物粉碎后,再以每吨700元的价格向河北省等地

贩卖牟利。期间,远某某联系到哈尔滨市国环医疗固体废物无害化集中处置中心有限公司的司机周某某、张某某、张某(均已判刑)、被告人周某某,从上述人员手中收购输液管等医疗废物。2014年3月,周某某未将从医院回收的医疗废物送回公司作无害化处理,私自将医疗废物分两次贩卖给远某某共计约1000千克,获赃款900元。同年3月28日,肇东市环保局接到群众举报后,将王某某、远某某的生产厂房查封,并收缴医疗废物11.5吨,之后将案件移交肇东市公安局。肇东市公安局在该厂房内收缴待加工的医疗废物11.84吨,已粉碎后的医疗废物7.88吨。

被告人周某某、远某某分别于2015年1月12日、14日被肇东市公安局工作人员在哈尔滨市松北区、呼兰区抓获。

另查明,远某某的第二起犯罪被法院于2014年11月28日以非法买卖、运输、储存危险物质罪判处有期徒刑3年,缓刑5年。

案件进展

(一)案件审理程序

肇东市人民检察院以黑肇检诉刑诉(2015)90号起诉书指控被告人远某某、周某某犯非法买卖、运输、储存危险物质罪,于2015年9月21日向法院提起公诉。法院审查后,于当日立案,认为符合法定开庭条件,决定开庭审判,依法组成合议庭,于2015年12月24日公开开庭审理了本案,现已审理终结。判决如下:①被告人远某某犯非法买卖、运输、储存危险物质罪,判处有期徒刑2年。撤销原判决宣告的缓刑,执行原判决有期徒刑3年,数罪并罚,决定执行有期徒刑3年,缓刑5年。②被告人周某某犯买卖危险物质罪,判处有期徒刑3年,缓刑3年。缓刑考验期从判决确定之日起计算。

(二)各方意见

公诉人认为

被告人远某某非法买卖、运输、储存医疗废物,危害公共安全,其行为触犯了《刑法》第一百二十五条,犯罪事实清楚,证据确实、充分,应当以非法买卖、运输、储存危险物质罪追究其刑事责任。被告人周某某明知是医疗废物而贩卖,危害公共安全,其行为触犯了《刑法》第一百二十五条,犯罪事实清楚,证据确实、充分,应当以非法买卖危险物质罪追究其刑事责任。在缓刑考验期内,发现被告人远某某判决宣告以前还有其他罪没有判决,应根据《刑法》第七十七条、第六十九条之规定对其处罚。被告人远某某、周某某如实供述自己的罪行,应根据《刑法》第六十七条第三款之规定对其处罚。

公诉机关对被告人远某某、周某某的量刑提出建议,建议对其分别判处 3 年以上 6 年以下有期徒刑、3 年以上 5 年以下有期徒刑,对周某某可以适用缓刑。

被告人及辩护人认为

被告人远某某对公诉机关的指控认为,在哈尔滨市松北区的 15.3 吨,事实存在,哈尔滨市公安局已经处罚了,不应该再指控。

被告人远某某的辩护人刘某辉认为:①法院对被告人远某某犯罪无管辖权。因为该犯罪地为哈尔滨市松北区,应由犯罪地人民法院审理。②远某某的行为不构成犯罪。远某某的行为发生在哈尔滨市松北区,经哈尔滨市公安局松北区分局、松北区人民检察院认定,该行为不构成犯罪。③程序违法,本案不应予以重新审理。肇东市人民法院(2014)肇法刑初字第 308 号刑事判决书判令远某某犯运输、储存危险物质罪,判处有期徒刑 3 年,缓刑 5 年。该案件侦查环节,被告人远某某已经供述了此行为,侦查机关及人民法院应当将本案吸收进行审理,不应以漏罪数罪并罚,这是侦查机关的过错,应当予以纠正。

被告人周某某对公诉机关指控的犯罪事实无异议,不辩解。

被告人周某某的辩护人冯某坚、邴某超认为,被告人周某某坦白罪行,当庭认罪,悔罪表现明显。从案件材料看,周某某涉案数额较小、次数较少,医疗垃圾没有流向社会,危害性较小。鉴于被告人周某某具有以上的量刑情节,且属于初犯,请求法院能够给被告人一个悔罪改造,尽快从新做人的机会,在量刑时适用缓刑。

法院认为

被告人远某某非法买卖、运输、储存医疗废物,危害公共安全,其行为已构成非法买卖、运输、储存危险物质罪;被告人周某某明知是医疗废物而出卖,危害公共安全,其行为已构成非法买卖危险物质罪,依法应予处罚。犯罪事实清楚,证据确实、充分。鉴于被告人远某某、周某某犯罪情节并不严重,远某某系自首,周某某系坦白,买卖、运输、储存的医疗废物被依法收缴,依法可对远某某减轻处罚,依法可对周某某从轻处罚。公诉机关指控的罪名成立,提出的量刑建议适当,应予支持。周某某辩护人的辩护意见,有事实和法律依据,予以采纳。被告人远某某在缓刑考验期内发现判决宣告以前还有其他罪没有判决,应当撤销缓刑,对新发现的罪作出判决,把前罪和后罪所判处的刑罚,依照《刑法》第六十九条之规定对其数罪并罚。

关于被告人远某某及其辩护人提出的法院对被告人远某某犯罪无管辖权,在哈尔滨市松北区的 15.3 吨,哈尔滨市公安局已经处罚了,不应该再指控,远某某的行为不构成犯罪,本案不应予以重新审理的辩护意见,无事实和法律依据,不予采纳。

案件评析

非法制造、买卖、运输、储存危险物质罪是指非法制造、买卖、运输、储存毒害性、放射性、传染病病原体等物质,危害公共安全的行为。

非法制造、买卖、运输、储存危险物质罪侵犯的客体是公共安全,即不特定多数人的生命、健康和重大公私财产的安全。同时还侵犯国家的毒害性、放射性、传染病病原体物质管理制度。

本罪是涉及危险对象的犯罪,但并不表现为对这种对象的破坏,也不具有投放危险物质等罪一经实施即会同时造成多人死伤或公私财产广泛破坏的特点。将其归入危害公共安全罪中,就在于毒害性、放射性、传染病病原体等危险物质一旦被犯罪分子控制,有可能危及广大人民群众的生命安全、国家财产的安全,给社会治安留下极大隐患。

由于毒害性、放射性、传染病病原体物质其自身具有的危害人身健康的属性,因此国家历来对毒害性、放射性、传染病病原体物质的合理利用(包括生产、运输、储存)都实行严格的管理制度,并且在有关的法律、法规中,对开采、生产、运输、储存、研制开发和合理利用的主体即单位和个人都有明确的规定,任何单位和个人都不得擅自从事上述行为。这也是出于保护人民群众身体健康和公共安全的目的。国家对有资格从事这些工作的单位和个人提出了很高的要求,既要认真做好各种科学研制和利用等工作,又要严格遵守国家有关的法律、法规的规定,严格按制度操作,严格把关,严防这类放射性物质从任何渠道流入社会,特别是不能落入犯罪分子或者恐怖分子手中,否则将会对公众和社会造成难以想象的严重后果。因此,非法制造、买卖、运输、储存危险物质不仅违反毒害性、放射性、传染病病原体物质这些危险物质的管理规定,而且由于毒害性、放射性、传染病病原体物质这些危险物质的巨大破坏性和杀伤力,同时还侵犯了公共安全。

犯罪对象包括毒害性、放射性、传染病病原体物质这些危险物质。

所谓"毒害性"物质主要是指能对人或者动物产生毒害的有毒物质。范围广泛,包括化学性有毒物质、生物性有毒物质和微生物类有毒物质。其中,化学性有毒物质也称人工合成有毒物质,如砒霜、鼠药、氰化物等;生物性有毒物质又可分为植物性有毒物质,如野蘑菇,以及动物性有毒物质如河豚等;微生物类有毒物质如肉毒杆菌等。具体指哪些物质,在法律条文中没有详细列举。但掌握这一规定的基本原则就是这种毒害性物质足以造成公众人身受其毒害,或者使公众赖以生存的自然生态环境和条件受到毒害污染,或者由于毒害物质传播而影响社会等,从而造成对公共安全的破坏等情况。

所谓"放射性"物质主要是指铀、镭、钴等能对人或动物产生严重辐射危害的物质，包括可以产生裂变反应或聚合反应的核材料。

"传染病病原体等物质"主要是指可能导致传染病防治法规定的各种传染病传播的传染病菌种和毒种。根据我国《传染病防治法》规定，传染病分为甲、乙、丙3类。

为了防止可能出现投放《刑法》第一百二十五条规定的"毒害性、放射性、传染病病原体"以外的其他危害公共安全的物质的犯罪，本条在具体列举"毒害性、传染性"物质后，采用了"等物质"的写法，为打击可能出现的这类犯罪留下了空间。应当说，人类通过科学研究和试验，利用毒害性、放射性、传染病病原体这些物质来造福人类，改善人类的生活条件和提高人类生活水平，并且提高人类与自然和危害人类的各种疾病做斗争的能力。而且随着科学的迅猛发展，可以为人类所利用、所认知的新的物质不断出现甚至被研制合成。这本身说明人类认识世界和改造世界的能力在不断提高。然而由于这类物质本身所具有的破坏作用，有可能被那些居心叵测的犯罪分子所利用，作为危害公共安全的手段和方法。这就不得不使人们在立法上要更具前瞻性，以适应这类新物质的不断出现和惩罚利用这类物质进行的犯罪活动的需要。

因此，《中华人民共和国刑法修正案（三）》第五条修改《刑法》第一百二十五条第二款时，在规定了"毒害性、放射性、传染病病原体"的同时，还增加了"等物质"的规定。

非法制造、买卖、运输、储存危险物质罪客观方面表现为非法制造、买卖、运输、储存毒害性、放射性、传染病病原体等物质，危害公共安全的行为。

"非法制造"是指除了国家指定的科研、教学、生产单位依法研制上述物质外，任何单位和个人制造这些物质的行为。既要保护合法研制的正常进行，又要严加管理，以防止恐怖组织和个人非法制造和利用这类物质用于从事恐怖犯罪活动，这也是司法实践中处理这类案件时应当掌握的一项基本原则。

"非法买卖"是指除了国家指定的有关单位和部门，为了科研、生产、防疫等工作的需要而购进或卖出毒害性、放射性、传染病病原体等物质外，任何单位和个人违反规定买卖这类物质的行为。由于这类物质的研制和生产是需要一定的科学方法和设备的，是一般单位和个人无法轻易做到的。因此那些恐怖组织和犯罪分子如果想利用这些物质从事恐怖活动，就必然要千方百计地在流通领域中通过购买而得到这些物质。如果不对这些物质在买卖的渠道中严格把关，就会为恐怖分子留下可乘之机，一旦被他们得到这些物质，就会对社会的公共安全埋下重大隐患，对社会公共安全造成不堪设想的严重后果，这也是人们在长期同恐怖活动做斗争过程中得到的深刻教训。

非法买卖毒害性、放射性、传染病病原体等物质是指违反国家对毒害性、放射性、传染病病原体等物质的管制规定,未经国家有关部门批准,以金钱或者实物作价,擅自购买或销售毒害性、放射性、传染病病原体等物质。非法买卖毒害性、放射性、传染病病原体等物质具体有3种情况:一是没有经过国家有关部门的批准而擅自购买或销售毒害性、放射性、传染病病原体等物质;二是超出国家有关部门批准的种类而购买或销售毒害性、放射性、传染病病原体等物质;三是超出国家有关部门批准的数量购买或销售毒害性、放射性、传染病病原体等物质。买卖包括购买与销售两种行为,行为人只要实施了购买与销售两种行为之一的,即为非法买卖毒害性、放射性、传染病病原体等物质,并不要求行为人既实施了非法购买行为,又实施了非法销售行为,才成立非法买卖毒害性、放射性、传染病病原体等物质。非法买卖毒害性、放射性、传染病病原体等物质,既有以金钱为交换条件的非法买卖,也有以实物为交换条件的买卖;既有个人之间的非法买卖,也有单位之间的非法买卖;还有单位与个人之间的非法买卖。

"非法运输"是指未经国家批准或指定的单位,或不具有运输这类物质资格的单位和个人,从事运输这类物质的行为。这里包含两方面的含义:一是没有资格从事运输这类物质的单位和个人从事了运输这类物质的行为。擅自将毒害性、放射性、传染病病原体等物从此地运往彼地,使毒害性、放射性、传染病病原体等物质在空间上发生转移的行为。从运输形式来看,有陆运、水运、空运等。由于毒害性、放射性、传染病病原体等物质是一种危险物质,因而对毒害性、放射性、传染病病原体等物质的运输有严格的技术要求,故一般不可能采取肩挑背扛、随身携带的方式非法运输毒害性、放射性、传染病病原体等物质。从运输的空间范围来看,必须是在我国境内非法运输,不包括非法运输上述物品出入国(边)境的行为。无论其出于何种目的,只要从事了非法运输的行为,就很可能产生两种后果:或者被恐怖分子劫持后获取这类物质而去从事恐怖犯罪活动;或者其运输过程的本身就具有了对社会公共安全构成潜在的危险。因此是必须严格加以禁止的。二是专门从事恐怖活动的组织或犯罪分子个人为了从事恐怖犯罪活动或者雇用他人或单位(包括有运输资格和没有运输资格)为其运输这类物质的行为,这种情况更是要严加查处的行为。

所谓非法储存毒害性、放射性、传染病病原体等物质,"非法储存"是指将有危害公共安全的毒害性、放射性、传染病病原体等物质非法储存的行为;是指违反国家有关规定,未经有关部门批准,私自收藏或存积毒害性、放射性、传染病病原体等物质的行为。既可以藏在家中,又可以存在他处,如山洞中、他人家里等。不论地点如何,只要属于非法,就不影响本罪成立。

所谓非法,在本罪中是指违反有关法律规定,未经有关部门批准私自进行的有关行为。如果经过有关部门许可,但是由于行为人采用欺骗、贿赂等非法手段而得以批准的,此时尽管形式合法,其实质仍属非法,一经查获的,亦应当以本罪的非法论处。

非法制造、买卖、运输、储存危险物质罪属于选择性罪名。行为人只要实施非法制造、买卖、运输、邮寄、储存毒害性、放射性、传染病病原体等物质行为之一的,即可构成犯罪,如果非法制造毒害性、放射性、传染病病原体等物质以后,又自己运输和贩卖的,只构成非法制造、运输、买卖毒害性、放射性、传染病病原体等物质罪一罪,不实行数罪并罚。

非法制造、买卖、运输、储存危险物质罪主体为一般主体,即达到法定刑事责任年龄、具有刑事责任能力的自然人都可以构成。根据《刑法》第一百二十五条第三款的规定,单位也可成为本罪主体。单位非法从事买卖、运输毒害性、放射性、传染病病原体等物质的活动,其主管人员和直接责任人员应按本罪论处。非法制造、买卖、运输、储存毒害性、放射性、传染病病原体等物质的主体是依照国家规定不具备制造、买卖、运输、储存上述物质资格的自然人或者单位。

非法制造、买卖、运输、储存危险物质罪主观方面表现为故意犯罪,即明知是毒害性、放射性、传染病病原体等物质而非法买卖、运输,其动机则可能多种多样,有的为了营利,有的为了实施其他犯罪。不同的动机一般不影响定罪。非法制造、买卖、运输、储存毒害性、放射性、传染病病原体等物质,危害公共安全,涉嫌下列情形之一的,应予立案追诉:

(1)造成人员重伤或者死亡的;

(2)造成直接经济损失十万元以上的;

(3)非法制造、买卖、运输、储存毒鼠强、氟乙酰胺、氟乙酰钠、毒鼠硅、甘氟原粉、原液、制剂五十克以上,或者饵料二千克以上的;

(4)造成急性中毒、放射性疾病或者造成传染病流行、暴发的;

(5)造成严重环境污染的;

(6)造成毒害性、放射性、传染病病原体等危险物质丢失、被盗、被抢或者被他人利用进行违法犯罪活动的;

(7)其他危害公共安全的情形。

在本案中,被告人远某某非法买卖、运输、储存医疗废物,危害公共安全,其行为已构成非法买卖、运输、储存危险物质罪;被告人周某某明知是医疗废物而出卖,危害公共安全,其行为已构成非法买卖危险物质罪,依法应予处罚。

第十一章

盗窃、抢夺枪支、弹药、爆炸物、危险物质罪

一、单某犯抢夺枪支罪

案件简介

2013 年 10 月 17 日凌晨 3 时许,被告人单某吸食毒品后到花都区狮岭镇芙蓉派出所求助,后民警朱某武开车送单某到救助站,辅警罗某行坐在警车后排陪同。车开至派出所门口,单某即上前抢夺朱某武枪支,朱某武停车保护枪支,罗某行辅助保护枪支;朱某武下车后,单某跟着下车,与朱某武扭打在一起,并抢去朱某武枪支,后被罗某行将枪支及时抢回,后将单某制服。单某的尿液经甲基安非他明检测试剂结果呈阳性。经司法鉴定,单某案发时患"精神活性物质(甲基安非他明)所致精神障碍",单某案发时对其作案行为丧失辨认能力。

案件进展

(一)案件审理程序

广州市花都区人民法院审理广州市花都区人民检察院指控原审被告人单某犯抢夺枪支罪一案,于 2014 年 9 月 3 日作出(2014)穗花法刑初字第 840 号刑事判决。宣判后,原审被告人单某不服,提出上诉。法院依法组成合议庭,查阅了全部卷宗材料,审阅上诉意见,讯问上诉人,认为事实清楚,决定不开庭审理。现已审理终结。裁定如下:驳回上诉,维持原判。

（二）各方意见

上诉人认为

上诉人单某上诉提出：其患有精神疾病，案发时其精神病发作，并无犯罪的意识，其从未吸食毒品，请求法院依法改判。

二审法院认为

关于上诉人单某的上诉意见，经查，上诉人单某的尿液检测结果为阳性，精神鉴定意见证实上诉人单某案发时患精神活性物质所致精神障碍，作案时丧失辨认能力，证人王某科、王某新、李某杰均称上诉人单某自称案发前有吸食毒品的行为，上诉人单某在公安阶段亦供称案发前有吸食"冰毒"，综上，可以认定上诉人单某因吸食毒品导致精神障碍，应对其行为负责。故上诉人的上诉意见，据理不足，法院不予采纳。

法院认为，上诉人单某抢夺军警人员的枪支，其行为已构成抢夺枪支罪，依法应予惩处。上诉人着手实施抢夺枪支的犯罪后，因意志以外的原因而未得逞，是犯罪未遂，可以比照既遂犯从轻或者减轻处罚。原审判决认定的事实清楚，证据确实、充分，定罪和适用法律准确，量刑适当，审判程序合法。

案件评析

行为人以占有枪支、弹药、爆炸物、危险物质为目的而盗窃、抢夺的行为，是严重危害公共安全，侵害枪支、弹药、爆炸物、危险物质的管理规定，客观表现为其有盗窃、抢夺枪支、弹药、爆炸物、危险物质的行为，行为人只要具备盗窃或者抢夺的行为之一，就构成本罪，构成本罪的行为人为一般主体，即凡年满16周岁以上、具有刑事责任能力的自然人均可构成本罪的主体，构成本罪只能是故意，即行为人明知是枪支、弹药、爆炸物、危险物质而为之，如果行为人盗窃、抢夺的不是枪支、弹药、爆炸物、危险物质，则不构成本罪。

本罪侵犯的客体是公共安全，即不特定多数人的生命、健康和财产安全。本罪的犯罪对象为枪支、弹药、爆炸物和危险物质。

本罪在客观方面表现为盗窃、抢夺枪支、弹药、爆炸物和危险物质的行为。

盗窃枪支、弹药、爆炸物、危险物质是指秘密窃取各种枪支、弹药、爆炸物及危险物质的行为，即行为人采取自认为不使枪支、弹药、爆炸物、危险物质的所有者、保管者发觉的方法，暗中将枪支、弹药、爆炸物、危险物质取走。其具有以下特征。

（1）行为人取得枪支、弹药、爆炸物、危险物质为暗中进行。

（2）行为人秘密窃取枪支、弹药、爆炸物、危险物质是不被前述物品的所有者、保管者发现的，即秘密是针对枪支、弹药、爆炸物、危险物质的所有者、保管者而言的。因此，即使窃取枪支、弹药、爆炸物、危险物质时已被他人发现或暗中注视，也不影响本罪的成立。

（3）行为人自认为自己的窃取行为不被枪支、弹药、爆炸物、危险物质的所有者、保管者发觉。实施秘密窃取行为的手段、方法是多种多样的，如撬门扭锁、翻墙越窗、顺手牵羊等。

行为人只要盗窃上述对象物之一的，即可构成本罪。如果同时盗窃两种或两种以上的，如行为人既盗窃枪支，又盗窃弹药的，也只构成一罪，不适用数罪并罚。而且由于本罪所指向的犯罪对象是枪支、弹药、爆炸物、危险物质，而非一般公私财物，因而成立本罪并不要求数额较大或者多次盗窃。

抢夺枪支、弹药、爆炸物、危险物质是指公然夺取枪支、弹药、爆炸物、危险物质的行为，即在枪支、弹药、爆炸物、危险物质的所有者或保管者在场的情况下，突然公开将枪支、弹药、爆炸物、危险物质夺走。抢夺枪支、弹药、爆炸物、危险物质的行为一般是乘人不备、出其不意，将枪支、弹药、爆炸物、危险物质抢走，也有的表现为当着枪支、弹药、爆炸物、危险物质所有者、保管者的面，在其防卫能力减弱如患病、醉酒的情况下，公开取走枪支、弹药、爆炸物、危险物质。抢夺行为的特点是发生时间短暂，其所有者、保管者可立刻意识到上述物品的丧失，有时还可将上述物品当场追回并抓获罪犯。行为人只要抢夺了上述对象物之一的，即可构成本罪，如果同时抢夺两种或两种以上的，如行为人既抢夺了枪支又抢夺了弹药的，也只构成一罪，不适用数罪并罚。而且由于本罪犯罪对象的特定性即枪支、弹药、爆炸物、危险物质，而非一般公私财物，故而成立本罪不要求被抢夺的枪支、弹药、爆炸物、危险物质数额较大。

本罪主体是一般主体，即达到法定刑事责任年龄、具有刑事责任能力的自然人都可以构成。

本罪在主观方面表现为故意，即明知是枪支、弹药、爆炸物、危险物质而故意窃取、夺取。如果不知是枪支、弹药、爆炸物、危险物质而窃取、夺取的，如出于非法占有财物的目的行窃，盗窃了枪支、弹药、爆炸物、危险物质的，不构成本罪。行为人如果将无意中窃取的枪支、弹药、爆炸物、危险物质隐匿不交，则构成私藏枪支、弹药、爆炸物罪。至于行为人出于何种动机窃取、抢夺枪支、弹药、爆炸物、危险物质，一般不影响犯罪的成立，只是可能影响行为人的刑事责任。

在本案中，被告人单某吸食毒品后抢夺军警人员的枪支，其行为已构成抢夺枪支罪，其在案发时患"精神活性物质（甲基安非他明）所致的精神障碍"不是法定的违法阻却事由，被告人在着手实施抢夺枪支的犯罪后，因意志以外的原因而未得逞，是犯罪未遂，可以比照既遂犯从轻或者减轻处罚。

二、谢某某犯盗窃弹药罪

案件简介

2014 年 6 月 25 日 15 时许，被告人谢某某窜至魏某（现居住在安远县欣山镇）位于安远县双芫乡某村的旧房内，将二楼储藏室内的一个木箱撬开，盗走木箱内存放的手榴弹 2 枚、子弹 122 枚，之后谢某某将其盗窃的手榴弹、子弹带回家藏匿。公安机关于 2014 年 6 月 28 日在谢某某家中搜查时，将手榴弹、子弹查扣。经鉴定，谢某某盗窃的 2 枚 67 式（89－79－342）木柄手榴弹、42 发零散的 56 式 7.62 毫米步机弹和 80 发零散的 53 式 7.62 毫米步机弹属军用弹药。经精神医学司法鉴定，谢某某患有躁狂发作，作案时处于患病期，评定为限定刑事责任能力。

案件进展

（一）案件审理程序

安远县人民检察院以安检公诉刑诉（2014）第 169 号起诉书指控被告人谢某某犯盗窃弹药、爆炸物罪，于 2014 年 12 月 10 日向法院提起公诉。法院依法组成合议庭，公开开庭审理了本案。现已审理终结，判决如下：被告人谢某某犯盗窃弹药罪，判处有期徒刑 4 年。

（二）各方意见

公诉人认为

公诉机关对上述指控提供了相应的证据。据此，公诉机关认为被告人谢某某盗窃弹药、爆炸物，危害公共安全，其行为已触犯《刑法》第一百二十七条第一款之规定，构成盗窃弹药、爆炸物罪，同时被告人谢某某具有《刑法》第十八条第三款规定的情节，属××患者，请依法判处。

被告人及辩护人认为

被告人谢某某对公诉机关的指控不持异议。

指定辩护人辩称，对公诉机关指控被告人谢某某犯盗窃弹药、爆炸物罪没有异议，同时被告人谢某某具有如下量刑情节：①作案时属于发病期，属限制刑事能力。②具有自首情节。③系初犯，主观恶性不深。④自愿认罪。⑤本案社会危害性小。综上，请法庭对被告人谢某某从轻处罚，可适用缓刑。

法院认为

被告人谢某某盗窃弹药，危害公共安全，其行为已构成盗窃弹药罪。公诉机关指控的罪名成立。被告人谢某某虽在归案后如实供述自己所犯罪行,但其系被抓获归案,并不具有自动投案事实,故应认定为坦白,不能认定为自首。指定辩护人辩称被告人谢某某具有自首情节的辩护意见,不予采纳。鉴于被告人谢某某具有坦白情节,且其系限定刑事责任能力人,作案时处于××患病期,依法对被告人谢某某予以减轻处罚,指定辩护人这一辩护意见,予以采纳。因被告人谢某某所犯罪行不宜适用缓刑,故指定辩护人提出对被告人谢某某宣告缓刑的辩护意见,不予采纳。

案件评析

《刑法》第一百二十七条规定,盗窃、抢夺枪支、弹药、爆炸物的或者盗窃、抢夺毒害性、放射性、传染病病原体等物质,危害公共安全的,处三年以上十年以下有期徒刑;情节严重的,处十年以上有期徒刑、无期徒刑或者死刑。

抢劫枪支、弹药、爆炸物或者抢劫毒害性、放射性、传染病病原体等物质,危害公共安全的,或者盗窃、抢夺国家机关、军警人员、民兵的枪支、弹药、爆炸物的,处十年以上有期徒刑、无期徒刑或者死刑。

所谓情节严重,通常是指多次盗窃、抢夺枪支、弹药、爆炸物、危险物质;一次大量盗窃、抢夺枪支、弹药、爆炸物、危险物质,为杀人、强奸、抢劫等重大犯罪而盗窃、抢夺枪支、弹药、爆炸物、危险物质;结伙盗窃、抢夺枪支、弹药、爆炸物、危险物质;毁灭罪迹、嫁祸于人;作案手段恶劣等。

依照本条第二款的规定,行为人盗窃、抢夺国家机关、军警人员、民兵的枪支、弹药、爆炸物、危险物质罪的,处十年以上有期徒刑、无期徒刑或者死刑。

在本案中被告人谢某某盗窃军用弹药,已经产生足以危害公共安全的威胁,其行为因此构成盗窃弹药罪。但因为其系限定刑事责任能力人,依法应当对被告人予以减轻处罚。

第十二章

非法持有、私藏枪支、弹药罪

刘某志犯非法持有枪支罪

案件简介

被告人刘某志违反枪支管理规定,在清原满族自治县大孤家镇某村某小区 22 号自家车库内非法藏匿改装猎枪 2 支,在上衣内藏匿子弹 9 发,在被告人刘某志位于某村河北的房屋内藏匿老洋炮枪管 1 支。经鉴定,被告人刘某志非法持有的 2 支枪支均为自制枪支,都能够击发。

案件进展

(一)案件审理程序

清原满族自治县人民法院审理清原满族自治县人民检察院指控原审被告人刘某志犯非法持有枪支罪一案,于 2016 年 6 月 7 日作出(2016)辽 0423 刑初 56 号刑事判决,宣判后,原公诉机关清原满族自治县人民检察院提出抗诉。法院受理后,依法组成合议庭,于 2016 年 8 月 2 日公开开庭审理了本案。现已审理终结,判决如下:①维持清原满族自治县人民法院(2016)辽 0423 刑初 56 号刑事判决的第二项,即扣押的涉案改装钢管猎枪 2 支、步枪子弹 9 发、老洋炮枪管 1 根,予以没收,由公安机关处理。②撤销清原满族自治县人民法院(2016)辽 0423 刑初 56 号刑事判决的第一项,即被告人刘某志犯非法持有枪支罪,判处有期徒刑 8 个月。③原审被告人刘某志犯非法持有枪支罪,判处有期徒刑 3 年。

（二）各方意见

公诉人认为

清原满族自治县人民检察院的抗诉理由是，《刑法》第一百二十八条第一款规定："违反枪支管理规定，非法持有、私藏枪支、弹药的，处三年以下有期徒刑、拘役或者管制；情节严重的，处三年以上七年以下有期徒刑。"最高人民法院《关于审理非法制造、买卖、运输枪支、弹药、爆炸物等刑事案件具体应用法律若干问题的解释》第五条规定，非法持有以火药为动力发射枪弹的非军用枪支二支以上属于《刑法》第一百二十八条第一款规定的"情节严重"，应在三年以上七年以下有期徒刑幅度内量刑，清原满族自治县人民法院判处被告人刘某志有期徒刑8个月，量刑畸轻。

抚顺市人民检察院同意清原满族自治县人民检察院的抗诉意见，认为原判属于适用法律错误，导致量刑畸轻。

被告人及辩护人认为

原审被告人刘某志对检察机关指控的犯罪事实无异议。

原审被告人刘某志的辩护人提出的辩护意见是：刘某志如实供述自己罪行，避免严重后果的发生，可以减轻处罚；刘某志系初犯、偶犯，主观恶性不深，社会危害性不大，应对其判处缓刑。

二审法院认为

原审被告人刘某志违反枪支管理规定，私自藏匿二支枪支的行为已构成非法持有枪支罪，且情节严重，应依法惩处。抗诉机关所提理由有理，应予支持。关于辩护人所提辩护理由，经查，本案系他人举报后，公安人员从刘某志家将枪支搜出，然后才对刘某志进行的讯问，刘某志虽然如实供述自己的罪行，但不属于避免特别严重后果发生的情形，不能减轻处罚，但可依法对刘某志如实供述自己罪行的情节予以从轻处罚。同时，鉴于本案系危害公共安全犯罪，情节严重，也不应对原审被告人刘某志适用缓刑。故对辩护人所提辩护意见不予采纳。原审判决对原审被告人刘某志的定罪准确，审判程序合法，但适用法律错误，导致量刑不当，应予改判。

案件评析

非法持有、私藏枪支、弹药罪是指违反枪支管理规定，私自挪用、藏匿枪支、弹药，拒不交出的行为。

本罪侵犯的客体是公共安全和国家对枪支、弹药的管理制度。国家禁止任何个人非法持有、私藏枪支、弹药。1996年颁行的《中华人民共和国枪支管理法》明确规定，任何单位或个人非法持有、私藏枪支，都是违法犯罪行为。由于枪支、弹药一旦失控，就可能成为犯罪分子的作案工具,被一些犯罪分子用来实施杀人、抢劫、绑架等违法犯罪,无论是拾来的,或者是自己曾经合法佩带、以后应交未交的,只要是未经合法批准而私自持有、隐藏,都属于本罪所要求的私藏枪支、弹药的行为。但是如果非法持有、藏匿的枪支、弹药是自己非法制造、买卖或者盗窃、抢夺的,应以非法制造、买卖枪支、弹药罪或者盗窃、抢夺枪支、弹药罪论处,不再另定私藏枪支、弹药罪。所谓拒不交出,既包括私藏枪支、弹药已被发觉,限令其交出仍抗拒交出;也包括私藏者未被发觉,但其明知应当交出而仍藏匿不交出。本罪属于选择性罪名,即具备持有、私藏行为之一,即构成犯罪。

本罪在客观方面表现为行为人违反枪支管理规定,非法持有、私藏枪支的行为。所谓私藏是指持有和隐藏枪支、弹药的非法性。即违反枪支管理规定,未依法取得持枪证件而持有、携带枪支、弹药,或者虽有证件但将枪支、弹药携带出依法规定场所,或者在禁止携带枪支、弹药的区域、场所携带枪支的行为。

(1)要把非法持有枪支、弹药罪与未携带持枪证件而携带依法配备、配置枪支、弹药的行为区别开来。后者显然也违反了枪支管理规定,根据《中华人民共和国枪支管理法》第二十五条的规定,对未携带持枪证件的行为,由公安机关扣留其枪支、弹药,而不能认定为本罪。

(2)要把本罪与在禁止携带枪支、弹药的区域、场所携带依法配备、配置的枪支、弹药的行为区别开来。后者根据《中华人民共和国枪支管理法》第四十四条的规定,应由公安机关对个人或者单位负有直接责任的主管人员或其他责任人员处以警告或者15日以下拘留,并没收其枪支、弹药,可以并处5000元以下罚款,但不构成犯罪。

(3)非法持有枪支、弹药罪与私藏枪支、弹药罪的界限,其主要区别在于客观方面的表现不同。前者表现为拥有、携带、佩带或者以其他方式公然拥有、持有枪支、弹药的行为;后者表现为私自藏匿枪支、弹药的行为。前者行为是公开的方式,后者行为则是秘密的方式。本罪的主体为一般主体。即凡年满16周岁,具备刑事责任能力的人均可成为本罪主体。单位也可成为本罪主体。

本罪在主观方面表现为故意,即明知是禁止私人持有的枪支、弹药,而故意隐藏不交。如果不知道自己收藏的物品中有枪支、弹药,因而没有交出的,不构成犯罪。

根据《刑法》第一百二十八条规定,犯本罪的,处三年以下有期徒刑、拘役或者管制;情节严重的,处三年以上七年以下有期徒刑。

这里的情节严重主要是指非法持有、私藏民用枪支、弹药,数量较大的;出于犯罪目的,非法持有、私藏枪支、弹药的,非法持有、私藏军事系统或非军事系统的公务用枪、弹药的;对国家工作人员使用暴力或威胁抗拒收缴非法持有、私藏的枪支、弹药的等。另外，最高人民法院《关于审理非法制造、买卖、运输枪支、弹药、爆炸物等刑事案件具体应用法律若干问题的解释》第五条规定非法持有以火药为动力发射枪弹的非军用枪支二支以上属于《刑法》第一百二十八条第一款规定的"情节严重"。

本案中被告人刘某志违反枪支管理规定，私自藏匿二支枪支的行为已构成非法持有枪支罪。经查，本案系他人举报后，公安人员从刘某志家将枪支搜出，然后才对刘某志进行的讯问，刘某志虽然如实供述自己的罪行，但不属于避免特别严重后果发生的情形，不能减轻处罚，但可依法对刘某志如实供述自己罪行的情节予以从轻处罚。同时，鉴于本案系危害公共安全犯罪，情节严重，也不应对原审被告人刘某志适用缓刑，应在 3 年以上 7 年以下有期徒刑幅度内量刑。

第十三章

非法携带枪支、弹药、管制刀具、危险物品危及公共安全罪

许某犯非法携带管制刀具危及公共安全罪

案件简介

2015年9月30日17时许,被告人许某在天津市红桥区某超市内因盗窃超市物品被超市防损员阎某、杨某等人查获,期间,双方曾发生肢体冲突。后许某因心存不满,于2015年10月1日上午9时许,携带3把刀具至上述地点,欲找阎某、杨某等人实施报复,因未找到相关人员而自行离开,期间,超市工作人员王某发现被告人许某后报警。当日下午3时左右,被告人许某携带3把刀具再次至上述地点欲找阎某、杨某等人实施报复时,被赶至现场的民警查获。经现场搜查,民警在被告人许某处查获刀具3把。经天津市公安局红桥分局认定,从被告人许某处查获的3把刀具,其中两把刀具为管制刀具。

经天津市司法精神病鉴定委员会鉴定:①被鉴定人许某2015年10月1日案发时的精神状态诊断为"无精神病"。②被鉴定人许某2015年10月1日实施的作案行为无精神病症影响,有辨认及控制能力,有完全责任能力。

另查明,案获管制刀具两把,已由公安机关依法予以收缴。

案件进展

(一)案件审理程序

天津市红桥区人民检察院以津红检公诉刑诉(2016)252号起诉书指控被告人许某

犯非法携带管制刀具危及公共安全罪,于 2016 年 8 月 18 日向法院提起公诉。法院依法组成合议庭,于 2016 年 10 月 18 日公开开庭审理了本案。现已审理终结。判决如下:①被告人许某犯非法携带管制刀具危及公共安全罪,判处有期徒刑 1 年 2 个月。②涉案查获的刀具两把,由公安机关依法予以没收。

(二)各方意见

公诉人认为

被告人许某之行为构成非法携带管制刀具危及公共安全罪,应依据《刑法》第一百三十条之规定予以惩处。

被告人及辩护人认为

被告人许某对起诉书指控的事实及罪名予以供认,请求法庭从轻处罚。

被告人许某的辩护人辩称:①被告人许某的犯罪动机系事出有因。②其主观犯意不深,没有达到危及公共安全的危险性,犯罪情节轻微,社会危害性不大。③其此次犯罪系偶犯,当庭自愿认罪。综上,请求法庭对被告人许某从轻处罚。

法院认为

被告人许某非法携带管制刀具进入公共场所,危及公共安全,情节严重,其行为已构成非法携带管制刀具危及公共安全罪,公诉机关指控的事实及罪名成立,法院予以确认。被告人许某曾受过刑事处罚,又再次犯罪,应酌情从重处罚。被告人许某当庭自愿认罪,可酌情从轻处罚。非法携带管制刀具危及公共安全罪并不要求以造成危害结果为构成犯罪的要件,本案中,被告人许某携带 3 把刀具,其中两把为管制刀具,进入公共场所,意图报复他人,其行为本身即已危及公共安全,情节严重,故辩护人关于被告人许某犯罪情节轻微,社会危害性不大,没有达到危及公共安全的危险性的辩护意见,法院不予采纳,其他辩护意见,法院酌情予以考虑。

案件评析

非法携带枪支、弹药、管制刀具、危险物品危及公共安全罪是指行为人违反国家关于枪支、弹药、管制刀具、危险物品进入公共场所、公共交通工具,侵害不特定人人身安全的危害公共安全的行为。

非法携带枪支、弹药是指非法携带以火药为动力或者以压缩气体为动力发射枪弹的军用和非军用枪支及弹药。

非法携带管制刀具是指匕首、三棱刀、带有自锁装置的弹簧刀、单刃刀、三棱尖刀等。

危险物品是指雷管、炸药、鞭炮、汽油、酒精、压缩气体、液化气体等易燃易爆和具有放射性的镭、铀等危险物质及硫酸、硝酸、盐酸、砒霜等腐蚀、烧勺和剧毒物质。

犯本罪，必须满足如下两个条件。

（1）行为人必须具有非法携带上述物品。

（2）行为人必须携带上述物品进入公共场所或者进入公共交通工具。

只有属于情节严重的，才能构成本罪。对于情节显著轻微，携带数量很少，没有造成危害后果的，则不宜认为构成本罪。本罪属行为犯，只要行为人非法携带枪支、弹药、管制刀具、危险物品进入了公共场所或公共交通工具，一达到情节严重，即可构成本罪，其并不以造成实际危害后果为构成必要。倘若发生其他后果，如爆炸、火灾等，则应依其主观的内容以他罪如爆炸罪、过失爆炸罪、放火罪、失火罪、破坏交通工具罪等论处，非法携带的行为则不再单独构成其罪。

本罪危害的是不特定人和物，侵害的客体是公共安全和枪支、弹药、管制刀具、危险物品的管理办法。

构成本罪的是一般主体，即年满 16 周岁的、具有刑事责任能力的自然人，他既可以是中国籍公民，也可以是外国籍公民，还可以是无国籍公民，只要行为人携带了上述物品之一进入公共场所或者公共交通工具，又不听劝告交出统一管理，造成严重后果，即构成本罪主体。

构成本罪的行为人主观上是故意，即行为人明知自己所携带的枪支、弹药、管制刀具、危险物品进入公共场所或者公共交通工具，会危害公共安全，造成不特定人或物的损害而携带并不听劝告按规定处理。

本案中，被告人许某携带 3 把刀具，其中两把为管制刀具，进入公共场所，意图报复他人，由于非法携带管制刀具危及公共安全罪并不要求以造成危害结果为构成犯罪的要件，其行为本身即已危及公共安全，情节严重，构成非法携带管制刀具危及公共安全罪。

第十四章

交通肇事罪

一、康某犯交通肇事罪

案件简介

2014 年 12 月 6 日 12 时 30 分许,被告人康某驾驶正在执行急救任务的新 A×××41 号北地牌 120 救护车(乌鲁木齐市中医医院所有),沿乌鲁木齐市长江路 BRT 专用车道由南向北行驶至伊力特酒店路口时信号灯红灯状态通过,碰撞人行横道线信号灯绿灯状态时由东向西横过道路的行人邓某某,在躲避过程中又碰撞 BRT 护栏及由南向北行驶的阿某某驾驶的新 A×××15 号比亚迪牌小型轿车和李某驾驶的新 A×××05 号大众牌小型轿车,造成 3 辆车受损,行人邓某某受伤后经抢救无效于当日死亡的交通事故。经鉴定,被害人邓某某的死亡与新 A×××41 号 120 救护车之间存在直接因果关系,被害人邓某某系钝性外力作用于头部引起颅脑损伤死亡。

乌公交认字(2014)第 00086 号道路交通事故认定书认定被告人康某违反《中华人民共和国道路交通安全法》第二十一条"驾驶人驾驶机动车上道路行驶前,应当对机动车的安全技术性能进行认真检查;不得驾驶安全设施不全或者机件不符合技术标准等具有安全隐患的机动车"之规定,第五十三条第一款"警车、消防车、救护车、工程救险车执行紧急任务时,可以使用警报器、标志灯具;在确保安全的前提下,不受行驶路线、行驶方向、行驶速度和信号灯的限制,其他车辆和行人应当让行"之规定,是造成此事故的一方过错。被害人邓某某的行为违反《中华人民共和国道路交通安全法》第五十三条第一款之规定,是造成此事故的另一方过错。被告人康某和被害人邓某某均承担此次事故的同等责任。阿某某及李某均不承担此次事故的责任。经当事人申请复核,交警部门认为,案件基本事实清楚,证据确实、充分,责任划分不恰当,遂撤销前述事故认定书,并责令重新认定。乌公交重认字(2015)00002 号道路交通事故认定书认定被告人康某违反《中华人民共和国道路交通安全法》第二十一条及第五十三条第一款之规定,应承担此次事故的全部责任,被害人邓某某、阿某某及李某均不承担此次事故的责任。

另查明,交通事故发生当日,被告人康某报警后即在现场等待处理,其到案后如实供述了本案犯罪事实。

案件进展

(一)案件审理程序

乌鲁木齐市沙依巴克区人民法院审理的乌鲁木齐市沙依巴克区人民检察院指控原审被告人康某犯交通肇事罪一案于 2015 年 11 月 26 日作出(2015)沙刑初字第 869 号刑事判决。以被告人康某犯交通肇事罪,判处有期徒刑 1 年,缓刑 1 年。

宣判后,原审被告人康某不服,提出上诉。法院依法组成合议庭,于 2016 年 3 月 7 日公开开庭审理了本案。本案现已审理终结。判决如下:①维持新疆维吾尔自治区乌鲁木齐市沙依巴克区人民法院(2015)沙刑初字第 869 号刑事判决的定罪部分,即被告人康某犯交通肇事罪。②撤销新疆维吾尔自治区乌鲁木齐市沙依巴克区人民法院(2015)沙刑初字第 869 号刑事判决的量刑部分,即被告人康某犯交通肇事罪,判处有期徒刑 1 年,缓刑 1 年。③上诉人(原审被告人)康某犯交通肇事罪,免予刑事处罚。

(二)各方意见

公诉人认为

乌鲁木齐市人民检察院出庭检察员认为,本案在案证据足以认定上诉人康某交通肇事的事实,原审法院认定事实清楚,适用法律正确,证据确实、充分,建议驳回上诉,维持原判。

被告人及辩护人认为

宣判后,原审被告人康某及其辩护人对原审认定的事实及罪名不持异议,但认为原审量刑过重,请求二审法院从轻处罚。

二审法院认为

上诉人康某违反《道路交通安全法》,未按照操作规范安全驾驶机动车辆,发生交通事故,造成一人死亡并负事故的全部责任,其行为已构成交通肇事罪。根据《中华人民共和国道路交通安全法》第五十三条第一款规定,上诉人康某案发时驾驶救护车正在执行急救任务,该车享有优先通行权。虽然上诉人康某驾车在行使优先通行权时因未正确履行确保安全注意义务,发生交通事故,致人死亡,该行为构成交通肇事罪,但医疗急救要求分秒必争,同时救护车执行任务中享有道路优先通行权,救护车驾驶人员在此种情况下发生过失性犯罪概率要高于一般驾车行为。且本案救护车行车记录仪的录像、证人李某证言等证据均能证实上诉人康某案发时已正确使用警报器警示其他道路交通参与者。故上诉人康某的社会危害性和主观恶性较一般交通肇事罪罪犯弱,对于上诉人康某的处罚也应当轻于一般交通肇事案件。上诉人康某在本案案发后能主动报警并在现场等待处理,到案后能如实供述犯罪事实,具有自首情节。且在本案一审审理过程中其尽力赔偿附带民事原告人的损失,取得了被害人亲属的谅解。综上,上诉人康某及其代理人提出请求对其从轻处罚的意见,法院予以采纳。

案件评析

交通肇事罪是指违反交通管理法规,因而发生重大事故,致人重伤、死亡或者使公私财产遭受重大损失的行为。

本罪侵犯的客体是交通运输的安全。交通运输是指与一定的交通工具、交通设备相联系的铁路、公路、水上及空中交通运输,这类交通运输的特点是与广大人民群众的生命财产安全紧密相连,一旦发生事故,就会危害到不特定多数人的生命安全。造成公私财产的广泛破坏,所以其行为本质上是危害公共安全的犯罪。

本罪客观方面表现为在交通运输活动中违反交通运输管理法规,因而发生重大事故,致人重伤、死亡或者使公私财产遭受重大损失的行为。由此可见,本罪的客观方面是由以下 4 个相互不可分割的因素组成的。

(1) 必须有违反交通运输管理法规的行为,这是发生交通事故的原因,也是承担处罚的法律基础。所谓交通运输法规是指保证交通运输正常进行和交通运输安全的规章制度,包括水上、海上、空中、公路、铁路等各个交通运输系统的安全规则、章程以及从事交通运输工作必须遵守的纪律、制度等。例如,《城市交通规则》《机动车管理办法》《内河避碰规则》《航海避碰规则》《渡口守则》《中华人民共和国海上交通安全法》等。违反上述规则就可能造成重大交通事故。在实践中,违反交通运输管理法规行为主要表现为违反劳动纪律或操作规程,玩忽职守或擅离职守、违章指挥、违章作业,或者违章行驶等。例如,公路违章的有无证驾驶、强行超车、超速行驶、酒后开车;航运违章的有船只强行横越,不按避让规章避让,超速抢挡,在有碍航行处锚泊或停靠;航空违章的有违反空中交通管理擅自起飞,偏离飞行航线,无故不与地面联络,等等。上述违章行为的种种表现形式可以归纳为作为与不作为两种基本形式,不论哪种形式,只要是违章,就具备构成本罪的条件。

(2) 必须发生重大事故,致人重伤、死亡或者使公私财产遭受重大损失的严重后果。这是构成交通肇事罪的必要条件之一。行为人虽然违反了交通运输管理法规,但未造成上述法定严重后果的,不构成本罪。

（3）严重后果必须由违章行为引起,两者之间存在因果关系。虽然行为人有违章行为,造成了严重后果,但严重后果与违章行为之间并无时间上存在先行后续关系的,则不构成本罪。

（4）违反规章制度,致人重伤、死亡或者使公私财产遭受重大损失的行为,必须发生在从始发车站、码头、机场准备载人装货至终点车站、码头、机场旅客离去、货物卸完的整个交通运输活动过程中。从空间上说,必须发生在铁路、公路、城镇道路和空中航道上;从时间上说,必须发生在正在进行的交通运输活动中。如果不是发生在上述空间、时间中,而是在工厂、矿山、林场、建筑工地、企业事业单位、院落内作业,或者进行其他非交通运输活动,如检修、冲洗车辆等,一般不构成本罪。最高人民检察院1992年3月23日《关于在厂（矿）区机动车造成伤亡事故的犯罪案件如何定性处理问题的批复》中指出,在厂（矿）区机动车作业期间发生的伤亡事故案件,应当根据不同情况,区别对待:在公共交通管理范围内,因违反交通运输规章制度,发生重大事故,应按《刑法》第一百一十三条规定处理。违反安全生产规章制度,发生重大伤亡事故,造成严重后果的,应按《刑法》第一百一十四条规定处理;在公共交通管理范围外发生的,应当定重大责任事故罪。由此可见,对于这类案件的认定,关键是要查明它是否发生在属于公共交通管理的铁路、公路上。

利用大型的、现代化的交通运输工具从事交通运输活动,违反规章制度,致人重伤、死亡或者使公私财产遭受重大损失的,应定交通肇事罪,这是没有异议的。但是对于利用非机动车,如自行车、三轮车、马车等,从事交通运输活动,违章肇事,使人重伤、死亡,是否构成交通肇事罪,存在不同的看法。第一种意见认为,交通肇事罪属于危害公共安全的犯罪,即能够同时造成不特定的多人伤亡或者公私财产的广泛损害,而驾驶非机动车从事交通运输活动,违章肇事,一般只能给特定的个别人造成伤亡或者数量有限的财产损失,不具有危害公共安全的性质,因此不应定交通肇事罪,而应根据具体情况,确定其犯罪的性质,造成他人死亡的,定过失致人死亡罪;造成重伤的,定过失重伤罪。第二种意见认为,它虽一般只能造成特定的个别人的伤亡或者有限的损失,但不能因此而否认其具有危害公共安全的性质,况且许多城镇交通事故都直接或间接与非机动车违章行车有关。因此,上述人员违章肇事,应当以交通肇事罪论处。如果因其撞死人而按致人死亡罪论处,因其撞伤人而按过失重伤罪论处,是不合理的。目前司法实践中,一般按第二种意见定罪判刑,即以交通肇事罪论处。

本罪的主体为一般主体,即凡年满16周岁、具有刑事责任能力的自然人均可构成。主体不能理解为在上述交通运输部门工作的一切人员,也不能理解为仅指火车、汽车、电车、船只、航空器等交通工具的驾驶人员,而应理解为一切直接从事交通运输业务和保证交通运输的人员以及非交通运输人员。交通运输人员具体地说,包括以下4种从事交通运输的人员:①交通运输工具的驾驶人员,如火车、汽车、电车司机等。②交通设备的操纵人员,如扳道员、巡道员、道口看守员等。③交通运输活动的直接领导、指挥人员,如船长、机长、领航员、调度员等。④交通运输安全的管理人员,如交通监理员、交通警察等。他们担负的职责同交通运输有直接关系,一旦不正确履行自己的职责,都可能造成重大交通事故。

非交通运输人员违反规章制度,如非司机违章开车,在交通运输中发生重大事故,造成严重后果的,也构成本罪的主体。最高人民法院、最高人民检察院《关于办理盗窃案件具体应用法律的若干问题的解释》中指出"在偷开汽车中因过失撞死、撞伤他人或者撞坏了车辆,又构成其他罪的,应按交通肇事罪与他罪并罚"这一解释说明,非交通运输人员构成交通肇事罪,并不以肇事行为发生在交通运输过程中为要件。

本罪主观方面表现为过失,包括疏忽大意的过失和过于自信的过失。这种过失是指行为人对自己的违章行为可能造成的严重后果的心理态度而言。行为人在违反规章制度上可能是明知故犯,如酒后驾车、强行超车、超速行驶等,但对自己的违章行为可能发生重大事故,造成严重后果,应当预见而因疏忽大意,没有预见,或者虽已预见,但轻信能够避免,以致造成了严重后果。

我国《刑法》规定,犯罪分子本人直接向司法机关主动投案;犯罪分子向所在单位或其他有关负责人员投案;犯罪分子被送去归案的;只要归案后能如实交代犯罪事实经过,并接受司法机关的审查和裁判的,都应以投案自首论。道路交通法中规定了在事故发生后,司机的义务应当是立即停车、保护现场并迅速报告公安机关。如果事故属于重大事故,其后果达到了应追究刑事责任的程度,就构成了犯罪。我国《刑法》对自首的规定并没有对成立自首的犯罪予以任何限制。所以,行为人在实施过失犯罪后,即肇事司机在事故发生后,积极抢救伤亡者,到交通管理部门投案,并如实陈述事实经过的行为,其行为就符合自首成立的条件,应依法认定为自首情节。

在本案中,上诉人康某违反《道路交通安全法》,未按照操作规范安全驾驶机动车辆,发生交通事故,造成一人死亡并负事故的全部责任,其行为已构成交通肇事罪,其在案发后能主动报警并在现场等待处理,到案后能如实供述犯罪事实,应认定为具有自首情节。

二、张某某犯交通肇事罪

案件简介

2014年9月20日17时许,被告人张某某持证驾驶北京HY货运代理有限公司所有的京A×××79号解放牌重型货车,在朔城区境内,沿朔州市朔城区西环路由东向西行至恢河桥西恢河公园交叉路口路段,与前方由南向北骑自行车通过道路向岔路口行进的被害人赵某某发生碰撞,造成赵某某死亡,双方车辆受损的道路交通事故。肇事后,被告人张某某驾车逃逸,将车辆停放在朔城区栋梁市场后离开朔州。案发后,经朔州市公安局交通警察支队朔城大队认定被告人张某某负事故全部责任,被害人赵某某无责任。2014年10月2日被告人张某某在家人的陪同下到朔州市公安局交通警察朔城大队事故处理中队投案自首。

另查明,京A×××79号解放牌重型货车系北京HY货运代理有限公司所有,该公司法定代表人为武某,实际管理人为张某。该车在某财产保险有限公司北京分公司处投保交强险和商业第三者责任险:交强险中死亡伤残赔偿限额为110 000元、医疗费用赔偿限额10 000元、财产损失赔偿限额为2000元;商业第三者责任险的赔偿限额为200 000元。

另,本案刑事附带民事赔偿部分,根据庭审查明的事实,依照相关法律规定的项目及赔偿标准,附带民事诉讼原告人褚某、李某、赵某的经济损失为:死亡赔偿金481 380元、丧葬费24 484.5元、被抚养人生活费43 911元、受损自行车损失酌情考虑10 000元、交通费酌情考虑5000元,以上各项经济损失共计人民币564 775.5元。

案件进展

(一)案件审理程序

朔州市朔城区人民法院审理朔州市朔城区人民检察院指控原审被告人张某某犯交通肇事罪、原审附带民事诉讼原告人褚某、李某、赵某提起附带民事诉讼一案,于2015年12月31日作出(2015)朔刑初字第19号刑事附带民事判决。①被告人张某某犯交通肇事罪,判处有期徒刑7年。②附带民事诉讼被告人某财产保险有限公司北京分公司在交强险的责任限额内赔偿附带民事诉讼原告人褚某、李某、赵某经济损失112 000元、在商业第三者责任险的责任限额内赔偿附带民事诉讼原告人褚某、李某、赵某经济损失200 000元。③被告人张某某、附带民事诉讼被告人北京HY货运代理有限公司连带赔偿附带民事诉讼原告人褚某、李某、赵某经济损失共计人民币

252 775.5 元。④驳回附带民事诉讼原告人褚某、李某、赵某对其他附带事民事诉讼被告人的诉讼请求。

原审被告人张某某不服,提出上诉。法院受理后,依法组成合议庭,经审阅本案卷宗材料,审查上诉人张某某的上诉状及其陈述意见,认为本案不属于依法必须开庭审理的案件,决定不开庭审理。现已审理终结。判决如下:①维持朔州市朔城区人民法院(2015)朔刑初字第 19 号刑事附带民事判决中的第二、四项,即附带民事诉讼被告人某财产保险有限公司北京分公司在交强险的责任限额内赔偿附带民事诉讼原告人褚某、李某、赵某经济损失 112 000 元、在商业第三者责任险的责任限额内赔偿附带民事诉讼原告人褚某、李某、赵某经济损失 200 000 元。驳回附带民事诉讼原告人褚某、李某、赵某对其他附带事民事诉讼被告人的诉讼请求。②撤销朔州市朔城区人民法院(2015)朔刑初字第 19 号刑事附带民事判决中的第一、三项,即被告人张某某犯交通肇事罪,判处有期徒刑 7 年;被告人张某某、附带民事诉讼被告人北京 HY 货运代理有限公司连带赔偿附带民事诉讼原告人褚某、李某、赵某经济损失共计人民币 252 775.5 元。③被告人张某某犯交通肇事罪,判处有期徒刑 3 年,缓刑 3 年。

(二)各方意见

上诉人及辩护人认为

被告人张某某上诉称:①朔城交警大队在事故发生 20 多分钟后到达现场时被害人已无生命迹象,故逃逸致死情节不成立。②原判量刑上未体现自首。③被害人母亲李某的抚养费 43 911 元认定错误,认定车损 10 000 元无根据,交通费 5000 元偏高,已通过交警队支付丧葬费 20 000 元。

其辩护人亦提出相同的辩护意见。

二审法院认为

上诉人张某某持证驾驶机动车上路行驶,违反道路交通运输法规,发生道路交通事故后未保护现场、抢救伤者,而驾车逃离事故现场,致一人死亡,负事故的全部责任,其行为已构成交通肇事罪,且属交通肇事后逃逸,应予严惩。根据最高人民法院《关于审理交通肇事刑事案件具体应用法律若干问题的解释》第五条规定,因逃逸致人死亡是指行为人在交通肇事后为逃避法律追究而逃逸,致使被害人因得不到救助而死亡的情形。本案现有证据不足以证明被害人系因得不到救助而死亡,故上诉人及其辩护人提出的逃逸致死情节不成立的上诉意见,法院予以支持。上诉人及其辩护人提出的原判量刑上未体现自首的上诉意见,没有事实依据,法院不予支持。案件审理过程中,附带民事诉讼当事人已就民事赔偿问题达成和解协议,且原审被告人均取得了原审附带民事诉讼各原告人的谅解,故应酌情从轻处罚。原判认定的事实清楚,证据确实、充分,定性准确,但量刑失当。

案件评析

交通肇事罪是指违反道路交通管理法规,发生重大交通事故,致人重伤、死亡或者使公私财产遭受重大损失,依法被追究刑事责任的犯罪行为。交通肇事罪是一种过失危害公共安全的犯罪。《刑法》第一百三十三条规定,犯交通肇事罪的,处三年以下有期徒刑或者拘役;交通运输肇事后逃逸或者有其他特别恶劣情节的,处三年以上七年以下有期徒刑;因逃逸致人死亡的,处七年以上有期徒刑。

此处所谓"发生重大交通事故",根据《最高人民法院关于审理交通肇事刑事案件具体应用法律若干问题的解释》第二条规定:

"交通肇事具有下列情形之一的,处三年以下有期徒刑或拘役:(一)死亡一人或者重伤三人以上,负事故全部或者主要责任的;(二)死亡三人以上,负事故同等责任的;(三)造成公共财产或者他人财产直接损失,负事故全部或者主要责任,无能力赔偿数额在三十万元以上的。

交通肇事致一人以上重伤,负事故全部或者主要责任,并具有下列情形之一的,以交通肇事罪定罪处罚:(一)酒后、吸食毒品后驾驶机动车辆的;(二)无驾驶资格驾驶机动车辆的;(三)明知是安全装置不全或者安全机件失灵的机动车辆而驾驶的;(四)明知是无牌证或者已报废的机动车辆而驾驶的;(五)严重超载驾驶的;(六)为逃避法律追究逃离事故现场的。"

第四条规定:"交通肇事具有下列情形之一的,属于有其他特别恶劣情节,处三年以上七年以下有期徒刑:(一)死亡二人以上或者重伤五人以上,负事故全部或者主要责任;(二)死亡六人以上,负事故同等责任的;(三)造成公共财产或者他人财产直接损失,负事故全部或主要责任,无能力赔偿数额在六十万元以上的。"

"交通运输肇事后逃逸"是指行为人在发生交通事故后,为逃避法律追究而逃跑的行为。在处理"因逃逸致人死亡"案件时,就要特别注意分析行为人的主观心理态度及其变化情况。尤其要注意查明行为人肇事后对自己交通肇事行为所引起的危害结果所持的心理态度。在不同心理态度的情况下,导致的结果即便一样,处理也不一样。

(1)行为人因逃逸过失致使受伤者死亡。这种情况如行为人交通肇事后,误认为被害人没有受伤,或者只受轻伤,凭自身经验武断地认为不会出现被害人死亡的结果,从而逃逸,致被害人死亡;还有一种情况,即行为人肇事后,将被害人送往医院后逃逸,致被害人未得到及时抢救而死亡。这两种情况都是行为人对被害人的死亡抱有侥幸心理,过于自信,因而成立过失的罪过,即过失致被害者死亡。

（2）行为人肇事致人重伤后逃逸。在当时情况下，行为人认识到其逃逸后，被害人可能会因伤而致死，但是为了立即逃离现场以逃脱罪责，对被害人死亡的结果采取听之任之，放任的态度。也就是行为人既不采取积极有效的措施予以补救，同时也不希望被害人死亡的结果发生，在这种情况下，行为人对被害人死亡的罪过形式就是间接故意。

（3）行为人交通肇事后，为了逃避罪责，毁灭罪证，故意将被害人移至丛林、沟壑等不易被人发现的地方，而后逃逸，使被害人失去被抢救的机会而引起死亡。也就是行为人明知被害人若不及时救助，必然会出现死亡的结果，却为逃脱罪责而放任这种结果的发生，对于这种必然的情形，行为人对救助责任的不作为构成直接故意犯罪。

本案上诉人张某某违反道路交通运输法规，发生道路交通事故后未保护现场、抢救伤者，而驾车逃离事故现场，致一人死亡，负事故的全部责任，其行为已构成交通肇事罪，且属交通肇事后逃逸，应予严惩。

第十五章

重大责任事故罪

张某某犯重大责任事故罪

案件简介

2014 年 12 月 1 日 7 时许,辽宁 HJ 公司技术员李某、安全员张某某带领外雇施工人员在阜新镇污水处理厂配套管网工程二标段施工现场进行开槽、回填作业。当日 13 时许,技术员李某带领外雇施工人员王某某、王某甲到沟槽内进行清底找平和测量作业。15 时 10 分许,成某某在驾驶室刚启动挖掘机,便见沟槽南侧沟壁发生土方塌方,将正在沟底作业的李某、王某某、王某甲 3 人埋压。15 时 20 分许,张某某分别拨打了 119、120、110 电话,积极参与事故救援工作。至次日 0 时 38 分,3 名被埋压人员相继被找到,经 120 急救人员现场施救,确认均无生命迹象。经阜蒙县阜新镇污水处理厂配套管网工程二标段 12.1 事故调查组认定,该事故是一起较大生产安全责任事故。事故发生的直接原因系挖掘机在垂直于坡面方向挖掘,破坏了土层的原始稳定性,导致沟槽南大部分壁面与水平面小于 90°,在土压力和重力的作用下,土体的下滑力大于抗滑能力,失去极限平衡状态,土体沿着滑动面整体下滑,沟槽南侧土方坍塌,造成 3 名作业人员被埋压窒息死亡。事故调查组对事故责任人提出了处理建议,主要内容:李某,辽宁 HJ 公司配套管网工程项目现场负责人、技术员,参与制订施工方案,负责向工长进行技术交底,并按要求组织施工,负责施工人员岗前培训教育,未认真履行安全生产管理职责,未落实安全技术交底,未制订安全教育培训计划,未对施工人员进行安全培训教育,未按施工方案进行分层放坡、设立支护,违章指挥施工人员违反操作规程、冒险作业,在该起事故中负主要责任,建议追究其刑事责任,因其已在事故中死亡,免予追究责任。张某某,辽宁 HJ 公司阜蒙县阜新镇污水处理厂配套管网工程项目部安全员,负责该项目安全生产作业,但其未依法履行安全管理责任,未落实安全技术交底,安全检查不到位,未进行隐患排查,对现场负责人违章指挥、冒险作业现象未进行制止,在该起事故中负主要责任,建议追究其刑事责任。2015 年 3 月 10 日,被告人张某某被阜新市公安局内保公安分局传唤到案。

另查明,事故发生后,辽宁 HJ 公司分别与 3 名被害人的亲属就民事部分达成协议,由辽宁 HJ 公司分别赔偿被害人李某亲属死亡赔偿金等各项经济损失合计人民币783 210.00 元、赔偿被害人王某甲亲属死亡赔偿金等各项经济损失合计人民币776 849.95 元、赔偿被害人王某某亲属死亡赔偿金等各项经济损失合计人民币736 324.39 元,上述赔偿款均已履行。

本案在审理过程中,被害人李某、王甲某的亲属分别向法庭出具了谅解书,对被告人张某某的行为表示谅解。

📖 案件进展

(一)案件审理程序

阜新蒙古族自治县人民法院审理阜新蒙古族自治县人民检察院指控被告人张某某犯重大责任事故罪一案,于 2015 年 11 月 11 日作出(2015)阜县刑初字第 192 号刑事判决。认定被告人张某某犯重大责任事故罪,判处有期徒刑 1 年 6 个月。宣判后,被告人张某某不服,提出上诉。法院受理后,依法组成合议庭,通过阅卷,讯问上诉人张某某,认为本案事实清楚,决定不开庭审理。现已审理终结。判决如下:①维持阜新蒙古族自治县人民法院(2015)阜县刑初字第 192 号刑事判决主文对被告人张某某的定罪部分。②变更阜新蒙古族自治县人民法院(2015)阜县刑初字第 192 号刑事判决主文对被告人张某某的刑罚执行方式。③被告人张某某犯重大责任事故罪,判处有期徒刑 1 年 6 个月,缓刑 2 年。

(二)各方意见

上诉人及辩护人认为

上诉人张某某仅是现场的安全员,并不是现场的直接负责人,对于存在的隐患,其已经意识到,并告知了在现场负责的李某,他坚持说马上进行管沟放坡,并让张某某带队去另一个施工位置看护回填。当事故发生时张某某跑回现场组织抢救。造成事故深感自责和痛心没阻止住。张某某案后自首,没有前科犯罪,得到了被害人家属的谅解,请求法院改判缓刑,挽救张某某的家庭,因张某某的父母、岳父母都是农民,妻子无工作,下有两个孩子。

二审法院认为

被告人张某某身为施工现场安全员在生产作业中违反有关安全管理的规定,因而发生重大伤亡事故,致3人死亡,情节特别恶劣,其行为已构成重大责任事故罪,应予惩处。案发后,张某某积极参与救援工作,有自首,依法可减轻处罚。原判定性正确,量刑适当,但在二审审理中,被害人王某某的亲属对被告人的行为亦表示谅解,对其使用非监禁刑不至于再危害社会,可对其改判适用缓刑。

案件评析

重大责任事故罪是指在生产、作业中违反有关安全管理的规定,因而发生重大伤亡事故或者造成其他严重后果的行为。

重大责任事故罪的犯罪客体是人身和财产。

重大责任事故罪的行为是在生产、作业中违反有关安全管理规定。这里的违反有关安全管理规定是指违反有关生产安全的法律、法规、规章制度。因此,这种有关安全生产规定包括以下3种情形。

(1)国家颁布的各种有关安全生产的法律、法规等规范性文件。

(2)企业、事业单位及其上级管理机关制定的反映安全生产客观规律的各种规章制度,包括工艺技术、生产操作、技术监督、劳动保护、安全管理等方面的规程、规则、章程、条例、办法和制度。

(3)虽无明文规定,但反映生产、科研、设计、施工的安全操作客观规律和要求,在实践中为职工所公认的行之有效的操作习惯和惯例等。

重大责任事故罪的结果是发生重大伤亡事故或者造成其他严重后果。根据1989年11月3日最高人民检察院《关于人民检察院直接受理的侵犯公民民主权利、人身权利和渎职案件立案标准的规定》,重大责任事故罪的结果表现为以下3种情形:

(1)致人死亡一人以上的;

(2)致人重伤三人以上的;

(3)造成直接经济损失五万元以上的,或者经济损失虽不足规定数额,但情节严重,使生产、工作受到重大损害的。

重大责任事故罪的罪过形式是过失。这里的过失是指应当预见到自己的行为可能发生重大伤亡事故或者造成其他严重后果,因为疏忽大意而没有预见或者已经预见而轻信能够避免,以致发生这种结果的主观心理状态。

在司法实践中,除了要在总体上科学把握本罪的客观方面构成条件外,还应准确地把握和认定以下几个问题。

（1）该罪的主体是在各类生产经营活动中从事生产、作业及其指挥管理的人员，既包括 1997 年《刑法》规定的工厂、矿山、林场、建筑企业或者其他企业、事业单位的职工，也包括其他生产、经营单位的人员、个体经营户、群众合作经营组织的生产、管理人员，甚至违法经营单位、无照经营单位的生产、作业及其指挥管理人员等。只要在生产、作业中违反有关安全管理的规定，造成不特定人员伤亡或者公私财产重大损害的，无论其生产、作业性质，均可以构成该罪。

（2）本罪在客观方面表现为在生产、作业中违反有关安全管理的规定，因而发生重大伤亡事故或者造成严重后果。①行为人违反了有关安全管理的规定。这里所说的"有关安全管理的规定"，既包括国家制定的关于安全管理的法律、法规，比如安全生产法等，也包括行业或者管理部门制定的关于安全生产、作业的规章制度、操作章程等。违反安全管理规定的行为往往具有不同的形式。普通职工主要表现为不服管理、不听指挥、不遵守操作规程和工艺设计要求或者盲目蛮干、擅离岗位等。生产管理人员主要表现为违背客观规律在现场瞎指挥，或者作出不符合安全生产、作业要求的工作安排等。②行为人违反有关安全管理规定的行为引起了重大伤亡事故，造成严重后果。本条规定了"重大伤亡"和"严重后果"两个标准，但只要具备其一便构成犯罪。其中，造成其他严重后果是指除重大伤亡事故以外的其他后果，包括重大财产损失等。关于重大伤亡或者"其他严重后果"的认定标准，由于生产领域、地域、时间等情况的不同，一般由相关领域的管理规定作出规定。在司法实践中，司法机关可以根据犯罪的具体情节、造成的后果、社会影响等综合认定。

（3）在主观方面本罪表现为过失。这种过失是指对造成的重大人身伤亡或者其他严重后果由于疏忽大意没有预见，或者虽然预见但轻信可以避免而没有采取相应的措施。而对违反安全管理规定本身，则既可以是过失，也可以是故意，这对认定本罪没有影响，但在量刑时可以作为一个情节予以考虑。如果行为人对危害结果出于故意的心理状态，则不构成本罪，应当按照其他相应的犯罪定罪处罚。在实践中，有些企业、事业单位或者群众合作经营组织、个体经营户招用从业人员，不经技术培训，也不进行必要的安全教育，直接安排其从事生产、作业，使职工在不了解安全管理规定的情况下违反安全管理规定，因而发生重大责任事故，对于生产、作业人员不宜认定为犯罪，但对发生事故的单位和经营组织、经营户的直接责任人员，则应当按照本罪定罪处罚。

（4）重大责任事故与自然事故的区分。自然事故是指自然原因而引起的事故，这种自然原因不以人们的意志为转移，非人力所能控制，因而行为人对于由于自然原因所造成的损害结果，客观上没有因果关系，主观上没有罪过，不应对其承担刑事责任。自然事故有两种情形：一是意外事件引起的自然事故，行为人对于危害结果没有预见，在当时情况下也不可能预见;二是不可抗力引起的自然事故,行为人对于危害结果已经预见,在当时情况下不可避免。笔者认为,在区分重大责任事故与自然事故的时候,应当从以下两个方面考察:①是否存在违章行为,自然事故的引起往往与违章行为无关。在没有违章行为的情况下可以排除重大责任事故。②是否存在着主观过失,自然事故的引起是超出人们的主观意志的,属于意外事件与不可抗力。在司法实践上,造成了重大损害结果并非都属于重大责任事故,只有在排除自然事故的情况下,根据行为人的主观与客观情况,才能认定其行为是否构成重大责任事故罪。因此,重大责任事故与自然事故之区分乃是罪与非罪之区分。

(5)重大责任事故与技术事故的区分。技术事故是指因技术设备条件不良而发生的事故。技术事故由于是技术设备条件造成的,因而具有不可避免性,并非所有由于设备原因引起的事故都是技术事故。因为设备是由人操作规程的,同样也是由人护理的。如果设备出现障碍,操作者或者护理者应当发现而未能发现,造成重大事故的,仍然应以重大责任事故罪论处。只有在事故是由设备原因引起并且是在人所不能预见或者不能避免的情况下发生,才能定为技术事故。

本案被告人张某某身为施工现场安全员在生产作业中违反有关安全管理的规定,因而发生重大伤亡事故,致 3 人死亡,情节特别恶劣,其行为已构成重大责任事故罪,应予惩处。

第十六章

强令违章冒险作业罪

一、吕某某、李某甲等人犯强令违章冒险作业、重大责任事故罪

案件简介

2012 年 8 月 29 日,光山县国土资源局发布公告拍卖光山县城某路南侧、县公用事业局对面的一宗地。开发商胡某乙、廖某、张某甲、简某乙、简某甲因无开发资质,5 人决定挂靠光山县某城镇建设开发公司(该公司具有房地产开发、销售四级资质)参与竞拍,进行房地产开发。2012 年 9 月 27 日,5 人以该公司的名义竞得该宗土地并决定用于开发"幸福花园"小区项目。2012 年 10 月 19 日,光山县某城镇建设开发公司出具授权委托书,以该公司开发"幸福花园"项目的名义全权委托开发商廖某为法定代表人、胡某乙具体实施。2013 年 1 月 29 日,时任光山县某城镇建设开发公司经理屈某某代表该公司与廖某、胡某乙签订《工程项目承包协议书》,并收取 16.8 万元管理费,且于当日对该协议书办理公证手续。随后张某甲、简某乙等 5 人以光山县某城镇建设开发公司的名义办理了相关建设证书。

2013 年 3 月 14 日,被告人张某甲、简某甲代表光山县某城镇建设开发公司"幸福花园"项目部与光山县某城建建筑安装工程有限公司(该公司具有房屋建筑工程施工总承包二级资质)的法人代表刘某甲签订合作管理协议,交纳 50 万元管理费,借用该公司建筑施工资质组织施工。简某甲、张某甲等 5 位开发商将"幸福花园"小区分成 4 个标段,组织建设工程招投标。

2013 年 11 月 28 日,"幸福花园"项目部代表简某甲与光山县某工程建设监理站法人代表梅某签订《建设工程监理合同》。该监理站派驻相关工作人员入场工作。

2013年12月2日,光山县某城建建筑安装工程有限公司法人代表刘某甲与光山县某城镇建设开发公司法人代表刘某乙签订4份建设工程施工合同。2013年12月12日,光山县某城建建筑安装工程有限公司预期取得"幸福花园"项目4个施工标段的施工资格。在实际建设施工中,光山县某城建建筑安装工程有限公司不具体承建工程,也不决定由谁来具体承建工程,但该公司参与项目管理,组建有"幸福花园"小区施工项目部,该公司任命了项目经理、安全员、技术员等相关工作人员参与工作。

进入施工阶段后,简某甲、张某甲等5名开发商将4个施工标段肢解成7个单项工程发包给中标合同外7名无相应资格的自然人。2014年11月8日,被告人张某甲、简某甲与被告人朱某某签订《建筑工程包干施工合同书》,由朱某某承包了2号楼1号、2号商铺的建设工程。被告人朱某某签订合同后与被告人吕某某合伙投资承建该工程,因两人不懂建筑技术,聘请无任何建筑资质的被告人陈某甲为技术员。被告人朱某某、吕某某找来瓦工黄某带11人从事混凝土浇灌工作,并将模板工程承包给无任何资质的被告人李某甲,被告人李某甲又组织霍某某、杨某甲等8名木工具体实施。在具体施工过程中,被告人吕某某、陈某甲指挥黄某、李某甲,李某甲又指挥霍某某、杨某甲等人。

为减少成本,开发商未按已报送审查通过的"幸福花园"小区的图纸进行施工,而是另要求设计方将2号楼1号、2号商铺桩基基础设计为独立基础,且未将图纸报送审查。"幸福花园"小区2号楼1号商铺设计为3层框架结构,长46米,宽17.25米,首层建筑面积为797平方米,层高为5.27米,2014年11月9日该商铺正式开工建设,同年11月12日完成地基基槽开挖工程。基槽验收由监理方、施工方和实际控制方代表组织进行,未按规定邀请勘查、设计部门人员参加。同年11月13日到12月6日,先后完成浇筑及土方回填,再进行独立基础柱、梁钢筋及模板安装等工序,未组织验收。12月7日到10日,就地回填土,未按要求分层碾压,未计算地基承载力是否满足荷载要求。12月18日,1号商铺框架支模及钢筋绑扎完成,19日上午7时许,杨某甲带领7名木工进入工地施工,9时许,被告人陈某甲喊来监理、光山县某城建建筑安装公司、开发商三方代表复验18日下午检查发现的问题,后相关工作人员同意继续施工。10时许,开始浇筑混凝土,在浇筑的同时楼内木工仍在继续进行模板施工。13时20分许,另一工地木工陈某丁路过1号商铺时,发现1号商铺一角立柱向东倾斜,于是电话告知木工高某。同时,吃完饭回到工地的被告人吕某某也发现楼体倾斜,于是电话通知被告人陈某甲、李某甲、朱某某等人,陈某甲、李某甲先到现场,李某甲建议先用导链对倾斜的楼体进行校正,无效果,吕某某、陈某甲商议用挖掘机推,吕某某即电话联系挖掘机师傅夏某甲,随后被告人朱某某也来到现场。14时30分许,被告人简某甲也来到现场并电话通知被告人张某甲。被告人朱某某、吕某某担心增加施工成本,想先用挖掘机推推看,被告人朱某某遂出去找挖掘机,离开了现场(直到坍塌后才回来)。随后被告人张某甲也来到施工现场,并要求施工方将倾斜的楼体拆除重建。被告人陈某甲告诉被告人简某甲准备用挖掘机对墙体进行校正,简某甲、张某甲均不同意并要求拆除重建。随后,夏某甲开挖掘机来到现场后进行校正,但仍然没有效果。简某甲要求施工方加紧拆除,张某甲也赞成拆除,并要求施工方自己负责,说完两人先后离开现场。因被告人朱某某、吕某某对该工程是包工包料,为重新利用1号商铺已使用的钢筋及其他建筑材料,被告人吕某某、陈某甲决定用人工连夜拆除,以免已浇筑的混凝土凝结致材料损失。被告人吕某某、陈某甲安排被告人李某甲组织木工先拆除模板,李某甲意识到人工拆除有危险,并且工程量大,开始也不愿意拆除,吕某某、陈某甲要求必须连夜拆除。李某甲担心如果不听吕某某等人的安排,其与吕某某之间的工钱不好结算,且其与吕某某在建筑工程上已建立良好的合作关系,于是安排杨某甲带着木工立即施工。木工杨某甲、高某、陈某乙提出按李某甲的要求拆除倾斜楼体不安全,不愿意施工。李某甲说:"不干,哪个也走不了,晚上加班也得拆完。"随后,木工组全部进入楼内施工。李某甲还电话邀请其他工地的工人赵某某等人来现场帮忙拆除,李某甲的妻子陈某某接完放学的儿子李某某后,与李某某一起被李某甲叫到现场帮忙。

瓦工组全部人员也被吕某某叫来现场参与拆除。吕某某、陈某甲安排一部分瓦工上楼顶铲除混凝土,一部分瓦工在楼内铲除、用水冲洗立柱上的混泥土。当时,瓦工张某乙、挖掘机师傅夏某甲提出这样拆除楼体有危险、会坍塌,吕某某、陈某甲置之不理。16时30分,正在被拆除的楼体突然整体坍塌,导致正在施工的陈某某、汪某某、霍某某、赵某某、陆某某5人死亡,郑某、邹某、翁某、熊某、李某某、林某、李某甲、侯某某、黄某9人受伤。

1号商铺坍塌,造成直接经济损失约450万元。

此事故经信阳市人民政府成立专门调查组作出"关于幸福花园12.19模架体系坍塌较大事故调查报告",认定事故直接原因是施工方未编制安全专项施工方案,未计算地基承载力是否满足荷载要求,未按要求对模板支架承载地基分层压实,未按相关规范施工作业,倾斜后处置不当。间接原因是违法从事开发,安全生产主体责任不落实,监督、审查不严。

另查明,以光山县某城建建筑安装工程有限公司为赔偿单位,实际赔偿人为简某甲、张某甲等5位开发商,分别赔偿陈某某、汪某某、霍某某、赵某某、陆某某的亲属各项经济损失为73万元、83万元、86万元、75万元、71万元,分别赔偿郑某、邹某、翁某、熊某、李某某、林某、李某甲、侯某某、黄某的经济损失11万元、9万元、18万元、3万元、

1.426 万元、1.62 万元、1.261 万元、1.31 万元、1.62 万元,并取得了上述被害人或其亲属对本次事故相关责任人的谅解。

案件进展

(一)案件审理程序

河南省光山县某人民法院审理光山县某人民检察院指控原审被告人吕某某、朱某某、陈某甲、李某甲犯强令违章冒险作业罪、原审被告人简某甲、张某甲犯重大责任事故罪一案,于 2015 年 12 月 29 日作出(2015)光刑初字第 00146 号刑事判决,判决如下:①被告人吕某某犯强令违章冒险作业罪,判处有期徒刑 3 年 6 个月。②被告人陈某甲犯强令违章冒险作业罪,判处有期徒刑 3 年。③被告人李某甲犯强令违章冒险作业罪,判处有期徒刑 2 年 6 个月。④被告人朱某某犯重大责任事故罪,判处有期徒刑 1 年 6 个月。⑤被告人简某甲犯重大责任事故罪,判处有期徒刑 1 年 1 个月。⑥被告人张某甲犯重大责任事故罪,判处有期徒刑 1 年 1 个月。

原审被告人李某甲不服,提出上诉。法院依法组成合议庭,公开开庭审理了本案。现已审理终结,裁定如下:驳回上诉,维持原判。

(二)各方意见

上诉人及辩护人认为

原判认定李某甲犯强令违章冒险作业罪的事实不清、证据不足,应按重大责任事故罪定罪量刑,请求二审从轻处罚,适用缓刑。

二审法院认为

上诉人李某甲、原审被告人吕某某、陈某甲在建筑工程施工过程中,负有组织、指挥、管理职责,明知存在事故隐患,违反有关安全管理规定,强令他人违章冒险作业,因而发生重大伤亡事故,负事故的主要责任,情节特别恶劣,3 名被告人的行为均构成强令违章冒险作业罪。原审被告人朱某某作为建筑工程的实际承建人、原审被告人张某甲、简某甲作为建筑工程的实际投资人,在建筑工程施工过程中,违反有关安全管理的规定,因而发生重大伤亡事故,负事故的主要责任,情节特别恶劣,3 名被告人的行为均构成重大责任事故罪。6 名被告人均构成自首,依法可从轻或减轻处罚。原判认定事实清楚,证据确实、充分,定罪准确,量刑适当,审判程序合法。上诉人李某甲及其辩护人的上诉、辩护理由,法院不予采纳。

案件评析

强令违章冒险作业罪是指企业、工厂、矿山等单位的领导者、指挥者、调度者等在明知确实存在危险或者已经违章,工人的人身安全和国家、企业的财产安全没有保证,继续生产会发生严重后果的情况下,仍然不顾相关法律规定,以解雇、减薪以及其他威胁,强行命令或者胁迫下属进行作业,造成重大伤亡事故或者严重财产损失的行为。

本罪侵犯的客体是公共安全。

客观方面表现为强令违章冒险作业,因而发生重大伤亡事故或者造成其他严重后果的行为,这里所说的强令是指明知违章并存在着很大的危险而仍然强迫下属进行作业。

犯罪主体是一般主体,包括具有强令资格的人,通常情况下是作业的领导者、指挥者、调度者。

主观方面是过失。所谓过失是指行为人对所发生的后果而言,而对于既违章又冒险则是明知的。

关于强令违章冒险作业罪及其处罚的规定要是指那些负有生产、作业指挥和管理职责的人员,为了获取高额利润,明知道存在安全生产隐患,或者为了获得高额利润,采取违反安全管理规定的行为,在生产、作业人员拒绝的情况下,利用职权或者其他强制手段强令工人违章冒险作业,因而发生重大伤亡事故或者造成其他严重后果的。这种情况首先表现在工人不愿听从生产、作业指挥管理人员违章冒险作业的命令;其次是生产、作业指挥管理人员利用自己的职权或者其他手段强迫命令工人在违章的情况下冒险作业,即强迫工人服从其错误的指挥,而工人不得不违章作业。这种"强令"不一定表现在恶劣的态度、强硬的语言或者行动,只要是能够对工人产生精神强制,使其不敢违抗命令,不得不违章冒险作业的,均构成"强令"。

重大责任事故罪与本罪的区别如下。

(1)重大责任事故罪是指在生产、作业中违反有关安全管理的规定,因而发生重大伤亡事故或者造成其他严重后果的行为。强令违章冒险作业罪是指强令他人违章冒险作业,因而发生重大伤亡事故或者造成其他严重后果的行为。

(2)两者主要在以下方面存在不同:①犯罪主体的范围不同。重大责任事故罪的犯罪主体包括对矿山生产、作业负有组织、指挥或者管理职责的负责人、管理人员、实际控制人、投资人等人员,以及直接从事矿山生产、作业的人员;强令违章冒险作业罪的犯罪主体包括对矿山生产、作业负有组织、指挥或者管理职责的负责人、管理人员、实际控制人、投资人等人员。②客观行为表现不同。重大责任事故罪表现为违反有关安全管理的规定,因而发生重大伤亡事故或者造成其他严重后果的行为;强令违章冒险作业罪表现为强令他人违章冒险作业,因而发生重大伤亡事故或者造成其他严重后果的行为。③危害程度及刑罚力度不同。强令违章冒险作业罪其危害更重,故法定刑设定终于重大责任事故罪,根据刑法的规定,重大责任事故罪,处三年以下有期徒刑或者拘役;情节特别恶劣的,处三年以上七年以下有期徒刑。强令违章冒险作业罪,处五年以下有期徒刑或者拘役;情节特别恶劣的,处五年以上有期徒刑。

本案中,上诉人李某甲、原审被告人吕某某、陈某甲在建筑工程施工过程中,负有组织、指挥、管理职责,明知存在事故隐患,违反有关安全管理规定,强令他人违章冒险作业,因而发生重大伤亡事故,负事故的主要责任,情节特别恶劣,3被告人的行为均构成强令违章冒险作业罪。

二、蒋某犯强令违章冒险作业罪

案件简介

被告人蒋某系某煤电有限公司丁集煤矿开拓二区201队喷浆拨拨长,2015年1月4日上午,蒋某带领工人王某爱、魏某友、邹某红到丁集煤矿井下63♯钻场喷浆作业。当日上午11时50分许,蒋某在完成当班作业后,私自决定并强制工人违章冒险工作将63♯钻场的叉车移动到62♯钻场下方。在操作的过程中,蒋某等4人因未按照规定操作导致叉车脱手下滑冲出轨道,致使在场工人吴某丙、盛某受伤,吴某丙经抢救无效死亡。蒋某于2015年1月19日主动到淮南市公安局投案。

另查明,吴某丙系淮南DH劳务有限公司工作人员,淮南DH劳务有限公司已赔偿被害人吴某丙家人一次性工亡补助金、丧葬补助金等共计616 594.2元。

案件进展

(一)案件审理程序

安徽省凤台县人民法院审理安徽省凤台县人民检察院指控原审被告人蒋某犯强令违章冒险作业罪,原审附带民事诉讼原告人姜某、万某、吴某、吴某乙提起附带民事诉讼一案,于2015年5月25日作出(2015)凤刑初字第00140号刑事附带民事判决。判决如下:①被告人蒋某犯强令违章冒险作业罪,判处有期徒刑2年。②驳回附带民事诉讼原告人姜某、万某、吴某、吴某乙要求被告人蒋某赔偿其经济损失的诉讼请求。宣判后,原审被告人蒋某,原审附带民事诉讼原告人姜某、万某、吴某、吴某乙不服,提出上诉。法院于2015年6月16日立案,并依法组成合议庭,经过阅卷、讯问上诉人蒋某,询问上诉人(原审附带民事诉讼原告人),听取辩护人意见,认为本案事实清楚,决定不开庭审理。现已审理终结。裁定如下:驳回上诉,维持原判。

（二）各方意见

公诉人认为

淮南市人民检察院认为，本案事实清楚，证据确实、充分，定罪准确、量刑适当。民事部分判决符合法律规定。建议二审法院书面审理并驳回上诉、维持原判。

上诉人及辩护人认为

上诉人姜某、万某、吴某、吴某乙上诉提出：蒋某的行为导致吴某丙死亡，请求法院判令蒋某赔偿其误工费、交通费等损失 10 万元。

上诉人蒋某上诉提出：其有自首情节、被害人有过错且已经获得赔偿，原判量刑过重。请求二审法院依法改判。其辩护人提出与其相同的辩护意见。

二审法院认为

关于上诉人蒋某提出的其有自首情节、被害人亲属已经获得赔偿，原判量刑过重的上诉理由，经查，原判根据蒋某的犯罪事实、性质、情节，社会危害程度，自首情节、所在单位已经对被害人亲属进行赔偿等法定、酌定量刑情节，在法定刑幅度内对其从轻处罚，量刑并无不当。故该上诉理由不能成立，法院依法不予采纳。

关于上诉人蒋某提出的被害人有过错的上诉理由，经查，本案伤亡结果是蒋某违反操作规定，强令其他工人违章冒险作业所致，现有证据不能证实被害人有过错，故该上诉理由不能成立，法院依法不予采纳。

关于上诉人姜某、万某、吴某、吴某乙提出的请求法院判令蒋某赔偿经济损失的上诉请求，经查，本案伤亡结果属蒋某的职务行为所致，依法应由蒋某的所在单位淮南HD劳务有限公司承担民事赔偿责任，蒋某个人不承担民事赔偿责任。上诉人的上诉请求于法无据，故法院不予支持。

法院认为，上诉人蒋某违反操作规定，强令他人违章冒险作业，发生一人死亡、一人受伤的重大伤亡事故，其行为已构成强令他人违章冒险作业罪，应予惩处。蒋某在案发后，主动投案并如实供述自己的犯罪事实，系自首，依法可以从轻处罚。案发后，蒋某积极抢救被害人，其所在单位已经赔偿附带民事诉讼原告人全部经济损失，对蒋某可以酌情从轻处罚。上诉人姜某、万某、吴某、吴某乙要求上诉人蒋某赔偿其经济损失的上诉请求于法无据，故法院不予支持。淮南市人民检察院检察员的意见正确，法院予以采纳。原判认定事实清楚，证据确实、充分，定罪准确，量刑适当。民事判决允当。审判程序合法。

案件评析

强令违章冒险作业罪是指强令违章冒险作业，因而发生重大伤亡事故或者造成其他严重后果，危害公共安全的行为。

强令他人违章冒险作业，涉嫌下列情形之一的，应予立案追诉：

（1）造成死亡一人以上，或者重伤三人以上；

（2）造成直接经济损失五十万元以上的；

（3）发生矿山生产安全事故，造成直接经济损失一百万元以上的；

（4）其他造成严重后果的情形。

刑法规定犯本罪的，处五年以下有期徒刑或者拘役；情节特别恶劣的，处五年以上有期徒刑，依据情况及现实除以无上限的罚款及政治权利剥夺。

情节特别恶劣，主要是指下列几种情况。

（1）造成了特别严重的后果，如致多人死亡；或者致人重伤的人数特别多；或者直接经济损失特别巨大。

（2）明知没有安全保证，甚至已发现事故苗头，仍然不听劝阻、一意孤行，拒不采纳工人和技术人员的意见，用恶劣手段强令工人违章冒险作业等。

（3）事故发生后，行为人表现特别恶劣。如事故发生后，不积极采取抢救措施抢救伤残人员或防止危害后果扩大，只顾个人逃命或抢救个人财物，使危害后果蔓延扩大；或者事故发生后，为逃避罪责，破坏、伪造现场，隐瞒事实真相，嫁祸于人。

在该案例中，上诉人蒋某违反操作规定，强令他人违章冒险作业，发生一人死亡、一人受伤的重大伤亡事故，其行为已构成强令他人违章冒险作业罪，应予惩处。

第十七章

重大劳动安全事故罪

一、汪某乙犯重大劳动安全事故罪

案件简介

湖南省慈利县原金坪乡邓家凸白矾石矿位于湖南省慈利县原金坪乡龙溪村,该矿始建于 1996 年,初始开采人为本村 2 组村民张某乙。2003 年 4 月,该矿初始登记取得采矿权,2003 年 7 月 8 日,张某乙将该矿分为两个采场,将其中的一采场经营权转让给张某、李某成、徐某喜 3 人经营,因 3 人经营不善,又将该采场经营权转让给吴某桂、毛某经营,2008 年吴某桂、毛某两人又将该采场经营权转让给被告人汪某乙,由被告人汪某乙实际投资经营。

该矿于 2011 年 9 月 30 日取得营业执照,许可经营范围为矿产资源开采、方解石开采、销售,2013 年 3 月 15 日续检继续取得采矿许可证,2013 年 1 月 16 日续检继续取得湖南省人民政府委托张家界市安监局颁发的安全生产许可证,其许可的开采方式为露天开采,但一采场未采用正规露天开采方法,没有形成台阶式开采,一直采用原始的"天坑式"掏采,只开采急倾斜方解石矿体,未剥离围岩,采坑边坡高约 85 米,边坡角大于 80 度,局部倒转,造成大量坍塌危险源,该采场未形成露天采场基本要素,不具备安全生产基本条件。2013 年 5 月 9 日,湖南省安全生产委员会在对湖南省慈利县非煤矿山进行督查时,发现了湖南省慈利县非煤矿山的重大安全隐患,书面函督办湖南省慈利县人民政府强力推进非煤矿山整顿关闭工作,接到湖南省安全生产委员会督办函后,湖南省慈利县人民政府开始布置,于 2013 年 6 月 8 日下发了《慈利县 2013—2015 年金属非金属矿山依法整顿和资源整合工作方案》,该方案拟订了拟取缔关闭的非煤矿山企业名单,但并未把湖南省慈利县原金坪乡邓家凸白矾石矿列入其中,2013年7月11日,湖南省慈利县政府各职能部门组织了全县各方解石矿企业主召开了湖南省慈利县方解石矿整顿关闭暨技术指导会,确定湖南省慈利县原金坪乡邓家凸白矾石矿属整改重新设计矿。2013年10月,该矿委托湖南省建筑材料研究设计院有限公司制定了《湖南省慈利县原金坪乡邓家凸白矾石矿方解石矿采矿工程整改方案》,并经有关专家审查通过。2013年10月25日,湖南省张家界市安监局对此整改方案予以批复,同时要求该矿在未经安全生产监督管理部门对整改项目进行验收合格前,不得组织生产。在获得基建施工权批复后,该矿于2013年11月20日向湖南省慈利县安监局打了请求基建施工的报告,在获准基建施工后,被告人汪某乙并未组织基建施工,而是在非法掏采方解石矿层。2014年1月10日,湖南省慈利县安监局和原金坪乡人民政府为春节安全,要求各矿山放假,该矿放假过春节。2014年2月27日,该矿山又请求节后复工,湖南省慈利县原金坪乡人民政府签署意见同意开工整改。但该矿未按设计进行基建施工,而是在违法生产,且作业面绞车提升处露天松石边坡未处理,存在重大安全隐患,同时还存在作业面绞车处向下人行扶梯无扶手、作业面无警示牌等3项问题,相关部门给被告人汪某乙下达《责令限期整改指令书》,责令限期整改,停止开采,被告人汪某乙在相关部门要求其整改期间仍组织作业人员进入生产平台内进行采矿生产。

2014年5月19日7时30分许,该矿现场管理人员杨某甲带领钻工张某明、宋某初、挖掘机司机杨某、三轮车司机于某用、行车司机杨某乙等人下矿,下到矿区后,杨某乙进行行车运行前的检查,其余4人下至+200.5米生产平台采矿,当日10时10分左右,该生产平台发生坍塌事故。在井下采矿的于某用、宋某初、张某明、杨某被掩埋。事故发生后,湖南省慈利县人民政府迅速成立了以县长为组长的事故救援及处置领导小组,开展现场救援工作,次日20日15时20分,发现遇难者于先用,清理出尸体,在继续清理现场时,又发生多次垮落,救援工作至2014年5月30日停止,被掩埋者宋某初、张某明、杨某的尸体未被清理出来。2015年3月16日经法院特别程序,宣告宋某初、张某明、杨某死亡,经事故调查组测算该事故直接经济损失为人民币490万元。

另查明,案发后被告人汪某乙及时向有关部门和公安机关报案,赶赴事故现场,配合公安机关调查。被告人汪某乙及工伤保险部门共计给4名被害人亲属赔偿经济损失3 224 833元,被害人亲属对其行为表示谅解。

案件进展

（一）案件审理程序

湖南省慈利县人民检察院以湘慈检诉刑诉(2015)170号起诉书指控被告人汪某乙

涉嫌犯重大劳动安全事故罪,于 2015 年 11 月 13 日向法院提起公诉,法院于 2015 年 11 月 19 日立案,依法组成合议庭,适用普通程序。在审理过程中,公诉机关两次以需要补充侦查为由,分别于 2016 年 1 月 29 日、2016 年 5 月 31 日建议法院延期审理。法院两次决定延期审理。恢复审理后,分别于 2016 年 4 月 20 日和 2016 年 9 月 22 日公开开庭审理了本案。现已审理终结,判决如下:被告人汪某乙犯重大劳动安全事故罪,判处有期徒刑 3 年,缓刑 4 年。

(二)各方意见

公诉人认为

湖南省慈利县原金坪乡邓家凸白矾石矿位于湖南省慈利县原金坪乡龙溪村,许可经营范围为方解石开采、销售,开采方式为露天开采。被告人汪某乙系该矿第一采场实际控制人。第一采场未采用正规露天开采方法,只开采急倾斜方解石矿体,未剥离围岩,采坑边坡高约 85 米,边坡角大于 80 度,局部倒转,该采场未形成露天采场基本要素,不具备安全生产基本条件。被告人汪某乙明知其实际控制的采场安全生产条件不符合国家规定,在相关部门要求其整改期间仍组织作业人员进入生产平台进行采矿生产,2014 年 5 月 19 日,该采场发生露天边坡坍塌事故,致使作业人员于某用、张某明、杨某、宋某初死亡,造成直接经济损失人民币 490 万元。经专家技术鉴定报告认定,该事故系一起长期违规开采导致露天采场边坡坍塌的责任事故。

上述事实,公诉机关提交了相关书证、证人证言、鉴定意见等证据证实,认为被告人汪某乙的行为涉嫌构成重大劳动安全事故罪,且情节特别恶劣,提请法院依法判处。

被告人及辩护人认为

被告人汪某乙对公诉机关指控的犯罪事实和罪名没有异议。

法院认为

被告人汪某乙身为矿山的负责人和实际投资人,属直接负责的主管人员,所投资的矿山安全生产设施和安全生产条件不符合国家规定,不具备安全生产的基本条件,仍进行采矿生产,因而发生重大伤亡事故,其行为已经构成重大劳动安全事故罪,且致 4 人死亡,情节特别恶劣。公诉机关指控被告人汪某乙犯重大劳动安全事故罪的事实和罪名成立,法院予以支持。案发后,被告人汪某乙能主动向有关部门和公安机关报案,如实供述自己的犯罪事实,是自首,依法可以从轻处罚。并能积极赔偿被害人的经济损失,可以酌情从轻处罚。

案件评析

重大劳动安全事故罪是指工厂、矿山、林场、建筑企业或者其他企业、事业单位的劳动安全设施不符合国家的规定,经有关部门或者单位职工提出后,对事故隐患仍不采取措施,因而发生重大伤亡事故或者其他严重后果的行为。

本罪侵犯的客体是工厂、矿山、林场、建筑企业或者其他企业、事业单位的劳动安全,即劳动者的生命、健康和重大公私财产的安全。在社会主义现代化建设中,劳动者作为生产力中的决定性因素,对经济、社会的发展起着非常重要的作用。因此,必须注重对劳动者安全和健康的保护。我国政府历来坚持安全第一的生产方针,重视生产安全和安全生产。早在1956年国务院就公布了《工厂安全卫生规程》,规定了工厂的安全技术和劳动卫生方面的基本要求。1963年就企业的安全生产责任制发布了《关于加强企业生产中安全工作的几项规定》。以后还针对某些特殊问题、特殊行业公布了一系列具体规定,主要有《锅炉压力容器安全监察暂行条例》《气瓶安全监察规程》《关于防止沥青中毒的办法》《工业企业噪声卫生标准》《工业企业工人照明标准》《工业企业设计卫生标准》《关于加强防尘防毒工作的决定》《建筑安装工程安全技术规程》《矿山安全条例》和《矿山安全法》等。尽管国家三令五申要求厂矿等企业、事业单位严把安全关,把安全施工、安全生产、安全作业作为劳动中的头等大事来抓,但是目前仍有不少用人单位只顾埋头挣钱,置劳动者的健康、安全于不顾,对事故隐患不及时排除,在劳动安全设施不符合国家规定的情况下,强行生产作业,以致频频发生劳动安全事故,严重侵犯劳动者的人身权利,给国家造成了巨大的经济损失。特别是近年来一些新兴行业的兴起,高空、高压、易燃易爆、高速公路等事故的发生率一直居高不下。因此针对这些情况,必须运用刑法武器与侵犯劳动安全的行为做坚决的斗争,以保护劳动者的生命、健康和重大公私财产的安全。

本罪在客观方面表现为厂矿等企业、事业单位的劳动安全设施不符合国家规定,经有关部门或单位职工提出后,仍不采取措施,因而发生重大伤亡事故或者造成其他严重后果的行为。构成本罪,在客观方面必须具备以下3个相互关联的要件。

(1)厂矿等企业、事业单位的劳动安全设施不符合国家规定,存在事故隐患。所谓劳动安全设施是指为了防止和消除在生产过程中的伤亡事故,防止生产设备遭到破坏,用以保障劳动者安全的技术设备、设施和各种用品。主要有:一是防护装置,即用屏护方法使人体与生产中危险部分相隔离的装置;二是保险装置,即能自动消除生产中由于设备事故和部件损害而引起的人身事故危害的装置,如安全阀、自动跳闸、卷扬限制器等;三是信号装置,即应用信号警告、预防危险的装置,如信号灯、电器指示灯等;四是危险牌示和识别标志,即危险告示标志和借助醒目颜色或图形判断是否安全的标志。劳动安全设施必须符合国家规定,即符合国家立法机关、生产主管部门制定、颁布的一系列保障安全生产、保护劳动者人身安全和合法权益的法律、法规和规章制度中规定的标准。事故隐患是指由于劳动安全设施不符合国家规定而潜藏着的发生事故的苗头、祸患,仅限于劳动安全设施方面的事故隐患。如未给在有危害健康的气体、蒸气或者粉尘的场所操作的工人发口罩、防护眼镜和防毒面具的;未给在有噪声、强光辐射热和飞溅火花碎片、刨屑的场所操作的工人发护耳器、防护眼镜、面具或帽盔的;未给从事电气操作的人发绝缘革化、绝缘手套的;未给在高空作业的工人配备安全带的;机器设备的危险部分未安装防护装置的;压力机械的施压部分未安装安全装置的;电气设备和线路的绝缘性能不佳,电气设备未设必要的可熔保险器或自动开关的;车间或者工作地点所含游离二氧化硅 10% 以上的粉尘高于每立方米两毫克,对散发有害健康的蒸气、气体的设备未严加紧闭的等。厂矿企事业单位的劳动安全设施不符合国家规定,存在事故隐患是发生重大劳动安全事故的直接原因,也是构成本罪的前提条件;如果重大事故的发生并不是由于劳动安全设施不符合国家规定,而是由于其他原因如有人故意破坏、放火等引起的,则不构成重大劳动安全事故罪。

(2)经有关部门或者单位职工提出后,对事故隐患仍不采取措施。这里的有关部门是指上级主管部门或者对劳动安全具有行政管理责任的其他部门。本罪的构成必须以经有关部门或者单位职工提出为条件。如果有关部门或单位职工没有提出事故隐患,行为人因而没有采取措施的,不成立重大劳动安全事故罪。这里的对事故隐患不采取措施,既包括对事故隐患视而不见,不采取任何排除隐患的措施;也包括对生产安全不重视,敷衍塞责,虽然对事故隐患采取了一些措施,但这些措施并没有真正落实或者虽然落实,但由于采取的措施不得力或不正确,而并不足以消除事故隐患,事故隐患仍然存在。对事故隐患不采取措施的行为是一种不作为。行为人作为厂矿等企业、事业单位负责劳动安全的人员,负有保证安全生产的职责,行为人却不履行职责,对严重威胁生产安全的事故隐患不采取措施,以致发生重大事故,从而使其行为具有严重的社会危害性,构成不作为犯罪。

(3)发生了重大伤亡事故或者造成了其他严重后果。所谓重大伤亡事故,根据司法解释,是指死亡 1 人以上或者重伤 3 人以上的事故。其他严重后果是指造成了重大经济损失;或者造成了重大政治影响;或者引起单位职工强烈不满,导致罢工、停产的等。

本罪的主体为特殊主体,即单位中对排除事故隐患,防止事故发生负有职责义务的主管人员和其他直接责任人员。这里的单位,根据《劳动法》第二条的规定,其范围非常广泛,既包括一切在中华人民共和国境内设立的企业和个体经济组织,也包括其他与劳动者建立了劳动合同关系的国家机关、事业组织和社会团体。在司法实践中,重大劳动安全事故罪主要发生在从事生产、经营的企业和个体经济组织中。对排除事故隐患,防止事故发生负有职责义务的主管人员和其他直接责任人员,通常是指用人单位的法定代表人、厂长、经理、主管劳动安全和劳动卫生的副厂长、副经理,以及直接负责有关劳动安全和劳动卫生工作的安全员、电工等。由于国家工作人员失职造成重大事故的,可以直接依照本法的规定,以他罪追究处罚,所以本罪的主体中不包括国家工作人员。

本罪在主观方面表现为过失,有关直接责任人员在主观心态上只能表现为过失。所谓过失是指有关直接责任人员在主观意志上并不希望发生事故。对于单位存在事故隐患,有关直接责任人则是明知或者应该知道的,有的甚至是经劳动行政部门或者其他有关部门多次责令改正而未改正。造成这种情况的原因,有的是片面追求经济效益,不肯在劳动安全和劳动卫生方面进行投入;有的是工作不负责任,疏忽怠惰;有的是心存侥幸心理;无论属于哪各种情况,都不影响构成本罪,但在具体量刑时可以作为酌定情节予以考虑。

本案中,被告人汪某乙负有使矿山生产设施和安全生产条件符合法律规定的直接责任,且其在不具备安全生产基本条件的情况下,仍进行采矿生产,导致发生重大伤亡事故,故其行为已经构成重大劳动安全事故罪。

二、邹某某犯重大劳动安全事故罪

案件简介

2014 年 11 月,被告人邹某某租赁了武城县四女寺镇铁某村东某食品厂的车间及厂房,并在未办理工商营业执照,及安全生产设施、安全生产条件不符合国定规定的情况下,违规生产打火机。2015 年 7 月 13 日上午 9 时左右,被告人邹某某的非法打火机生产车间西门口北侧堆放的成品打火机因爆炸起火,引发火灾,被告人邹某某等人救火并让生产人员撤离。被害人张某离开生产车间后,又进入车间被烧死亡,烧毁生产车间、打火机成品及配件一宗。案发后被告人邹某某主动到公安机关说明情况,到案后如实供述了自己的犯罪事实。被告人邹某某赔偿了被害人张某家人 32 万元,取得对方的谅解。

案件进展

(一)案件审理程序

武城县人民检察院以武检公诉刑诉(2016)26 号起诉书指控被告人邹某某犯重大劳动安全事故罪,于 2016 年 3 月 31 日向法院提起公诉。法院于当日立案适用简易程序并依法组成合议庭,于 2016 年 4 月 28 日公开开庭进行了审理。2016 年 5 月 6 日转为普通程序审理,2016 年 8 月 5 日开庭审理。现已审理终结,判决被告人邹某某犯重大劳动安全事故罪,判处有期徒刑 1 年,缓刑 1 年。

(二) 各方意见

公诉人认为

公诉机关认为,被告人邹某某的安全生产设施及安全生产条件不符合国家规定,造成 1 人死亡的后果,其行为触犯了《刑法》第一百三十五条之规定,犯罪事实清楚,证据确实、充分,应当以重大劳动安全事故罪追究其刑事责任。其行为亦符合《刑法》第六十七条第一款之规定,系自首。提请我院对被告人邹某某依法判处。

被告人及辩护人认为

被告人邹某某对指控的犯罪事实供认不讳,没有提出辩护理由,表示对被害人一方已经进行了赔偿,得到对方家人谅解,请求法庭从轻处罚。

法院认为

被告人邹某某在不具备安全生产条件的情况下,组织工人从事危险品生产、加工,发生重大安全事故,致 1 人死亡,其行为构成重大劳动安全事故罪,武城县人民检察院的指控成立。被告人能主动到案,如实供述自己的犯罪行为,系自首,可依法从轻处罚。被告人赔偿了被害人家属的经济损失,得到对方的谅解,可酌情从轻处罚。证人侯某珍证明被告人邹某某和信某领救火没有成功,全部工人都撤离车间;证人庞某华、陈某艳、王某娥、苏某菲证明发生火灾后工人们都出来了,但张某返回她的车间了,导致其因火灾身亡,因此,被害人对自己的行为导致的损害后果有一定责任,可以对被告人酌情从轻处罚。经社区调查,判处被告人邹某某非监禁刑,不会对社区造成重大不良影响,可依法适用缓刑。

案件评析

重大劳动安全事故罪是指安全生产设施或者安全生产条件不符合国家规定,因而发生重大伤亡事故或者造成其他严重后果的行为。本罪侵犯的客体是工厂、矿山、林场、建筑企业或者其他企业、事业单位的劳动安全,即劳动者的生命、健康和重大公私财产的安全。

安全生产设施或者安全生产条件不符合国家规定,涉嫌下列情形之一的,应予立案追诉:①造成死亡一人以上,或者重伤三人以上。②造成直接经济损失五十万元以上的。③发生矿山生产安全事故,造成直接经济损失一百万元以上的。④其他造成严重后果的情形。

犯本罪的,处三年以下有期徒刑或者拘役;情节特别恶劣的,处三年以上七年以下有期徒刑。

在司法实践中,情节特别恶劣的主要包括以下几种情况。

(1)造成了特别严重后果的。主要是指:①致多人死亡;②致多人重伤;③直接经济损失特别巨大;④造成了特别恶劣的政治影响。

(2)行为人的犯罪行为特别恶劣的,如经有关部门或单位职工多次提出意见后,对事故隐患仍不采取措施,以致发生重大事故的;已发生过事故仍不重视劳动安全设施,造成多人重伤、死亡或者其他特别严重后果的等。

(3)重大安全事故发生后,犯罪行为人的表现特别恶劣的。如重大事故发生后,行为人不是积极采取措施抢救伤残人员或防止危害后果扩大,而是只顾个人逃跑或者抢救个人财物,致使危害结果蔓延扩大的;事故发生后,为逃避罪责而故意破坏、伪造现场或者故意隐瞒事实真相、企图嫁祸于人的等。

1. 本罪与重大责任事故罪的界限

两罪都有重大事故的发生,并且行为人对重大事故的发生都是一种过失的心理态度,但两者有明显区别:①犯罪主体不同。重大劳动安全事故罪的犯罪主体是工厂、矿山、林场、建筑企业或者其他企业、事业单位负责主管与直接管理劳动安全设施的人员,一般不包括普通职工;重大责任事故罪的犯罪主体较重大劳动安全事故罪范围要广,包括工厂、矿山、林场、建筑企业或者其他企业、事业单位中的一般职工和在生产、作业中直接从事领导、指挥的人员。②客观方面的行为方式不同。重大劳动安全事故罪在客观方面则表现为对经有关部门或单位职工提出的事故隐患不采取措施,是一种不作为犯罪;重大责任事故罪在客观方面表现为厂矿企业、事业单位的职工不服从管理、违反规章制度,或者生产作业的领导、指挥人员强令工人违章冒险作业,是作为方式的犯罪。

2. 重大劳动安全事故罪与玩忽职守罪的界限

重大劳动安全事故罪与玩忽职守罪都是由于行为人未尽职责或不正确履行职责而构成的犯罪。两者主要有以下共同之处。①在主观上均表现为过失,包括疏忽大意的过失和过于自信的过失。②犯罪主体均为特殊主体,都要求具备法定身份。③犯罪客观方面都可以以不作为方式构成犯罪。④两罪的构成都要求法定危害结果的发生。但是,两者的区别非常明显:①侵犯的客体不同。重大劳动安全事故罪侵犯的客体是工厂、矿山、林场、建筑企业或者其他企业、事业单位的劳动安全,即劳动者的生命、健康和重大公私财产的安全,属于危害公共安全的犯罪;玩忽职守罪侵犯的客体是国家机关的正常管理活动,属于渎职犯罪。②犯罪客观方面表现不同。重大劳动安全事故罪具体表现为厂矿等企业、事业单位的劳动安全设施不符合国家规定,经有关部门或单位职工提出后,对事故隐患仍不采取措施,致使发生重大伤亡事故或造成其他严重后果;玩忽职守罪则表现为国家机关工作人员玩忽职守,不履行或者不正确履行职责,致使公共财产、国家和人民利益遭受重大损失。③犯罪主体不同。尽管两者都是特殊主体,但重大劳动安全事故罪的犯罪主体是厂矿等企业、事业单位中负责劳动安全设施的直接责任人员;玩忽职守罪的犯罪主体是国家机关工作人员。④犯罪发生的场合不同。重大劳动安全事故罪发生在生产、作业过程中;玩忽职守罪发生在国家机关工作管理职能的职务活动中。

本案中,被告人邹某某在不具备安全生产条件的情况下,组织工人从事危险品生产、加工,发生重大安全事故,致1人死亡,其行为构成重大劳动安全事故罪。

第十八章

危险物品肇事罪

一、田某、李某某、李某甲犯危险物品肇事罪

案件简介

2014 年 12 月 26 日上午,被告人田某未经许可非法经营,未履行安全生产管理职责。在没有生产、销售液化石油气的相关资质情况下,私自非法过量充装液化气,将从通榆县轻工液化石油气站购买的液化气从大罐违规倒装到已经报废的液化气钢瓶内,并将报废钢瓶卖给李某某、李某甲无照非法共同经营的饭店使用。2014 年 12 月 26 日 9 时 20 分,被告人李某甲(和其同学李某己)从田某家将装有液化气的报废钢瓶买回家使用。由于使用过程中,李某甲发现在用的液化气钢瓶存在漏气,违规用明火查找漏点无果的情况下,没有及时停止用气,使泄漏的气体达到爆炸浓度,遇到明火引起气体爆燃,令在用的液化气钢瓶内压急剧升高,最后引起钢瓶撕裂,钢瓶内气体急剧外泄导致事故进一步扩大;被告人李某某违规使用报废且超量充装的液化气钢瓶,违反操作规程将装有液化气的报废钢瓶放在装有加热后废弃水的锅内。当日上午 10 时 30 分,装有液化气的报废钢瓶发生爆炸,引发火灾,致使饭店后厨的工作人员武某某、张某某、李某乙、沈某某、徐某、于某、宋某某、王某某 8 人不同程度的灼伤,经鉴定,8 名被害人的损伤程度均构成重伤二级。

另查明,案件审理期间,被害人沈某某、宋某某、于某、王某某、徐某、李某乙与 3 被告人达成了一致的调解协议,并已履行完毕。被害人武某某和张某某自愿放弃了对 3 被告人的赔偿请求。同时 3 被告人得到了各被害人的谅解。

案件进展

（一）案件审理程序

吉林省通榆县人民检察院于 2015 年 9 月 7 日以通检公诉刑诉（2015）103 号起诉书指控被告人田某犯危险物品肇事罪、李某某和李某甲犯重大责任事故罪，向法院提起公诉。附带民事诉讼原告人沈某某、徐某、于某、宋某某、王某某、武某某、张某某、李某乙以要求 3 被告人赔偿经济损失为由，向法院提起附带民事诉讼。案件审理期间，通榆县人民检察院因案件需要补充侦查，于 2015 年 11 月 2 日向法院提出延期审理建议，法院于 2015 年 11 月 4 日同意延期审理。后于 2016 年 3 月 2 日再次向法院提出延期审理建议，法院于 2016 年 3 月 3 日同意延期审理。恢复审理后，法院依法组成合议庭，公开开庭审理了本案。后该案一审宣判前，附带民事诉讼各原告人撤回对 3 被告人的起诉。本案经合议庭评议，审判委员会讨论并作出决定，现已审理终结。判决如下：①被告人田某犯危险物品肇事罪，判处有期徒刑 1 年 5 个月。②被告人李某某犯危险物品肇事罪，判处有期徒刑 1 年 5 个月。③被告人李某甲犯危险物品肇事罪，判处有期徒刑 1 年 5 个月。

（二）各方意见

公诉人认为

被告人田某违反危险物品的管理规定，违规使用报废钢瓶，非法过量充装液化气，其行为触犯了《刑法》第一百三十六条之规定，应当以危险物品肇事罪追究其刑事责任。被告人李某某、李某甲违反有关安全管理规定，违规操作，未履行安全生产管理职责，以致发生重大事故，两被告人的行为均触犯了《刑法》第一百三十四条之规定，应当以重大责任事故罪追究两被告人的刑事责任。请依法判处。

被告人及辩护人认为

被告人田某、李某某、李某甲对公诉机关指控的犯罪事实和罪名没有异议。

辩护人时某峰辩护认为，田某没有危险物品肇事罪的实行行为，其没有直接控制或者管理该气罐，本案的危害后果与田某不存在因果关系，从主观责任要件来看，田某对钢瓶爆炸没有预见的可能性，因此，公诉机关指控田某危险物品肇事罪不能成立，恳请贵院作出指控犯罪不能成立的无罪判决。

辩护人李某哲辩护认为，本起事故中气罐爆炸违规使用是次要原因，被告人李某甲对田某没有经过有关部门许可和安全检测的液化气罐是不知情的，且李某甲在事故发生时，告知他人报警，给伤员出钱、出车，系自首，恳请法庭对其判处 3 年以下有期徒刑或缓刑。

法院认为

被告人田某、李某某、李某甲违反爆炸性、易燃性物品的管理规定，由于过失发生事故并造成严重后果，其行为均已构成危险物品肇事罪。鉴于3被告人到案后如实供述了自己的犯罪事实，系坦白，能赔偿被害人的经济损失，并取得谅解，依法决定对3被告人予以从轻处罚。

案件评析

危险物品肇事罪是指违反爆炸性、易燃性、放射性、毒害性、腐蚀性物品的管理规定，在生产、储存、运输、使用中，由于过失发生重大事故，造成严重后果的行为。

本罪侵犯的客体是公共安全，即不特定多数人的生命、健康和重大公私财产的安全。本罪的犯罪对象是特定的，即能够引起重大事故的发生，致人重伤、死亡或使公私财产遭受重大损失的危险物品，它包括：①爆炸性物品，指雷管、导火线、导爆管、非电导爆系统等各种起爆器材，雷汞、雷银、三硝基间苯二酚铅等各种起爆药，硝基化合物类炸药、硝基胺类炸药、硝酸类炸药、高能混合炸药、爆破剂等各类炸药，以及烟火剂、民用信号弹、烟花爆竹等。②易燃性物品，如汽油、酒精、液化气、煤气、氢气、胶片以及其他易燃液体、易燃固体、自燃物品等。③放射性物品，指通过原子核裂变时放出的射线发生伤害作用的物质，如镭、铀、钴等放射性化学元素。④毒害性物品，如甲胺磷、磷化铝、砒霜、五氯酚、氯化钾、氰化钠、氧化乐果、敌敌畏、敌百虫等。⑤腐蚀性物品，如硫酸、盐酸、硝酸等。爆炸性、易燃性、放射性、毒害性、腐蚀性物品都具有双重属性。一方面，它们可以造福人类，事实上其中的很大一部分已用于国防建设、经济建设和人民的日常生活，如爆炸性物品广泛用于筑路、采矿、军工事业；易燃性物品多用于交通和能源方面；放射性物品可用于发电和医疗卫生事业；毒害性物品广泛用于农业、林业杀虫；腐蚀性物品是重要的化工原料。并且随着社会主义现代化建设事业的发展，上述危险物品的使用范围将更加广阔，用途也将更加多样。但是另一方面，由于上述危险物品本身所固有的危险属性，如在生产、储存、运输、使用中稍有不当，便极为容易发生重大事故，损害不特定多数人的生命、健康和重大公私财产的安全。因此本条规定，对于违反危险物品的管理规定，在生产、储存、运输、使用中发生重大事故，造成严重后果的行为，应依法追究刑事责任。

本罪在客观方面表现为在生产、储存、运输、使用危险物品的过程中，违反危险物品管理规定，发生重大事故，造成严重后果的行为。

（1）行为人必须有违反危险物品管理规定的行为。由于危险物品本身所固有的高度危险性，在生产、储存、运输、使用过程中，一旦使用、管理不当，就可能发生重大事故,造成严重后果,危害公共安全。为了保障安全生产、储存、运输、使用上述危险物品,国家有关部门陆续颁发了一系列有关危险物品的管理规定,如《民用爆炸品管理条例》《化学危险物品安全管理条例》《放射性同位素与射线装置放置保护条例》《核材料管理条例》《核设施安全监督管理条例》《医疗用毒性药品管理办法》《农药安全使用规定》《危险货物运输规则》《关于搬运危险物品的几项办法》和《关于加强烟花爆竹企业安全生产管理的紧急通知》等。上述危险物品管理规定就危险物品的范围、种类以及其生产、储存、运输、使用的具体管理办法等都有着明确而具体的规定。在确定行为人是否具有违反危险物品管理规定的行为这一客观特征时,必须严格依照有关危险物品的管理规定,才能作出正确的认定。违反危险物品管理规定,就有可能构成本罪,这是构成本罪的前提条件。如果行为人没有违反危险物品管理规定,即使发生重大事故,造成严重后果,也不构成本罪。

(2)违反危险物品管理规定的行为必须是发生在生产、储存、运输、使用上述危险物品的过程中。生产危险物品是指从事危险物品的生产,如制造雷管、炸药等;储存危险物品是指从事危险物品的保管放置工作;运输危险物品是指从事把危险物品由甲地运往乙地的运输搬送工作;使用危险物品是指将危险物品用于实际的生产与生活中,如使用敌敌畏杀虫等。虽然违反危险物品管理规定在不同过程中的表现形式是多种多样的,但主要有以下具体情形。在生产方面,表现为不按规定要求设置相应的通风、防火、防爆、防毒、监测、报警、防潮、避雷、防静电、隔离操作等安全设施,如厂房、生产设备不符合防火、防爆规定而擅自生产爆炸易燃物品;在储存方面,表现为不按规定设人管理,不设置相应的防爆、泄压、防火、防雷、灭火、防晒、调温、消除静电、防护围堤等安全设施,如不依性能分类等安全规定存放货物;在运输方面,表现为违反有关规定,将客货混装不按规定分运、分卸、不限速行驶,货物的容器和包装不符合安全规定,不按规定选送押运员或押运员擅离职守;在使用方面,表现为不按规定的剂量、范围、方法使用或者不采取必要的防护措施等。行为人只有在生产、储存、运输、使用危险物品的过程中违反危险物品的管理规定,才能构成本罪。如果行为人在其他场合发生与危险物品有关的重大事故,则不构成本罪。

(3)必须因违反危险物品管理规定而发生重大事故,造成严重后果。这是构成本罪的结果条件。如果行为人在生产、储存、运输、使用危险物品过程中,违反危险物品管理规定,未造成任何后果,或者造成的后果不严重的,则不构成本罪。如果符合其他犯罪构成要件的,如非法携带危险物品危及公共安全罪,则以其他犯罪论处。所谓重大事故或严重后果是指造成人员重伤、死亡或使公私财产遭受重大损失的。

　　(4)发生重大事故,造成严重后果,必须是由违反危险物品管理规定的行为所引起的,即两者之间存在刑法上的因果关系。这是确定行为人应否承担刑事责任的客观根据。如果发生重大事故,造成严重后果不是由于行为人在生产、储存、运输、使用危险物品过程中,违反危险物品管理规定造成的,则不构成本罪。

　　本罪的主体为一般主体。从司法实践中案件情况看,主要是从事生产、储存、运输、使用爆炸性、易燃性、放射性、毒害性、腐蚀性物品的职工。但不排除其他人也可能构成本罪。

　　本罪在主观方面表现为过失。即行为人对违反危险品管理规定的行为所造成的危害结果具有疏忽大意或者过于自信的主观心理。至于行为人对违反危险物品管理规定的本身则既可能出于过失,也可能出于故意。

　　被告人田某、李某某、李某甲违反爆炸性、易燃性物品的管理规定,由于过失发生事故并造成严重后果,其行为均已构成危险物品肇事罪。

二、李某甲犯危险物品肇事罪

案件简介

　　常熟市 ZX 化工有限公司(以下简称 ZX 化工)成立于 2005 年 11 月 30 日,类型为有限公司(自然人控股),许可经营项目为危险化学品批发零售,主要从事氨溶液加工、储存、销售业务,被告人李某甲为专职安全管理员,全面负责安全管理工作。

　　2014 年下半年,被告人李某甲为图便利、降低经营成本,在 ZX 化工的氨溶液加工、储存中违规操作,私自在储水罐壁上安装自来水接口取水,将生产用水管网与城乡公共供水管网直接连接,且储水罐与自来水管连接的阀门未关闭;并擅自改变储水罐的用途用于储存稀氨水。2015 年 9 月 18 日凌晨,在外部自来水管网停水的情况下,该公司内大量稀氨水倒灌进自来水管网,致使周边自来水管网大面积污染。常熟市尚湖镇湖庄村 714 户 2000 余人受到影响,其中核心区域影响较重的农户 154 户 811 人,14 人用水时不同程度受伤。事故已造成直接经济损失 40 余万元。经法医学鉴定,李某己、葛某、张某戊、李某戊、金某乙之损伤均属人体轻微伤。

　　案发当日 20 时,常熟市公安局尚湖派出所民警在常熟市安全生产监督管理局工作人员对被告人李某甲调查结束后,对其进行传唤。被告人李某甲到案后如实供述了自己的犯罪事实。

案件进展

（一）案件审理程序

常熟市人民检察院以常检诉刑诉(2016)364号起诉书指控被告人李某甲犯危险物品肇事罪,向法院提起公诉。法院受理后,依法组成合议庭,公开开庭审理了本案。常熟市人民检察院指派检察员韩某佳出庭支持公诉,被告人李某甲及辩护人丁某华、翟某华到庭参加诉讼。现已审理终结。判决如下:被告人李某甲犯危险物品肇事罪,判处有期徒刑1年。

（二）各方意见

公诉人认为

被告人李某甲违反腐蚀性物品的管理规定,在储存中发生重大事故,其行为触犯了《刑法》第一百三十六条之规定,应当以危险物品肇事罪追究其刑事责任。被告人李某甲如实供述自己的主要罪行,可以从轻处罚。公诉机关当庭明确,本案属于其他造成严重后果的情形。

被告人及辩护人认为:

被告人李某甲对公诉机关指控其犯危险物品肇事罪的定性及事实无异议。

辩护人丁某华、翟某华认为:①对公诉机关指控的罪名有异议,倒灌进自来水管网的液体源自储水罐,该液体含氨量极低,不属于危险物品的范畴。②根据最高人民检察院、公安部《关于公安机关管辖的刑事案件立案追诉标准的规定(一)》,本案未达立案追诉标准。③储水罐设置的本意是为了环保。④外部自来水管网停水是非计划性停水,被告人李某甲事先不知晓。综上,请求法院依法判决。

法院认为

对辩护人的第一点辩护意见,经查,根据被告人李某甲的供述,其公司购入并存储的液体含氨量在20%以上,有常熟市产品质量监督检验所出具的测试报告予以证实,该液体的含氨量已达《危险化学品名录》中氨溶液(含氨大于10%)标准,故该公司所经营的液体属于危险物品。故对辩护人的该辩护意见,不予采纳。

对辩护人的第二点辩护意见,经查,本案事故致使周边自来水管网大面积污染,影响人员众多、范围广,并造成多人受伤,直接经济损失达40余万元,在社会上造成了较大影响,应属其他造成严重后果的情形。故对辩护人的该辩护意见,不予采纳。

法院认为,被告人李某甲违反腐蚀性物品的管理规定,在储存中发生重大事故,造成严重后果,其行为已构成危险物品肇事罪,应依法予以惩处。被告人李某甲到案后如实供述自己的罪行,可以从轻处罚。公诉机关指控被告人李某甲犯危险物品肇事罪的事实清楚，证据确实、充分，指控的罪名正确，提请的相关量刑情节成立，予以采纳。对辩护人的其他辩护意见，经查属实，予以采信。

案件评析

《刑法》第一百三十六条规定："违反爆炸性、易燃性、放射性、毒害性、腐蚀性物品的管理规定，在生产、储存、运输、使用中发生重大事故，造成严重后果的，处三年以下有期徒刑或者拘役；后果特别严重的，处三年以上七年以下有期徒刑。"

违反爆炸性、易燃性、放射性、毒害性、腐蚀性物品的管理规定，在生产、储存、运输、使用中发生重大事故，涉嫌下列情形之一的，应予立案追诉：①造成死亡一人以上，或者重伤三人以上。②造成直接经济损失五十万元以上的。③其他造成严重后果的情形。

对本案的认定要把握以下几点。

1. 本罪与自然事故的界限

在生产、储存、运输、使用危险物品的过程中，没有违反危险物品管理规定的行为，而是由于自然原因意外地引起危险物用爆炸、燃烧、泄漏、污染等重大事故，造成严重后果的，属于自然事故，不构成犯罪。构成本罪须系行为人的违章行为而引起重大事故。

2. 本罪与一般违章肇事行为的界限

构成本罪在立法上要达到发生重大事故，造成严重后果的程度。如果虽有违反危险物品管理规定的行为，却只发生了一般性事故，没有造成严重后果的，不构成本罪，按一般违法行为予以适当的处罚。

3. 本罪与重大责任事故罪的界限

两者的主要区别是前者仅违反危险物品管理规定，而后者则违反安全生产的所有规章制度。因此，两者的范围有所不同。在生产中违反危险物品管理规定，发生重大事故的，与重大责任事故罪存在竞合关系，但是因为本条专门规定了危险物品肇事罪，所以对生产、储存、运输、使用中违反危险物品管理规定，发生重大事故，造成严重后果的，均适用本条。

4. 本罪与非法运输爆炸物犯罪的界限

两者的主要区别是：①前者运输危险物品（包括爆炸物）本身是合法的，只是在运输中没有遵守运输危险物品的有关规定，而后者运输爆炸物本身就是非法的。②前者只有达到发生重大事故，造成严重后果的才构成犯罪，而后者成立犯罪不要求发生实际危害后果。

5. 本罪与失火罪、过失爆炸罪、过失投毒罪的界限

两者的主要区别是：①前者的主体主要是从事生产、储存、运输、使用危险物品的职工，即特殊主体，后者的主体是一般主体。②前者只限于发生在生产、储存、运输、使用危险物品的活动过程中，后者可发生在上述活动以外的任何场合。③前者严重后果的发生是由违反有关管理规定引起的，后者是由于在日常生活中马虎草率、毛手毛脚、缺乏谨慎等引起的。

本案被告人李某甲违反腐蚀性物品的管理规定，在储存中发生重大事故，造成严重后果，其行为已构成危险物品肇事罪，应依法予以惩处。

第十九章

工程重大安全事故罪

一、孙某万等 5 人犯工程重大安全事故罪

案件简介

2013 年 11 月 11 日,贵州 JY 投资有限公司(以下简称 JY 公司)与黔西南州 ZH 建筑安装工程有限公司(以下简称 ZH 公司,法定代表人柏某某)签订施工承包合同,将其位于安龙县工业园区"铁合金项目"的房建及场地硬化项目建设发包给 ZH 公司承建、施工。同年 11 月 17 日,ZH 公司与被告人孙某万签订合同,将该项目工程转包给不具备施工资质的孙某万施工,约定由孙某万按每次工程拨付款金额的 1‰向 ZH 公司缴纳项目承包管理费,孙某万对该工程项目建设的进度、工程质量、安全生产等全权负责,孙某万在合同上盖了其为法定代表人的贵州 XF 建设有限责任公司(以下简称 XF 公司)印章。后 ZH 公司下文委任孙某万为项目副经理。2014 年 2 月 26 日,JY 公司与广东 TX 工程监理有限公司(以下简称 TX 监理公司)签订监理合同,将该项目工程委托 TX 监理公司监理,TX 监理公司在该工程建设过程中协助 JY 公司进行以控制投资、进度、质量和安全为核心的监督、管理、协调等服务。后 TX 监理公司派无该项目监理资质的被告人王某某到施工现场负责监理。

孙某万承接建筑工程后,聘用无相关资质的被告人李某某为执行经理、技术员对施工现场进行管理、负责技术指导,该聘用事后得到 ZH 公司书面授权。后孙某万又与无相关资质的被告人陈某某签订合同,将该项目建设的劳务总体承包给陈某某,约定由孙某万方提供主材,如钢筋、混凝土等,陈某某自行提供钢管、扣件、木方、钢模板等。两人签订合同后,孙某万先与兴义市 GD 建筑物资租赁站商谈租赁脚手架、扣件、

顶托等事宜,后委托陈某某以 XF 公司的名义租用兴义市 GD 建筑物资租赁站的架管、扣件、顶托、钢模板、V 形卡等配扣件使用,陈某某支付了租金。

孙某万、李某某、陈某某以 ZH 公司的名义施工,并对外负责。3 人作为施工单位的直接负责人,在施工前未按照法律规定对建筑构配件、设备进行检验、检测确定是否合格即使用;未建立、健全教育培训制度,未对施工人员进行培训、考核即要求上岗作业;未编制专项施工方案即对高大模板、脚手架工程进行搭设。工程监理人员王某某亦未对上述违法行为提出书面整改意见。

2014 年 6 月 15 日,JY 公司"铁合金项目"建设中的铁合金厂锰硅直流矿热炉一号车间厂房第三层屋面模板钢管架支撑系统搭设完毕,经工程监理王某某签字同意后,陈某某开始组织工人对该车间厂房进行混凝土浇筑。22 时许,因高大模板支撑体系承载力不足,支撑系统失稳,导致在建厂房发生坍塌,造成 7 人死亡、2 人受重伤的较大安全事故。后经对陈某某租赁的构配件进行抽样鉴定,型号为"旋转、对接"的配件抗滑性能、T 形螺栓总长、螺母对边宽、螺母厚度、垫圈厚度及铆钉直径均不合格;钢管所检项目合格。经事故调查组认定,本次事故的直接原因为 JY 公司投资建设的铁合金厂锰硅直流矿热炉一号车间(轴标高为 19 米)的第三层屋面模板钢管架支护过程中,使用不合格扣件、未按照规范制订专项施工方案进行搭设;在进行混凝土浇筑时,高大模板支撑体系承载力不足,支撑系统失稳。案发后,ZH 公司赔偿了本案 7 名死者亲属及 2 名伤者经济损失共计人民币 564 万元。

同时查明,案发后黔西南州人民政府于 2014 年 6 月 20 日成立事故调查组开展工作,经调查组电话通知后,被告人孙某万、柏某某、李某某、陈某某、王某某于同年 6 月 23 日主动到义龙新区重点项目总指挥部接受调查,并如实供述了上述事实。

📋 案件进展

(一)案件审理程序

贵州省安龙县人民检察院以安检公诉刑诉(2015)92 号起诉书指控被告人孙某万、柏某某、李某某、陈某某、王某某犯工程重大安全事故罪,于 2015 年 7 月 1 日向法院提起公诉。法院依法组成合议庭,于 2015 年 9 月 30 日公开开庭进行了审理。现已审理终结。判决如下:①被告人孙某万犯工程重大安全事故罪,判处有期徒刑 3 年 6 个月,并处罚金人民币 5 万元。②被告人柏某某犯工程重大安全事故罪,判处有期徒刑 3 年,并处罚金人民币 4 万元。③被告人李某某犯工程重大安全事故罪,判处有期徒刑 3 年,并处罚金人民币 4 万元。④被告人陈某某犯工程重大安全事故罪,判处有期徒刑 3 年,并处罚金人民币 4 万元。⑤被告人王某某犯工程重大安全事故罪,判处有期徒刑 2 年,缓刑 3 年,并处罚金人民币 2 万元。

(二) 各方意见

公诉人认为

公诉机关提供了书证、证人证言、被告人供述和辩解、鉴定意见、勘验、辨认笔录等证据,依照《刑法》第一百三十七条的规定,以被告人孙某万、柏某某、李某某、陈某某、王某某的行为构成工程重大安全事故罪,提请法院依法判处。

被告人及辩护人认为

被告人孙某万对指控无异议,辩解"我并非实际操作人,所起作用较小"。

其辩护人提出"被告人孙某万有自首情节;积极认罪、悔罪,积极赔偿被害人;其在本次事故中系从犯,建议在 3 年以下有期徒刑幅度内判处刑罚并适用缓刑"的辩护意见。

被告人柏某某辩解"我未参与现场管理,不是直接责任人员"。

其辩护人提出"柏某某有自首情节;向死者及伤者赔偿的 546 万元不应认定为直接经济损失;本案应定重大责任事故罪;积极赔偿被害人经济损失,建议法庭减轻处罚"的辩护意见。

被告人李某某对指控无异议,未作辩解。

被告人陈某某对指控无异议,未作辩解。

其辩护人提出"本案事实不清,证据不足,被告人陈某某不是施工负责人、不是施工管理人,其主体不适格,行为无罪"的辩护意见。

被告人王某某辩解"我有本工程的监理资质;事发后我积极组织救助被害人并维护现场,希望法庭从轻处罚"。

其辩护人提出"被告人王某某有监理资质;王某某的行为构成重大责任事故罪;有自首情节;建议对其适用缓刑"的辩护意见。

法院认为

被告人柏某某身为黔西南州 ZH 公司的法定代表人,在承接本案建设工程后,通过内部转包的形式将工程违法转包给无建筑资质的被告人孙某万施工;孙某万作为 ZH 公司的项目副经理,承接工程后聘请无建筑资质的被告人李某某为 ZH 公司的技术负责人、执行经理,对施工现场进行管理、技术指导,后又将该工程的劳务关系分包给无建筑资质的被告人陈某某,再由陈某某组织无施工资质的人员施工。4 被告人作为施工单位的主管或直接施工人员,在工程建设中,违反法律规定,使用不合格建筑材料、构配件,对高大模板、脚手架进行搭设时,未编制专项施工方案,未对相关施工人员进行培训、考核即要求上岗作业,从而降低工程质量标准;被告人王某某作为监理单位的现场监理人员,无该工程的监理资质而负责现场监理,未对柏某某、孙某万、李某某、陈某某的上述违法行为提出书面整改意见即允许施工,未认真履行监理职责,致使该工程在进行混凝土浇筑时,高大模板支撑体系承载力不足,支撑系统失稳,发生坍塌,造成7人死亡、2人受重伤的较大安全事故,5被告人属本案的"直接责任人员",其行为均已构成工程重大安全事故罪,且后果特别严重,应依法惩处。公诉机关指控5被告人犯工程重大安全事故罪的事实清楚,证据充分,指控的罪名成立,法院予以确认。

本案中,应当根据各被告人原因行为在引发事故中所具作用的大小及过错严重程度确定罪责,其中,孙某万作为该工程的实际施工组织人、投资人、管理人、实际控制人,不具备施工资质承包铁合金在建项目土建施工,将该项目的劳务分包给不具备劳务资质的陈某某个人,并聘用无相关资质的人员进行施工现场管理,其行为是事故发生的主要原因,对事故的发生负有直接责任,应当承担主要过错责任。柏某某作为黔西南州 ZH 公司的法定代表人,将铁合金在建项目施工直接发包给不具备施工资质的孙某万,未建立、健全安全生产责任制,未认真履行安全生产责任,导致施工现场管理混乱,对事故的发生负有主要管理责任,应当承担主要过错责任,但其责任次于孙某万。李某某作为该工程的技术员、现场执行经理,对施工现场进行管理、技术指导,无相关资格证书,负责该项目的施工技术;陈某某作为该工程的劳务分包人、组织者,不具备施工资质承包铁合金在建项目土建施工劳务,两人的行为是事故发生的主要原因,对事故的发生负有直接责任,应当承担主要过错责任,责任与柏某某相当。王某某作为监理公司的现场监理人员,未持有房屋建设土建监理资格证书,对该在建项目进行现场监理时未认真履行监理职责,是事故发生的次要原因,对事故的发生负有监理责任,应当承担次要责任。孙某万、柏某某、李某某、陈某某、王某某主动投案,归案后能如实供述自己罪行,有自首情节;且被告人所在单位已积极赔偿死者的经济损失,法院依法对5被告人减轻处罚。同时,根据王某某的犯罪情节、悔罪表现、社会危害性,可对其宣告缓刑。

柏某某的辩护人所提"柏某某有自首情节;向死者及伤者赔偿的 546 万元不应认定为直接经济损失;积极赔偿被害人经济损失,建议法庭减轻处罚"的辩护意见,孙某万的辩护人所提"被告人孙某万有自首情节;积极认罪、悔罪,积极赔偿被害人"的辩护意见,王某某的辩护人所提"有自首情节;建议对其适用缓刑"的辩护意见,王某某所提"事发后我积极组织救助被害人并维护现场,希望法庭从轻处罚"的辩解成立,法院予以采纳。

柏某某所提"我未参与现场管理,不是直接责任人员"的辩解,经查,柏某某作为 ZH 公司的法定代表人,直接从发包方 JY 公司承接该工程建设,本应自行组织施工,但其违法将工程转包给他人,事故鉴定报告亦证实其对事故的发生负有主要管理责任,该辩解与事实及法律规定不符,法院不予采纳。孙某万所提"我并非实际操作人,所起作用较小"的辩解,经查,孙某万与柏某某签订工程项目施工内部承包合同,具体负责工程建设的施工,并雇请、委托李某某为现场技术员,将工程劳务分包给李某某,是工程的实际控制人、施工人,该辩解与事实不符,法院不予采纳。王某某及其辩护人所提"有监理资质"的辩解和辩护意见,经查,根据黔西南州住房和城乡建设局"关于对王某某监理资格证书认定的回复"证实,王某某持有的监理工程师证只能在电力工程内部从事工程监理工作,不具备在工程其他类从事工程监理工作,该"回复"系根据有关法律规定作出,应予采信,故该辩解和辩护意见不能成立,法院不予采纳。

柏某某、王某某的辩护人所提"本案应定重大责任事故罪"和陈某某的辩护人所提"本案事实不清,证据不足,被告人陈某某不是施工负责人、不是施工管理人,其主体不适格,行为无罪"的辩护意见,经查,首先,本罪与重大责任事故罪的犯罪主体不同。工程重大安全事故罪的犯罪主体是建设单位、设计单位、施工单位、工程监理单位,属于单位犯罪;重大责任事故罪的主体是工厂、矿山、林场、建筑企业或者其他企业、事业单位的职工,属于自然人犯罪。本案中,柏某某、孙某万、李某某、陈某某均是以 ZH 公司名义承接工程、施工,且在 ZH 公司有相应的职务,王某某是以监理公司名义进行监理,监理公司对建设单位和施工单位负责,故 5 人的行为属单位行为,而非个人行为,5 被告人作为施工单位和监理单位的直接责任人员,符合本罪的主体特征。其次,本罪与重大责任事故罪客观方面的表现不同。工程重大安全事故罪在客观方面表现为违反国家规定,降低工程质量标准,造成重大安全事故的行为;重大责任事故罪则表现为不服从管理、违反规章制度或者强令工人违章冒险作业,因而发生重大伤亡事故或者造成其他严重后果的行为。本案的发生系因施工单位违反国家规定,使用不合格建筑材料、构配件,未按照相关规范进行搭设,而监理公司未尽到监理责任,从而造成重大安全事故,并非系相关人员不服从管理、违反规章制度或者强令工人违章冒险作业,故 5 被告人作为施工单位和监理单位的直接责任人员,其行为符合工程重大安全事故罪的客观要件。故本案应以工程重大安全事故罪对 5 被告人定罪处罚。该辩护意见均不能成立,法院不予采纳。

孙某万的辩护人所提"孙某万在本次事故中系从犯,建议在 3 年以下有期徒刑幅度内判处刑罚并适用缓刑"的辩护意见,经查,本案属过失犯罪,不存在主、从犯之分,而根据孙某万的罪责,判处 3 年以下有期徒刑偏轻,故该辩护意见不能成立,法院不予采纳。

案件评析

工程重大安全事故罪是指建设单位、设计单位、施工单位、工程监理单位违反国家规定,降低工程质量标准,造成重大安全事故的行为。

本罪侵犯的客体是人民的财产和生命安全以及国家的建筑管理制度。

本罪在客观方面表现为违反国家规定,降低工程质量标准,造成重大安全事故的行为。违反国家规定而造成严重后果是这种犯罪行为的本质特征。所谓违反国家规定是指违反国家有关建筑工程质量监督管理方面的法律、法规。建设单位的违规行为主要有两种情况:一是要求建筑设计单位或者施工企业压缩工程造价或增加建房的层数,从而降低工程质量;二是提供不合格的建筑材料、构配件和设备,强迫施工单位使用,从而造成工程质量下降。建筑设计单位的违规行为主要是不按质量标准进行设计。建筑施工单位的违规行为主要有 3 种情况:一是在施工中偷工减料,故意使用不合格的建筑材料、构配件和设备;二是不按设计图纸施工;三是不按施工技术标准施工。上述违规行为是造成建筑工程重大安全事故的根本原因。

违反国家规定与严重后果之间存在因果关系,即严重后果是由于违反国家规定的行为引起的。违反国家规定的行为与严重后果之间没有因果联系,则不构成本罪。

但是,并不是任何违反与安全生产有关的国家规定的行为都构成犯罪,只有引起重大安全事故,造成严重后果,危害公共安全的行为才构成犯罪。所谓重大安全事故是指因工程质量下降导致建筑工程坍塌,致人重伤、死亡或重大经济损失的情况。这是构成本罪的重要条件。根据司法实践经验和有关规定,所谓重大伤亡事故,一般是指死亡 1 人以上,或者重伤 3 人以上。所谓严重后果,既包括重大人身伤亡,也包括重大的直接经济损失。直接经济损失的数额,一般掌握在 5 万元以上。直接经济损失虽不足上述规定的数额,但情节严重,使生产、工作受到重大损失的,也应追究直接责任人员的刑事责任。

本罪的主体为特殊主体,即为单位犯罪。主体只能是建设单位、设计单位或者是施工单位及工程监理单位。所谓建设单位是指以营利为目的,从事房地产开发和经营的企业或者是经国家有关部门审批,具有工程建设者的资格,能支付工程价款的其他单位。设计单位是指专门承担勘查设计任务的勘查设计单位以及其他承担勘查设计任务的勘查设计单位。施工单位是指从事土木建筑、线路管道、设备安装和建筑装饰装修等工程的新建、扩建、改建活动的建筑业企业。其中包括工程施工总承包企业、施工承包企业。工程监理单位是指对建筑工程专门进行监督管理,以保证质量、安全的单位。

本罪在主观方面表现为过失。可以是出于疏忽大意的过失，也可以是过于自信的过失。这里所说的过失是指行为人对其所造成的危害结果的心理状态而言。但是对行为人违反国家规定来说，有时却是明知故犯的。行为人明知是违反了国家规定，应当预见到可能发生严重后果，但因疏忽大意而没有预见，或者已经预见到会发生某种严重后果，但轻信能够避免，以致发生了严重后果。

因施工单位违反国家规定，使用不合格建筑材料、构配件，未按照相关规范进行搭设，而工程监理单位未尽到监理责任，从而造成重大安全事故，并非系相关人员不服从管理、违反规章制度或者强令工人违章冒险作业，故5被告人作为施工单位和工程监理单位的直接责任人员，其行为符合工程重大安全事故罪的客观要件。故本案应以工程重大安全事故罪对5被告人定罪处罚。

二、黄某甲、王某甲犯工程重大安全事故罪

案件简介

2013年12月以来，武汉某房地产开发有限公司（以下简称某房地产公司）在武汉市汉阳区某村进行"城中村"改造还建项目某某嘉苑还建房建设。2014年12月，被告人王某甲、黄某甲通过时任某房地产公司副总经理的陈某某（另案处理）的帮助，在没有取得《承装（修、试）电力设施许可证》《电工进网许可证》的情况下，承接了某某嘉苑1号、2号楼的临时电表和电缆线安装工程，并由被告人黄某甲具体组织施工。为结算工程款，在陈某某的帮助下，被告人王某甲又与被告人闵某商议，借用被告人闵某担任法定代表人的武汉某某水电工程有限公司（以下称某某公司）的名义，与某房地产公司签订施工合同，某某公司也未取得《承装（修、试）电力设施许可证》。在施工过程中，被告人黄某甲违反安全操作规范，在没有设计图纸的情况下，随意雇用无《电工进网许可证》的安装人员，使用不合格电缆线，且未按操作规范进行安装，致使临时供电线路施工存在重大安全隐患未能发现和解决。2015年7月11日23时许，某某嘉苑1号楼2单元电缆井临时供电线路短路，引燃电缆井内的可燃物发生火灾，造成郑某、陈某、贾某等7人死亡，吴某礼、李某娟等12人因吸入有毒烟气受伤。经法医学检验，被害人郑某、陈某、贾某等7人均因一氧化碳中毒而死亡。

另查明，2015年8月9日，被告人黄某甲、闵某经公安机关电话传唤后主动到案。次日，被告人王某甲经公安机关电话传唤后主动到案。案发后，被害人家属均已获得全部经济赔偿。

案件进展

（一）案件审理程序

武汉市汉阳区人民检察院以武阳检刑诉（2016）338 号起诉书指控被告人黄某甲、王某甲、闵某犯工程重大安全事故罪，于 2016 年 4 月 8 日向法院提起公诉。法院于同日立案，并依法适用普通程序，组成合议庭，公开开庭审理本案。在审理过程中，因案情复杂，无法在 3 个月内审结，经武汉市中级人民法院于 2016 年 7 月 4 日批准延长审理期限 3 个月。现已审理终结。判决如下：①被告人黄某甲犯工程重大安全事故罪，判处有期徒刑 1 年 3 个月，并处罚金人民币 2 万元（已缴纳）。②被告人王某甲犯工程重大安全事故罪，判处有期徒刑 1 年，并处罚金人民币 1 万元。③被告人闵某犯工程重大安全事故罪，判处有期徒刑 1 年，并处罚金人民币 1 万元。

（二）各方意见

公诉人认为

被告人黄某甲、王某甲、闵某的行为已构成工程重大安全事故罪，且 3 名被告人均具有自首情节，要求依照《刑法》第一百三十七条、第六十七条第一款之规定对被告人黄某甲、王某甲、闵某定罪处罚。

被告人及辩护人认为

被告人黄某甲对起诉指控的事实和定性不持异议，并认为自己具有自首情节，希望从轻处罚。

被告人王某甲对起诉指控的事实和定性不持异议，自愿认罪，无辩护意见。

被告人闵某对起诉指控的事实和定性不持异议，希望对其从轻处罚。

辩护人罗某岳对起诉指控的事实和定性不持异议，但辩称被告人黄某甲不应承担主要责任，且其具有自首情节，已经赔偿被害人，得到被害人家属谅解，请求对其从轻处罚。

辩护人郑某发对起诉指控的事实和定性不持异议，但辩称被告人王某甲具有自首情节，且系从犯，被害人家属也已获得全部赔偿，请求对其从轻处罚。

辩护人徐某玲对起诉指控的事实和定性不持异议，但辩称被告人闵某具有自首情节，系初犯，在共同犯罪中起辅助作用，且被害人家属已经得到全部赔偿，请求对其从轻处罚。

法院认为

被告人黄某甲、王某甲、闵某作为施工单位的直接责任人，违反国家规定，在单位及个人均无施工资质的情况下，违背操作规范要求，降低工程质量标准，造成重大安全事故,其行为均已构成工程重大安全事故罪。公诉机关指控被告人黄某甲、王某甲、闵某犯工程重大安全事故罪的罪名成立。被告人黄某甲在共同犯罪中起主要作用,系主犯,被告人王某甲、闵某起次要、辅助作用,系从犯,可从轻处罚。被告人黄某甲、王某甲、闵某经公安机关电话传唤,主动投案,并如实供述自己的全部犯罪事实,且在庭审中自愿认罪,系自首,可从轻处罚。本案中被害人及家属的经济损失已获得全部赔偿,可对被告人黄某甲、王某甲、闵某酌情从轻处罚。被告人黄某甲及其辩护人辩称"其具有自首情节,希望从轻处罚"的观点与本案事实、证据和法律规定相符,法院予以采纳;但其辩护人辩称"被告人黄某甲不应承担主要责任,请求对其从轻处罚"的观点与本案事实、证据和法律规定不相符,法院不予采信。被告人王某甲的辩护人辩称"其具有自首情节,且系从犯,被害人家属也已获得全部赔偿,请求对其从轻处罚"的观点,与本案事实、证据和法律规定相符,法院予以采纳。被告人闵某的辩护人辩称"其具有自首情节,系初犯,在共同犯罪中起辅助作用,且被害人家属已经得到全部赔偿,请求对其从轻处罚"的观点,与本案事实、证据和法律规定相符,法院予以采纳。

📎 案件评析

《刑法》第一百三十七条规定:"建设单位、设计单位、施工单位、工程监理单位违反国家规定,降低工程质量标准,造成重大安全事故的,对直接责任人员,处五年以下有期徒刑或者拘役,并处罚金;后果特别严重的,处五年以上十年以下有期徒刑,并处罚金。"

根据《刑法》规定,构成犯罪的,对直接责任人员,处五年以下有期徒刑或者拘役,并处罚金;对后果特别严重的,即造成多人伤亡或者使公私财产遭受特别重大损失等,处五年以上十年以下有期徒刑,并处罚金。

这里的重大安全事故,根据建设部颁发的《工程建设重大事故报告和调查程序规定》,是指在工程建筑过程中,由于责任过失或者工程质量下降,导致建筑工程坍塌或报废,机械设备毁坏,安全设施失当,致人重伤、死亡或重大经济损失的。所谓后果特别严重,在司法实践中主要包括以下情况:①致多人死亡、重伤的。②直接经济损失特别巨大的。③重大安全事故发生后犯罪行为人表现特别恶劣的,如不采取积极措施防止危害结果的扩大或者故意伪造、破坏现场,企图逃避罪责的等。④行为人明知没有安全保证,甚至已经发现事故苗头,仍然不听劝阻,拒不采纳正确意见和补救措施,一意孤行,终于酿成重大安全事故,还要综合考察犯罪事实、情节和具体的危害程序,以在择定的量刑档次内选择确定轻重不同的刑罚。

对本罪的认定需把握以下两点。

1. 本罪与一般安全事故的界限

两者都实施了违反国家规定,降低工程质量标准的行为,区分两者的关键就在于是否造成了重大安全事故。设计单位、施工单位、工程监理单位违反国家规定,降低工程质量标准,造成了重大安全事故的,则构成工程重大安全事故罪;如果上述单位虽然违反了国家规定,降低工程质量标准,但未造成重大安全事故的,则不构按本罪犯罪处理,或对直接责任人员予以行政处罚,或按有关建筑合同,承担相应的法律责任。

2. 工程重大安全事故罪与重大责任事故罪的界限

两者都是过失犯罪,都以法定的严重后果作为构成犯罪的必备条件,但两者具有明显区别。①犯罪主体不同。工程重大安全事故罪的犯罪主体是建设单位、设计单位、施工单位、工程监理单位,属于单位犯罪;重大责任事故罪的主体是工厂、矿山、林场、建筑企业或者其他企业、事业单位的职工,属于自然人犯罪。②客观方面的表现不同。工程重大安全事故罪在客观方面表现为违反国家规定,降低工程质量标准,造成重大安全事故的行为;重大责任事故罪则表现为不服从管理、违反规章制度或者强令工人违章冒险作业,因而发生重大伤亡事故或者造成其他严重后果的行为。

本案被告人黄某甲、王某甲、闵某作为施工单位的直接责任人,违反国家规定,在单位及个人均无施工资质的情况下,违背操作规范要求,降低工程质量标准,造成重大安全事故,其行为均已构成工程重大安全事故罪,应承担刑事责任。

第二十章

教育设施重大安全事故罪

李某某等人犯教育设施重大安全事故罪

案件简介

2004年,昆明市盘龙区某小学将位于昆明市北京路某巷10号校园内的教职工宿舍楼一单元2~7层的10套宿舍改变用途用于组织学生集中午休。被告人李某作为该校校长,被告人杨某作为该校分管后勤和安全工作的副校长,明知该宿舍楼作为学生午休楼使用明显不符合《中华人民共和国国家标准中小学校设计规范》等相关要求,存在重大安全隐患,且未采取有效的防范措施并一直使用。

2014年9月25日17时许,被告人李某某作为昆明市盘龙区某小学体育老师,违反体育器材使用管理的相关规定,擅自将教学使用的两块海绵垫(每块长200厘米、宽150厘米、高30厘米)倚墙立放于午休楼一楼楼道处。2014年9月26日14时许,该校一、二年级500余名小学生结束午休,在经过一楼过道返回教室上课时,因立放于过道的海绵垫倾倒在楼道上阻碍学生顺利通行,致大量学生相互叠加挤压,引发严重踩踏伤亡事故。此次事故共计造成6名小学生死亡,35名小学生受伤,其中5人达轻微伤。经法医检验及鉴定,6名学生系胸腹部被挤压窒息死亡。2014年9月29日,被告人李某、杨某、李某某归案。

案件进展

(一)案件审理程序

昆明市盘龙区人民检察院以盘检刑一刑诉(2015)53号起诉书指控被告人李某、

杨某、李某某犯教育设施重大安全事故罪,于 2015 年 2 月 11 日向法院提起公诉。法院依法组成合议庭,于 2015 年 4 月 24 日公开开庭审理了本案。本案现已审理终结。判决如下:①被告人李某犯教育设施重大安全事故罪,判处有期徒刑 2 年。②被告人杨某犯教育设施重大安全事故罪,判处有期徒刑 1 年 6 个月。③被告人李某某犯教育设施重大安全事故罪,判处有期徒刑 1 年。

(二)各方意见

公诉人认为

被告人李某、杨某、李某某的行为已触犯《刑法》第一百三十八条之规定,应以教育设施重大安全事故罪追究其刑事责任,提请法院依法予以惩处。

被告人及辩护人认为

被告人李某、杨某、李某某表示认罪、悔罪。被告人李某辩称,自己多次就某小学宿舍楼安全问题向教育局作过汇报。

被害人的诉讼代理人发表了如下代理意见:①对公诉机关的指控罪名无异议。②要求对被告人李某、杨某、李某某从重处罚。

被告人李某、杨某、李某某的辩护人对公诉机关的指控无异议,作了罪轻辩护,并提出以下辩护意见:①被告人李某、杨某、李某某具有自首情节。②本案的发生具有一定的客观原因,属多因一果。③各被告人积极参加救援,配合相关部门的调查工作。④各被告人平时表现良好,无不良记录。综上,请法庭对各被告人从轻处罚。

法院认为

某小学违反《中小学校设计规范》学生宿舍每室居住学生的规定,将普通居民住宅楼改变用途组织大量学生进行集中午休,形成楼道通行的事故隐患,违规立放于一楼楼道内的海绵垫倾倒后严重影响学生的实际通过需求,导致学生通过时发生叠加挤压,致使发生 6 名小学生死亡、35 名小学生不同程度受伤的重大伤亡事故。被告人李某作为某小学校长,对学校教育设施安全、规章制度的落实负有领导、督促之责,而疏于领导、监督落实,没有采取有效措施预防和消除存在的安全隐患,酿成学生踩踏事故,具有不可推卸的领导责任。被告人杨某作为分管后勤和安全工作的副校长,在组织开展学校安全工作时,对校园内午休楼存在的安全隐患没有组织辨识和排查,对此次事故的发生负有直接责任。被告人李某某作为体育教师,在组织田径训练后,将海绵垫置于午休楼一楼楼道处,对海绵垫失于监管,造成事故隐患,对此次事故的发生负有直接责任。

关于自首,法院认为,被告人李某、杨某、李某某在教育局人员的陪同下主动投案,归案后如实供述自己的罪行,属自首,故辩护人所提的各被告人具有自首情节的辩护意见,符合本案事实和法律规定,法院予以采纳。

法院认为,被告人李某、杨某明知学校将一、二年级 500 余名小学生集中在不符合《中小学校设计规范》的居民楼内午休,每间宿舍午休学生人数远远超过国家相关规定,被告人李某某明知宿舍楼道狭窄、学生通行困难,仍擅自将两块海绵垫立放于楼道内,3 被告人应当知道校舍或者教育教学设施存在安全隐患,而不采取措施,致使发生重大伤亡事故,后果特别严重,其行为已构成教育设施重大安全事故罪。公诉机关指控的犯罪事实和罪名成立,法院予以确认。被告人李某、杨某、李某某主动投案,并如实供述自己的罪行,属自首,依法可从轻或减轻处罚。

案件评析

教育设施重大安全事故罪是指明知校舍或者教育教学设施有危险,而不采取措施或者不及时报告,致使发生重大伤亡事故的行为。

本罪侵犯的客体是学校及其他教育机构的正常活动和师生员工的人身安全。教育是社会主义现代化建设基础,而校舍和教育教学设施则是进行教育的最基本条件。校舍教育教学设施必须符合一定的安全标准,这样才能保障正常的教学秩序和广大师生员工的人身安全。如果校舍、教育教学设施不符合安全标准,一旦发生教育设施重大安全事故,不仅会造成不特定师生员工的重伤、死亡和国家财产的重大损失,而且还会扰乱正常的教学秩序,造成恶劣的社会影响。因此,对校舍、教育教学设施负有采取安全措施的主管人员和直接责任人员必须正确履行职责,维护教学活动的正常进行和师生员工的人身安全。

本罪在客观方面表现为明知校舍或者教育教学设施具有危险而仍不采取措施或者不及时报告,致使发生重大事故的行为。

(1)校舍或教育教学设施有危险。所谓校舍是指各类学校及其他教育机构的教室、教学楼、行政办公室、宿舍、图书阅览室等,教育教学设施是指用于教育教学的各类设施、设备,如实验室及实验设备、体育活动场地及器械等。所谓明知校舍或者教育教学设施有危险是指知道校舍或者教育教学设施有倒塌或者发生人身伤害事故的危险、隐患。校舍或者教育教学设施虽然出现了危险但并不明知,则不能构成本罪。

(2)不采取措施既包括根本没有采取任何措施,也包括虽采取措施,但是敷衍了事,做做样子,措施不得力。不及时报告是指根本没有报告或者虽然作了报告但不及时。及时在这里应当理解为一发现险情就应当立即报告。必须具有不采取措施或不及时报告的不作为才能构成本罪。明知存在危险,及时采取了措施;或在无力采取措施的情况下,及时作了报告,即使发生了重大伤亡事故,亦不能构成本罪。能够采取有效措施而不采取有效措施而向有关人员报告的,亦应以本罪行为论处,而不能以及时报告为由推卸责任。至于具体方式则多种多样,如各级人民政府中分管教育的领导和教育行政部门的领导对学校的危房情况漠不关心,应当投入危房改造维修资金但不及时投入,或者虽然知道危房情况,不及时组织、协调各方面的力量进行维修、改造;学校校长和分管教育教学设施的副校长对校舍或教育教学设施的情况从不过问,不经常进行检查,发现了问题也不及时采取防范措施,对已经确定为危房的校舍仍然使用,对有严重隐患的,不安排人员进行加固处理,对学校解决不了的,不及时报告当地政府和教育行政部门,学校教师对出现的险情不及时报告,对有危险的教学设备、仪器、器械不及时更换,发生危险时,不及时组织学生撤离;有关维修人员不按自己职责对校舍等进行正常检查、维修或者对应该立即维修的危房拖延时间不立即采取维修措施等。

(3) 导致重大伤亡事故的发生。所谓重大伤亡事故主要是指:①死亡 1 人以上。②重伤 3 人以上。虽有不采取措施或不及时报告行为,但未发生安全事故,或者虽然发生了事故但不属于重大伤亡事故;以及虽为重大伤亡事故,但不是由于不采取措施或不及时报告的行为即不是校舍或者教育教学设施本身的危险所致,则都不能构成本罪。

本罪的主体为特殊主体,即对校舍或者教育教学设施负有维护义务的直接人员,主要是学校领导、负责学校后勤维修工作的职工。在一定情况下,上述机构主管部门的管理人员也可以成为本罪主体。

本罪在主观方面表现为过失。可以是疏忽大意的过失,也可以是过于自信的过失。这里所说的过失是指行为人对其所造成的危害结果的心理状态而言。但是对行为人不采取措施或者不及时报告的行为来说,有时却是明知故犯的。行为人明知校舍或者教育教学设施有危险,但却未想到会因此立即产生严重后果,或者轻信能够避免,以致发生了严重后果。

教育设施重大安全事故罪的认定有以下两点。

1. 本罪与一般教育设施安全事故的界限

区分两者的关键在于危害后果的严重程度不同。构成教育设施重大安全事故罪,必须发生重大伤亡事故。如果没有发生重大伤亡事故,只发生一般伤亡事故的,则不成立教育设施重大安全事故罪,只能以一般教育设施安全事故论处。

2. 本罪与工程重大安全事故罪的界限

两者都是过失犯罪,都以发生严重后果作为构成犯罪的必要条件。但两者的区别在于:①犯罪主体不同。教育设施重大安全罪的主体只能是对校舍或者教育教学设施负有安全责任的主管人员和其他直接责任人员;工程重大安全事故罪是单位犯罪,其犯罪主体是建设单位、设计单位、施工工程监理单位。②造成严重事故的原因不同。教育设施重大安全事故罪中重大伤亡事故的发生是由于行为人对自己明知的或教育教学设施存在的危险,不采取措施或者不及时报告,以致贻误时机,致使发生严重事故;工程重大安全事故罪中的重大安全事故发生的原因是建设单位、设计单位、施工单位、工程监理单位,降低工程质量标准造成的。

　　本案中被告人李某、杨某明知学校将一、二年级 500 余名小学生集中在不符合《中小学校设计规范》的居民楼内午休,每间宿舍午休学生人数远远超过国家相关规定,被告人李某某明知宿舍楼道狭窄、学生通行困难,仍擅自将两块海绵垫立放于楼道内,3 被告人应当知道校舍或者教育教学设施存在安全隐患,而不采取措施,致使发生重大伤亡事故,后果特别严重,其行为已构成教育设施重大安全事故罪。

第二十一章

消防责任事故罪

一、李某甲犯消防责任事故罪

案件简介

同案人黎某甲（已判刑）作为建业大厦（位于广州市越秀区）的实际控制人、广州市 XL 企业管理有限公司（以下简称 XL 公司）、广州 XN 物业管理有限公司（以下简称 XN 公司）实际经营者，聘请被告人李某甲先后担任 XL 公司副总经理、XN 公司的总经理，指派被告人李某甲与同案人黎某乙（已判刑）一起管理建业大厦，在该大厦未经消防部门验收的情况下擅自对外出租经营。2010 年 11 月，广州市公安局越秀区分局在消防监督检查中发现建业大厦未经消防验收，被 XL 公司出租，擅自用作货物仓储和办公室使用，该局决定责令停止使用建业大厦，并处罚款。2011 年 1 月 4 日，XL 公司逾期拒不执行上述处罚决定，广州市公安局越秀区分局决定对建业大厦出租的仓库予以查封，强制停止使用。同年 7 月，被告人李某甲在明知建业大厦已被消防监督机构查封且未经消防验收的情况下，仍接受同案人黎某甲的授意，以政府支持其盘活复建建业大厦需筹集资金等为由，以公司的名义继续出租建业大厦给承租人邓某均等 50 多名商户，作为存放鞋类等货物的仓库。2013 年 12 月 15 日 18 时 37 分许，建业大厦发生火灾，造成该大厦局部受损，烧毁、烧损成品鞋等货物一批，过火面积 12 500 平方米，未造成人员伤亡。经广东 JH 资产评估房地产土地估价有限公司评估，结论是直接财产损失 4066.23 万元。广州市公安消防局火灾事故认定书认定起火点位于该大厦首层邓某均承租的仓库内，起火原因系经过邓某均承租仓库的建业大厦首层总电源线短路引燃可燃物所致。

另查明,建业大厦内部设置了消防配电系统、火灾自动报警系统、自动喷水灭火系统、室内消火栓系统、防排烟系统、防火分隔系统等消防设施。但由于建业大厦一直未能办理市政永久用电手续,仅使用建设期间供电局提供的临时电源,致整栋大厦安装的建筑消防设施无法正常运转。

2014年10月31日,被告人李某甲向公安机关投案。

案件进展

(一)案件审理程序

广州市越秀区人民法院审理广州市越秀区人民检察院指控原审被告人李某甲犯消防责任事故罪一案,于2016年2月5日作出(2015)穗越法刑初字第1112号刑事判决。以被告人李某甲犯消防责任事故罪,判处其有期徒刑3年。原审被告人李某甲不服,提出上诉。法院依法组成合议庭,公开开庭审理了本案。现已审理终结。裁定如下:驳回上诉,维持原判。

(二)各方意见

公诉人认为

本案同案人供述和多名证人证言,均指证上诉人李某甲是建业大厦经营管理的负责人,是拒绝执行改正措施的直接责任人员。上诉人李某甲向公安机关投案,但归案后未如实交代自己的犯罪事实,不构成自首。一审判决充分考虑了上诉人李某甲的地位、作用,适用法律正确,量刑适当。建议驳回上诉,维持原判。

上诉人及辩护人认为

宣判后,原审被告人李某甲不服该判决,提出上诉称:原判认定事实不清,适用法律错误,运用证据失当。上诉人不是建业大厦的经营管理负责人,只是一名临时工。租户的证言、黎某甲父子的供述以及苏某乙的证言均不真实,不能作为证据。上诉人主动投案,对自己的行为做了全面、真实的交代,是自首。请求二审撤销原判,依法改判。

辩护人提出的辩护意见同上。

二审法院认为

关于上诉人李某甲及其辩护人所提上诉意见和辩护意见,经查:①关于上诉人是否属于消防事故责任罪的主体以及证据采信的问题。上诉人李某甲自称2012年3月董某龙离开后其负责建业大厦的全部日常管理工作,2012年6月黎某乙进入、负责部分工作;同案人黎某甲、黎某乙以及证人苏某乙是管理建业大厦的XN公司的法人、股东等实际控制人,3人均指证上诉人李某甲是XN公司的总经理,负责建业大厦的全面工作;同案人金某供认上诉人李某甲全面管理建业大厦的租赁、消防等所有事务,其工资由李某甲发放,且按照上诉人李某甲和同案人黎某乙的要求改造电线线路,其向李某甲汇报线路整改工作,向李某甲负责;证人江某乙、叶某乙、曹某乙、谭某乙等人均为XN公司的工作人员,亦一致指认上诉人李某甲是负责全面工作的经理,代老板发放员工工资,收取仓库租金等;证人邓某均、杨某丁是租户方证人,证实租赁仓库是找上诉人李某甲联系,上诉人李某甲负责建业大厦日常管理的各项工作。综上,同案人黎某甲、黎某乙的供述以及证人苏某乙等人的证言与其他同案人和证人的陈述相互印证,对上诉人李某甲负责工作内容和范围的描述与其他言辞证据一致,故3人的供述和证言真实,可以作为本案证据使用。上诉人李某甲负责建业大厦的全面管理工作,包括出租仓库、收取租金、消防管理等各方面业务,亦是该大厦消防工作的直接责任人员之一,符合消防责任事故罪的主体特征。上诉人李某甲及其辩护人认为其不是建业大厦经营管理负责人、原判运用证据失当的意见与事实和证据不符,法院不予采纳。②上诉人李某甲在同案人黎某甲的授意下实施了拒绝执行消防监督机构要求的改正措施的行为。证人叶某乙指证在公安机关对建业大厦进行消防检查,对不符合消防规定的仓库进行处罚时,上诉人李某甲曾指使公司员工冒名签名;证人杨某丁、邓某均证实上诉人李某甲负责与仓库出租使用相关的各项工作;证人谭某乙亦明确指认上诉人李某甲出租建业大厦做仓库,并收取租金。可见,上诉人李某甲在消防部门已经查封建业大厦的情况下,仍将大厦作为仓库出租、收取租金、甚至找人假冒被处罚人对抗处罚,是积极的拒绝执行整改要求的行为。③上诉人李某甲作为建业大厦的消防负责人,违反消防管理法规,对消防监督机构要求采取改正措施而拒绝执行,导致发生重大火灾,损失经评估高达4066.23万元,后果特别严重,是本次火灾的直接责任人员,其行为符合消防责任事故罪的特征,构成消防责任事故罪。④上诉人李某甲潜逃后主动投案,但归案后对自己负责建业大厦的物业、消防等管理工作的事实拒不供认,根据《最高人民法院关于处理自首和立功若干具体问题的意见》的第二条规定,不属于如实供述,故上诉人李某甲不构成自首。原判不认定其成立自首正确。上诉人李某甲及其辩护人认为其构成自首、应减轻处罚的意见于法无据,不能成立,法院亦不予采纳。

法院认为,上诉人李某甲作为建业大厦的消防管理直接责任人员,违反消防管理法规,对消防监督机构通知采取改正措施而拒绝执行,造成特别严重的后果,其行为已构成消防责任事故罪,依法应予惩处。上诉人李某甲及其辩护人所提上诉意见经查均据理不足,均不能成立,法院均不予采纳。出庭检察员提出的意见有理,法院予以采纳。原判认定事实清楚,证据确实、充分,定罪和适用法律正确,量刑适当,审判程序合法,法院予以维持。

案件评析

《刑法》第一百三十九条规定:"违反消防管理法规,经消防监督机构通知采取改正措施而拒绝执行,造成严重后果的,对直接责任人员,处三年以下有期徒刑或者拘役;后果特别严重的,处三年以上七年以下有期徒刑。"

所谓后果特别严重是指发生重大火灾,造成多人重伤、死亡或者公私财产的巨大损失。具体确定犯罪行为人的具体刑罚时,还可考虑以下因素:①犯罪行为人的一贯表现。②行为人是否多次违反消防管理法规,是否经消防监督机构多次通知采取改正措施而多次拒绝执行。③犯罪后的表现,如有无自首、立功表现,犯罪后是否积极采取有效措施抢救人员、防止危害结果的扩大,是否为逃避罪责而破坏、伪造现场。④犯罪行为人的刑事责任年龄和刑事责任能力。⑤严重后果的具体情况等。

构成此罪必须具备以下特征:第一,该罪侵犯的客体是国家的消防监督制度和公共安全。消防工作是全民同火灾作斗争的事业,关系到社会的稳定、和谐和国家的长治久安,因此,加强防火设施的建设,保证生产、生活用火安全显得十分重要。第二,该罪的客观方面表现为违反消防管理法规,经消防监督机构通知采取改正措施而拒绝执行,造成严重后果或者特别严重后果的行为。正确认识其客观方面,主要把握以下4点:一是行为人必须有违反消防管理法规的行为,这是构成消防责任事故罪的前提条件;二是行为人必须经消防监督机构通知采取改正措施而拒绝执行;三是必须造成严重后果或者特别严重的后果;四是该严重后果是由于行为人拒绝执行消防监督机构的改正措施而引起。第三,主观方面只是过失,既可以是疏忽大意没有预见的过失,也可以是已经预见而轻信能够避免的过失。但这里所说的过失是相对于造成的严重后果而言的,至于行为人对违反了消防管理法规的行为本身是明知的。第四,消防责任事故的犯罪主体是一般主体,即凡是达到刑事责任年龄,具备刑事责任能力的自然人均可成为本罪的犯罪主体。具体包括一般公民、单位负责人、单位中负有防火责任的管理人员或者其他直接责任人员。

对于本罪的认定需注意以下几个问题。

1. 本罪与一般消防事故的界限

区分两者的关键在于造成后果的严重程度不同。构成消防责任事故罪,必须造成严重后果。而一般消防事故,虽然发生了事故,造成了一定危害后果,但未达到严重程度,故不构成犯罪。

2. 本罪与失火罪的界限

本罪是行为人在存在火险隐患的情况下拒不执行消防监督机构关于采取改正措施的通知,致使引起火灾,造成严重后果的。失火罪是行为人在日常生活与生产活动中用火不慎,引起火灾,造成严重后果的。

3. 本罪与玩忽职守罪的界限

本罪的犯罪主体是一般主体,玩忽职守罪的犯罪主体是国家机关工作人员。

如果单位的负责人或有关人员是国家机关工作人员,违反消防管理法规,经消防监督机构通知采取改正措施而拒绝执行,致使发生火灾事故,造成严重后果的,则属于法条竞合,按照《刑法》第三百九十七条第一款"本法另有规定的,依照规定"的规定,应以特别法条即第一百三十九条的规定定罪处罚。也就是说,对犯罪行为人应以消防责任事故罪论处,而不应以玩忽职守罪论处。

本案中,上诉人李某甲负责建业大厦的全面管理工作,包括出租仓库、收取租金、消防管理等各方面业务,亦是该大厦消防工作的直接责任人员之一,符合消防责任事故罪的主体特征。上诉人李某甲对消防监督机构要求采取改正措施而拒绝执行,导致发生重大火灾,造成特别严重的后果,其行为构成消防责任事故罪。

二、孙某、陈某民犯消防责任事故罪

案件简介

2004 年至 2005 年间,被告人孙某与他人在未经任何审批的情况下,在孙某承租的位于本市海淀区某路 31 号爱家市场大院北侧的一、二层楼房顶层,私自用彩钢板(易燃、可燃材料)搭建房屋。2005 年,被告人孙某与被告人陈某民(孙某之妻)注册成立了北京 HYL 家政服务中心(法定代表人为陈某民),并在上述承租建筑内开展经营活动。2007 年间,被告人孙某、陈某民又将加盖的第三层违建房屋用彩钢板装修成多间隔断房,作为出租房对外进行租赁经营。

2011 年 4 月及 2012 年 11 月间,消防监督机构在对爱家市场大院进行消防监督检查过程中,就上述加盖的第三层违建及使用彩钢板等问题,出具了消防监督检查记录、责令整改通知书等相关文书,并明确要求被告人孙某、陈某民加以改正,但两被告人并未采取改正措施,继续出租违建房屋进行经营。

2013 年 1 月 15 日 16 时许,在上述违建 307 号出租房租住的被告人阮某浩为取暖打开电热扇烘烤房间,并在未关闭电热扇的情况下离开,导致该房间着火,后火势迅速蔓延至整个 3 层违建出租房,并致使租住在 316 号房间的被害人阿某(女,24 岁)及其子(5岁)、其女(3岁)死亡,同时导致在此租住的多名租客房间内物品被烧毁,造成大量财产损失。经依法鉴定,此次火灾起火原因系被告人阮某浩房间中的电热扇引燃可燃物所致。

2013年1月15日,被告人陈某民在火灾现场被公安机关抓获,被告人孙某于次日凌晨经公安机关电话传唤到案,被告人阮某浩于2013年1月18日被公安机关依法传唤到案。

2013年2月6日,被告人孙某、陈某民与被害人阿某的家属达成"民事赔偿和解协议书",赔偿对方共计人民币150万元,并获得对方谅解。

案件进展

(一)案件审理程序

北京市海淀区人民检察院以京海检刑诉(2013)2482号起诉书指控被告人孙某、陈某民犯消防责任事故罪、被告人阮某浩犯失火罪,于2013年11月5日向法院提起公诉。法院依法组成合议庭,公开开庭审理了本案。本案经合议庭评议、院审判委员会讨论并决定,现已审理终结。判决如下:①被告人孙某犯消防责任事故罪,判处有期徒刑3年。②被告人陈某民犯消防责任事故罪,判处有期徒刑3年。③被告人阮某浩犯失火罪,判处有期徒刑4年。

(二)各方意见

公诉人认为

被告人陈某民、孙某违反消防管理法规,经消防监督机构通知采取改正措施而拒绝执行,造成严重后果,其行为已构成消防责任事故罪;被告人阮某浩因其过失行为引发火灾,并致人死亡,其行为已构成失火罪,且有自首情节,提请法院依照《刑法》第一百三十九条、第一百一十五条之规定,对被告人孙某、陈某民、阮某浩定罪处罚。

被告人及辩护人认为

被告人孙某对公诉机关指控的事实及罪名提出异议,辩称:第一,北京HYL家政服务中心是陈某民成立并经营,其不负责经营,但因为与陈某民系夫妻关系,因此协助陈某民做辅助工作。第二,违章建筑并非其搭建,而是张某所为,且彩钢板并非易燃材料,而是可燃材料。第三,其在第三层装修打隔断是经过爱家市场同意的,而且有施工许可证。第四,公安派出所并非消防机构,无权进行消防检查。其不记得有消防机构对其进行了检查和责令整改,其也没有拒绝整改。第五,其和陈某民在案发后均积极主动协助相关部门工作,赔偿被害人损失,目前家庭生活困难。综上,其不认为自己的行为构成消防责任事故罪。

被告人孙某的辩护人对指控的事实及罪名均提出异议，其辩护意见如下：第一，对公诉机关的指控罪名没有异议。第二，孙某主动到案，并如实供述了犯罪事实，应当认定为自首，不能因为其有辩解行为而否定其自首情节。第三，孙某在本案中处于从犯地位。实际经营者是陈某民，孙某只是基于丈夫的身份而予以协助，其他家庭成员也有辅助行为，不能因此认定孙某为实际经营人。第四，孙某积极筹措赔偿款，获得了被害人家属谅解。综上，建议法庭对孙某免予处罚。

被告人陈某民对公诉机关指控的事实及罪名提出异议，辩称：第一，孙某不是北京HYL家政服务中心经营人员，其独自经营。第二，2004年至2005年张某等人在爱家市场的同意下加盖了第三层，期间其在影视俱乐部上班，不清楚搭建的事。2005年12月其接手经营家政业务。第三，其在2008年对房屋进行了装修，得到了爱家市场的许可。第四，其没有接到过消防机构和派出所的责令整改通知。第五，事发后其迅速赶到现场，民警在现场工作其也帮不上。其表示过要报警，所以民警问谁是责任人，其就答应了，并和民警到派出所处理。其的供述没有矛盾。第六，其认为火灾发生原因不明，是有人陷害。

被告人陈某民的辩护人对指控的事实及罪名提出异议，其辩护意见如下：第一，关于责任主体的问题。涉案违章建筑是HYL休闲健身俱乐部法定代表人张某在2004年年底、2005年年初搭建的，并非陈某民搭建。打隔断是陈某民2008年承租后所为，应由公司承担责任，不应由陈某民个人承担。第二，爱家市场为北京市消防重点单位。北京HYL家政服务中心是爱家市场的商户，承租协议对此能够佐证。因此爱家市场应当承担责任。第三，派出所并非消防监督检查机构，只能进行日常检查。第四，责令整改通知的程序不合法，且并非因为彩钢板问题而责令整改。第五，陈某民没有拒绝整改的情况。第六，陈某民有自首情节，且对被害人进行了赔偿。第七，本案不宜认定为后果特别严重。综上，本案事实不清，证据不足，建议法庭对陈某民宣告无罪。

被告人阮某浩对指控的事实及罪名没有异议。其辩护人发表的辩护意见为阮某浩系初犯，事发是其过失行为，其有自首情节，且家庭困难，建议对阮某浩从轻处罚。

法院认为

被告人孙某、陈某民违反消防管理法规，违规管理使用有火灾隐患的违章建筑，并经消防监督机构通知采取改正措施而拒绝执行，以致该建筑发生火灾，造成3人死亡，后果特别严重，其行为均已构成消防责任事故罪；被告人阮某浩因其过失行为引发火灾，并致人死亡，其行为已构成失火罪，均应予惩处。北京市海淀区人民检察院指控被告人孙某、陈某民犯消防责任事故罪，被告人阮某浩犯失火罪的事实清楚，证据确凿，指控罪名成立。

关于被告人孙某、陈某民及其辩护人所称起火违章建筑并非两人搭建的辩解，经查，该建筑主体确由张某等人实际搭建，但孙某、陈某民对该房屋进行了装修、改建，系该房屋的实际管理者、使用者，并不影响其犯罪行为的认定。

关于被告人孙某、陈某民所称装修打隔断的行为得到了爱家市场的允许的意见，由于没有证据佐证，应不予采信，且即便得到施工许可，亦不能因此免除两人消防责任事故的罪责。

关于被告人孙某及陈某民的辩护人所称爱家市场为消防重点单位、应由公安机关消防机构履行监督检查职责的意见，如前所述，本案责任主体为北京 HYL 家政服务中心的直接责任人，与爱家市场是否为消防重点单位无关。对该项辩护意见，应不予采信。

关于被告人孙某对于被害人死亡原因的质疑及孙某、陈某民对起火原因的质疑，法院认为，公诉机关出具的尸检鉴定书、技术鉴定书、火灾事故认定书均系专业机构通过正当程序作出，依据充分，合法有效，应予确认。两被告人的质疑没有证据支持，系无端猜测，法院不予采信。

关于被告人孙某、陈某民的辩护人认为两人系自首的辩护意见，法院认为，孙某、陈某民案发后均赶到现场，在民警处理现场过程中没有逃避行为，主动配合调查，均系民警从案发现场带至公安机关，可认定有投案情节。但两人均有不同程度的翻供情节，未能如实供述，依法不应认定为自首。

关于被告人孙某的辩护人认为孙某为从犯的辩护意见，法院认为，孙某在事发建筑物的多年经营活动中均为幕后控制人、实际经营人，在北京 HYL 家政服务中心也有管理行为，虽然陈某民为名义上的投资人，但两人作用相当。而且两人为共同过失犯罪，应分别按其所犯罪行处罚，不能区分主、从犯。对辩护人的相应辩护意见，法院不予采纳。

对于被告人孙某、陈某民的行为是否造成特别严重后果的问题，法院认为，虽然消防责任事故罪的法律规定未对此进行明确，但本案造成 3 人死亡的后果，已达到有关危害生产安全的司法解释中规定的"情节特别恶劣"的认定标准，故应认定本案为"后果特别严重"。对辩护人的相应辩护意见，法院不予采纳。

综上所述，法院对被告人孙某、陈某民、阮某浩结合其犯罪的事实、犯罪的性质、情节和对社会的危害程度分别予以处罚。被告人阮某浩案发后主动投案，并如实供述犯罪事实，有自首情节，法院对其依法从轻处罚。

案件评析

消防责任事故罪侵犯的客体是国家的消防监督制度和公共安全。消防工作是全民同火灾作斗争的事业,关系到国计民生和社会的安定,涉及各行各业、千家万户。我国对消防工作实行严格的监督管制,专门制定了《消防法》《消防监督程序规定》等消防法规,其中规定我国消防工作由各级公安机关实施监督,县以上公安机关设置消防监督机构,消防监督机构发现有重大火灾隐患的,应及时向被检查的单位或居民以及上级主管部门发出《火险隐患整改通知书》,被通知单位的防火负责部门或公民,应当采取有效措施,消除火灾隐患,并将整改的情况及时告诉消防监督机构。每个单位和公民都必须严格遵守消防法规,认真搞好消防工作,及时消除火灾隐患。而有些单位和公民片面追求经济效益,违反消防管理法规,经消防监督机构通知采取改正措施而拒绝执行,因而发生火灾,造成严重后果,严重破坏消防监督管理秩序,危害公共安全,给国家、集体和人民群众带来巨大损失。

本罪在客观方面表现为违反消防管理法规且经消防监督机构通知采取改正措施而拒绝执行的行为。违反消防管理法规而造成严重后果,是这种犯罪行为的本质特征。

(1) 所谓违反消防管理法规是指违反了我国《消防条例》《消防条例实施细则》《仓库防火安全管理规则》《高层建筑消防管理规则》等。

(2) 经消防监督管理机构通知采取改正措施而拒绝执行。如行为人只是违反了消防管理法规,但没有接到过消防监督机构采取改正措施的通知,则即使造成了严重后果,也不构成本罪。消防监督机构是指根据有关法律、法规建立的专门负责消防监督检查工作的机构。

(3) 违反消防管理法规与严重后果之间存在因果关系,即严重后果是由于违反消防管理法规的行为引起的。违反消防管理法规的行为与严重后果之间没有因果关系,则不构成本罪。

严重后果通常是指造成了人身伤亡、死亡或公私财产的重大损失。后果特别严重,一般是指造成多人重伤、死亡或者公私财产的巨大损失。根据司法实践经验和有关规定,所谓重大伤亡事故,一般是指死亡1人以上,或者重伤3人以上。所谓严重后果,既包括重大人身伤亡,也包括重大的直接经济损失。直接经济损失的数额,一般掌握在5万元以上。直接经济损失虽不足上述规定的数额,但情节严重,使生产、工作受到重大损失的,也应追究直接责任人员的处罚。

本罪的主体为一般主体。行为人既包括自然人,年满16周岁、具有刑事责任能力的人,也包括单位。

本罪在主观方面表现为过失。可以是疏忽大意的过失,也可以是过于自信的过失。这里所说的过失是指行为人对其所造成的危害结果的心理状态而言。行为人主观上并不希望火灾事故发生,但就其违反消防管理法规,经消防机构通知采取改正措施而拒绝执行而言,则却是明知故犯的。行为人明知是违反了消防管理法规,但却未想到会因此立即产生严重后果,或者轻信能够避免,以致发生了严重后果。

被告人孙某、陈某民违反消防管理法规,违规管理使用有火灾隐患的违章建筑,并经消防监督机构通知采取改正措施而拒绝执行,以致该建筑发生火灾,造成 3 人死亡,后果特别严重,其行为均已构成消防责任事故罪。

第二十二章

不报、谎报安全事故罪

一、李某某、武某某犯重大责任事故罪和不报、谎报安全事故案

案件简介

2014年1月13日上午7时30分左右,中国HY公司河北邯郸设备安装分公司秦岭项目部在秦岭金矿探建部三号盲竖井工程施工时,被告人李某某作为该项目部经理,被告人武某某作为该项目部副经理及当日值班经理,违反安全管理规定,违规安排王某明一人操作卷扬机,在卷扬机牵引井下吊罐升罐时钢丝绳断裂,导致吊罐坠落。事故发生后,被告人李某某带领工人下井救援,到达现场后发现井下正在施工的董某某、董某甲、田某某、周某某、万某某5名工人被全部砸死。事故发生后,被告人李某某、武某某商议决定不向有关部门报告本次事故。被告人李某某安排人员对事故现场进行清理,被告人武某某联系救护车、筹措资金,后两被告人向5名被害人亲属赔偿共493万元。2015年5月30日,被告人李某某向灵宝市公安局秦岭派出所投案,2015年5月31日,被告人武某某向灵宝市公安局秦岭派出所投案。

案件进展

(一)案件审理程序

灵宝市人民检察院以三灵检公诉刑诉(2015)199号起诉书指控被告人李某某、武某某犯重大责任事故罪和不报、谎报安全事故罪,于2015年9月2日向法院提起公诉。法院依法组成合议庭,公开开庭审理了本案。现已审理终结。判决如下:①被告人李某某犯重大责任事故罪,判处有期徒刑3年,缓刑4年。②被告人武某某犯重大

责任事故罪，判处有期徒刑 3 年，缓刑 4 年。

（二）各方意见

公诉人认为

被告人李某某、武某某在矿山作业中，违反安全管理规定，发生重大伤亡事故，情节特别恶劣，其行为触犯了《刑法》第一百三十四条第一款，应当以重大责任事故罪追究其刑事责任。被告人李某某、武某某在事故发生后，不向有关部门报告事故情况，情节严重，其行为触犯了《刑法》第二十五条第一款、第一百三十九条之一，应当以不报、谎报安全事故罪追究其刑事责任。被告人李某某、武某某分别一人犯数罪，根据《刑法》第六十九条的规定，应当数罪并罚。请求依法判处。

被告人及辩护人认为

被告人李某某、武某某对指控事实及罪名不持异议。被告人李某某的辩护人王某义及被告人武某某的辩护人段某提出的辩护意见是：①对指控被告人李某某、武某某犯重大责任事故罪无异议，但被告人李某某、武某某具有自首情节，系初犯、偶犯，积极赔偿被害人的损失，可以从轻处罚。②对指控被告人李某某、武某某犯不报、谎报安全事故罪有异议，被告人李某某、武某某在事故发生后虽没有向有关部门进行报告，但因事故发生时被害人已当场死亡，被告人李某某、武某某不报安全事故的行为并没有贻误事故的抢救，所以被告人李某某、武某某不构成该罪名。

法院认为

被告人李某某、武某某在矿山作业中，违反安全管理规定，发生重大伤亡事故，情节特别恶劣，其行为均已构成重大责任事故罪，应予惩处。公诉机关指控被告人李某某、武某某犯重大责任事故罪的事实清楚，证据确实、充分，指控罪名成立；指控被告人李某某、武某某犯不报、谎报安全事故罪，因被告人李某某、武某某在事故发生后虽没有向有关部门进行报告，但因事故发生时被害人已当场死亡，被告人不报、谎报的行为并没有贻误事故抢救，事故损失没有再次扩大，故指控两被告人不报、谎报安全事故罪的罪名不成立。被告人李某某、武某某犯罪以后能够自动投案，如实供述自己的罪行，是自首，可以从轻处罚；能够赔偿被害人家属的损失，可酌情从轻处罚，并适用缓刑。

案件评析

不报、谎报安全事故罪是《刑法》第一百三十九条之一规定的一种犯罪行为，是 2006 年 6 月 29 日第十届全国人大常委会第 22 次会议通过的《中华人民共和国刑法修正案（六）》第四条新增设的犯罪。

本罪侵犯的客体是安全事故监管制度。本罪主要是针对这几年来一些事故单位的负责人和对安全事故负有监管职责的人员在事故发生后弄虚作假,结果延误事故抢救,造成人员伤亡和财产损失进一步扩大的行为而设置的。

客观方面表现为在安全事故发生后,负有报告职责的人员不报或者谎报事故情况,贻误事故抢救,情节严重的行为。根据《中华人民共和国安全生产法》第九十一条之规定,生产经营单位主要负责人在本单位发生重大生产安全事故时,不立即组织抢救或者在事故调查处理期间擅离职守或者逃匿的,给予降职、撤职的处分,对逃匿的处十五日以下拘留;构成犯罪的,依照刑法有关规定追究刑事责任。生产经营单位主要负责人对生产安全事故隐瞒不报、谎报或者拖延不报的,依照前款规定处罚。根据《中华人民共和国安全生产法》第九十二条之规定,有关地方人民政府、负有安全生产监督管理职责的部门,对生产安全事故隐瞒不报、谎报或者拖延不报的,对直接负责的主管人员和其他直接责任人员依法给予行政处分;构成犯罪的,依照《刑法》有关规定追究刑事责任。

犯罪主体为对安全事故"负报告职责的人员"。"安全事故"不仅限于生产经营单位发生的安全生产事故、大型群众性活动中发生的重大伤亡事故,还包括《刑法》分则第二章规定的所有与安全事故有关的犯罪,但第一百三十三条、第一百三十八条除外,因为这两条已经把不报告作为构成犯罪的条件之一。另外,2007年2月26日《最高人民法院、最高人民检察院关于办理危害矿山生产安全刑事案件具体应用法律若干问题的解释》第五条,《刑法》第一百三十九条之一规定的"负有报告职责的人员"是指矿山生产经营单位的负责人、实际控制人、负责生产经营管理的投资人以及其他负有报告职责的人员。

本罪在犯罪主观方面表现为故意,2007年2月26日《最高人民法院、最高人民检察院关于办理危害矿山生产安全刑事案件具体应用法律若干问题的解释》第六条规定,在矿山生产安全事故发生后,负有报告职责的人员不报或者谎报事故情况,贻误事故抢救的,具有下列情形之一的,应当认定为《刑法》第一百三十九条之一规定的"情节严重"。

(1)导致事故后果扩大,增加死亡一人以上,或者增加重伤三人以上,或者增加直接经济损失一百万元以上的。

(2)实施下列行为之一,致使不能及时有效开展事故抢救的:①决定不报、谎报事故情况或者指使、串通有关人员不报、谎报事故情况的;②在事故抢救期间擅离职守或者逃匿的;③伪造、破坏事故现场,或者转移、藏匿、毁灭遇难人员尸体,或者转移、藏匿受伤人员的;④毁灭、伪造、隐匿与事故有关的图纸、记录、计算机数据等资料及其其他证据的。

（3）其他严重的情节。根据《刑法》第一百三十九条的规定，在安全事故发生后，负有报告职责的人员不报或者谎报事故情况，贻误事故抢救，情节严重的，应予立案追诉。

在本案中，被告人李某某作为该项目部经理，被告人武某某作为该项目部副经理及当日值班经理，违反安全管理规定，违规安排王某明一人操作卷扬机，在卷扬机牵引井下吊罐升罐时钢丝绳断裂，导致吊罐坠落，导致发生重大伤亡事故，情节特别恶劣，其行为均已构成重大责任事故罪。但因事故发生时被害人已死亡，被告人不报、谎报的行为并未导致事故损失的再次扩大，不符合不报、谎报安全事故罪的构成要件。故法院依法认定两被告不构成不报、谎报安全事故罪。

二、杨某某犯不报、谎报安全事故罪

案件简介

2013 年 5 月 12 日 6 时许，山西某煤业股份有限公司某煤矿刮板运输机司机周某某在矿井工作面操作刮板运输机时发生事故而身亡。事故发生后，山西某煤业股份有限公司某煤矿总经理郝某某隐瞒事故情况，不向政府有关部门上报安全生产事故，派本矿工作人员将周某某的尸体拉到山西省临汾市火化，并安排被告人杨某某修改事故发生当天的检身记录和领取自救器记录，去掉了死者周某某的名字，同时与周某某家属达成协议，向家属赔偿 213 万元后了事，隐瞒该起安全事故的发生。

案件进展

（一）案件审理程序

沁源县人民检察院以沁检诉刑诉（2014）33 号起诉书指控被告人杨某某犯不报安全事故罪，于 2014 年 4 月 1 日向法院提起公诉。法院受理后依法组成合议庭，公开开庭审理了本案。本案经法院审判委员会讨论决定，现已审理终结。判决如下：被告人杨某某犯不报、谎报安全事故罪，免予刑事处罚。

（二）各方意见

公诉人认为

2013 年 5 月 12 日 6 时许，山西某煤业股份有限公司某煤矿刮板运输机司机周某某在矿井工作面操作刮板运输机时发生事故而身亡。事故发生后，山西某煤业股份有限公司某煤矿总经理郝某某隐瞒事故情况，不向政府有关部门上报安全生产事故，派本矿工作人员将周某某的尸体拉到山西省临汾市火化，并安排被告人杨某某修改检身记录和领取自救器记录,去掉了死者周某某的名字,同时与周某某家属达成协议,向家属赔偿213万元后了事,隐瞒该起安全事故的发生。指控认为被告人杨某某的行为构成不报、谎报安全事故罪,请求依法惩处,并提供接受案件登记表、归案说明、常住人口信息、证人夏某某等人证言、被告人杨某某供述等相关证据予以佐证。

被告人及辩护人认为

被告人杨某某对指控的犯罪事实供认不讳,但辩称是某煤矿矿长郝某某安排其修改检身记录和领取自救器记录,与周某某家属协商赔偿事宜也是郝某某安排的。

法院认为

被告人杨某某在安全事故发生后,帮助负有报告职责的人修改检身记录和领取自救器记录,并与受害人家属达成协议赔偿213万元,隐瞒事故不报的行为构成不报、谎报安全事故罪,依法应予惩处。公诉机关的指控事实清楚、证据确实充分,依法予以认定。鉴于被告人杨某某的犯罪行为是在某煤矿矿长郝某某指使安排下进行的,主观上的犯罪程度较小,且其在庭审中能如实陈述犯罪事实,认罪态度较好,依法可酌情从轻处罚。

案件评析

依照《刑法》第一百三十九条之一的规定,犯本罪的,处三年以下有期徒刑或者拘役;情节特别严重的,处三年以上七年以下有期徒刑。而在适用本条规定处罚时,应当注意以下问题。

《最高人民法院、最高人民检察院关于办理危害矿山生产安全刑事案件具体应用法律若干问题的解释》第六条规定,在矿山生产安全事故发生后,负有报告职责的人员不报或谎报事故情况,贻误事故抢救,具有下列情形之一的,应当认定为《刑法》第一百三十九条之一规定的"情节严重":

(1)导致事故后果扩大,增加死亡一人以上,或者增加重伤三人以上,或者增加直接经济损失一百万元以上的。

(2)实施下列行为之一,致使不能及时有效开展事故抢救的:①决定不报、谎报事故情况或者指使、串通有关人员不报、谎报事故情况的;②在事故抢救期间擅离职守或者逃匿的;③伪造、破坏事故现场,或者转移、藏匿、毁灭遇难人员尸体,或者转移、藏匿受伤人员的;④毁灭、伪造、隐匿与事故有关的图纸、记录、计算机数据等资料以及其他证据的。

(3)其他情节严重的情形。具有下列情形之一的,应当认定为《刑法》第一百三十九条之一规定的"情节特别严重"。

①　导致事故后果扩大,增加死亡三人以上,或者增加重伤十人以上,或者增加直接经济损失三百万元以上的。

②　采用暴力、胁迫、命令等方式阻止他人报告事故情况导致事故后果扩大的。

（4）其他特别严重的情节。

《最高人民法院、最高人民检察院关于办理危害矿山生产安全刑事案件具体应用法律若干问题的解释》第十二条,危害矿山生产安全构成犯罪的人,在矿山生产安全事故发生后,积极组织、参与事故抢救的,可以酌情从轻处罚。

《最高人民法院、最高人民检察院关于办理危害矿山生产安全刑事案件具体应用法律若干问题的解释》第十一条,国家工作人员违反规定投资入股矿山生产经营,构成本解释涉及的有关犯罪的,作为从重情节依法处罚。

在本案中,事故发生后煤矿总经理郝某某隐瞒事故情况,不向政府有关部门上报安全生产事故,派本矿工作人员将周某某的尸体拉到山西省临汾市火化,并安排被告人杨某某修改事故发生当天的检身记录和领取自救器记录,去掉了死者周某某的名字等隐瞒该起安全事故发生的种种行为,已经构成了不报、谎报安全事故罪,因此依法应追究其刑事责任。

参 考 文 献

[1] 陈国庆. 危害公共安全罪立案追诉标准与司法认定实务[M]. 北京：中国人民公安大学出版
    社，2010.

[2] 王作富. 刑法分则实务研究(中)[M]. 北京：中国方正出版社，2010.

[3] 于洋. 图解刑法罪名适用(危害国家安全罪)(危害公共安全罪)[M]. 北京：中国法制出版
    社，2012.

[4] 最高人民法院刑事审判一至五庭. 中国刑事审判指导案例：危害国家安全罪、危害公共安全罪、
    侵犯财产罪、危害国防利益罪[M]. 北京：法律出版社，2009.

[5] 郑可悌. 刑法分解实用全书[M]. 北京：法律出版社，2014.

[6] 祝铭山. 危害公共安全罪[M]. 北京：中国法制出版社，2004.

[7] 中国裁判文书网，http://wenshu.court.gov.cn/.

中华人民共和国刑法

（节　选）

第一百一十四条　【放火罪、决水罪、爆炸罪、投放危险物质罪、以危险方法危害公共安全罪之一】　放火、决水、爆炸以及投放毒害性、放射性、传染病病原体等物质或者以其他危险方法危害公共安全，尚未造成严重后果的，处三年以上十年以下有期徒刑。

第一百一十五条　【放火罪、决水罪、爆炸罪、投放危险物质罪、以危险方法危害公共安全罪之二】　放火、决水、爆炸以及投放毒害性、放射性、传染病病原体等物质或者以其他危险方法致人重伤、死亡或者使公私财产遭受重大损失的，处十年以上有期徒刑、无期徒刑或者死刑。

过失犯前款罪的，处三年以上七年以下有期徒刑；情节较轻的，处三年以下有期徒刑或者拘役。

第一百一十六条　【破坏交通工具罪】　破坏火车、汽车、电车、船只、航空器，足以使火车、汽车、电车、船只、航空器发生倾覆、毁坏危险，尚未造成严重后果的，处三年以上十年以下有期徒刑。

第一百一十七条　【破坏交通设施罪】　破坏轨道、桥梁、隧道、公路、机场、航道、灯塔、标志或者进行其他破坏活动，足以使火车、汽车、电车、船只、航空器发生倾覆、毁坏危险，尚未造成严重后果的，处三年以上十年以下有期徒刑。

第一百一十八条　【破坏电力设备罪、破坏易燃易爆设备罪】　破坏电力、燃气或者其他易燃易爆设备，危害公共安全，尚未造成严重后果的，处三年以上十年以下有期徒刑。

第一百一十九条　【破坏交通工具罪、破坏交通设施罪、破坏电力设备罪、破坏易燃易爆设备罪】 破坏交通工具、交通设施、电力设备、燃气设备、易燃易爆设备,造成严重后果的,处十年以上有期徒刑、无期徒刑或者死刑。

过失犯前款罪的,处三年以上七年以下有期徒刑;情节较轻的,处三年以下有期徒刑或者拘役。

第一百二十条 【组织、领导、参加恐怖组织罪】 组织、领导恐怖活动组织的,处十年以上有期徒刑或者无期徒刑,并处没收财产;积极参加的,处三年以上十年以下有期徒刑,并处罚金;其他参加的,处三年以下有期徒刑、拘役、管制或者剥夺政治权利,可以并处罚金。

犯前款罪并实施杀人、爆炸、绑架等犯罪的,依照数罪并罚的规定处罚。

第一百二十条之一 【帮助恐怖活动罪】 资助恐怖活动组织、实施恐怖活动的个人的,或者资助恐怖活动培训的,处五年以下有期徒刑、拘役、管制或者剥夺政治权利,并处罚金;情节严重的,处五年以上有期徒刑,并处罚金或者没收财产。

为恐怖活动组织、实施恐怖活动或者恐怖活动培训招募、运送人员的,依照前款的规定处罚。

单位犯前两款罪的,对单位判处罚金,并对其直接负责的主管人员和其他直接责任人员,依照第一款的规定处罚。

第一百二十条之二 【准备实施恐怖活动罪】 有下列情形之一的,处五年以下有期徒刑、拘役、管制或者剥夺政治权利,并处罚金;情节严重的,处五年以上有期徒刑,并处罚金或者没收财产:

(一)为实施恐怖活动准备凶器、危险物品或者其他工具的;

(二)组织恐怖活动培训或者积极参加恐怖活动培训的;

(三)为实施恐怖活动与境外恐怖活动组织或者人员联络的;

(四)为实施恐怖活动进行策划或者其他准备的。

有前款行为,同时构成其他犯罪的,依照处罚较重的规定定罪处罚。

第一百二十条之三 【宣扬恐怖主义、极端主义、煽动实施恐怖活动罪】 以制作、散发宣扬恐怖主义、极端主义的图书、音频视频资料或者其他物品,或者通过讲授、发布信息等方式宣扬恐怖主义、极端主义的,或者煽动实施恐怖活动的,处五年以下有期徒刑、拘役、管制或者剥夺政治权利,并处罚金;情节严重的,处五年以上有期徒刑,并处罚金或者没收财产。

第一百二十条之四 【利用极端主义破坏法律实施罪】 利用极端主义煽动、胁迫群众破坏国家法律确立的婚姻、司法、教育、社会管理等制度实施的,处三年以下有期徒刑、拘役或者管制,并处罚金;情节严重的,处三年以上七年以下有期徒刑,并处罚金;情节特别严重的,处七年以上有期徒刑,并处罚金或者没收财产。

第一百二十条之五 【强制穿戴宣扬恐怖主义、极端主义服饰、标志罪】 以暴力、胁迫等方式强制他人在公共场所穿着、佩戴宣扬恐怖主义、极端主义服饰、标志的,处三年以下有期徒刑、拘役或者管制,并处罚金。

第一百二十条之六 【非法持有宣扬恐怖主义、极端主义物品罪】 明知是宣扬恐怖主义、极端主义的图书、音频视频资料或者其他物品而非法持有,情节严重的,处三年以下有期徒刑、拘役或者管制,并处或者单处罚金。

第一百二十一条 【劫持航空器罪】 以暴力、胁迫或者其他方法劫持航空器的,处十年以上有期徒刑或者无期徒刑;致人重伤、死亡或者使航空器遭受严重破坏的,处死刑。

第一百二十二条 【劫持船只、汽车罪】 以暴力、胁迫或者其他方法劫持船只、汽车的,处五年以上十年以下有期徒刑;造成严重后果的,处十年以上有期徒刑或者无期徒刑。

第一百二十三条 【暴力危及飞行安全罪】 对飞行中的航空器上的人员使用暴力,危及飞行安全,尚未造成严重后果的,处五年以下有期徒刑或者拘役;造成严重后果的,处五年以上有期徒刑。

第一百二十四条 【破坏广播电视设施、公用电信设施罪】 破坏广播电视设施、公用电信设施,危害公共安全的,处三年以上七年以下有期徒刑;造成严重后果的,处七年以上有期徒刑。

过失犯前款罪的,处三年以上七年以下有期徒刑;情节较轻的,处三年以下有期徒刑或者拘役。

第一百二十五条 【非法制造、买卖、运输、邮寄、储存枪支、弹药、爆炸物罪、非法制造、买卖、运输、储存危险物质罪】 非法制造、买卖、运输、邮寄、储存枪支、弹药、爆炸物的,处三年以上十年以下有期徒刑;情节严重的,处十年以上有期徒刑、无期徒刑或者死刑。

非法制造、买卖、运输、储存毒害性、放射性、传染病病原体等物质,危害公共安全的,依照前款的规定处罚。

单位犯前两款罪的,对单位判处罚金,并对其直接负责的主管人员和其他直接责任人员,依照第一款的规定处罚。

第一百二十六条 【违规制造、销售枪支罪】 依法被指定、确定的枪支制造企业、销售企业,违反枪支管理规定,有下列行为之一的,对单位判处罚金,并对其直接负责的主管人员和其他直接责任人员,处五年以下有期徒刑;情节严重的,处五年以上十年

以下有期徒刑;情节特别严重的,处十年以上有期徒刑或者无期徒刑:

（一）以非法销售为目的,超过限额或者不按照规定的品种制造、配售枪支的;

（二）以非法销售为目的,制造无号、重号、假号的枪支的;

（三）非法销售枪支或者在境内销售为出口制造的枪支的。

第一百二十七条 【盗窃、抢夺枪支、弹药、爆炸物、危险物质罪;抢劫枪支、弹药、爆炸物、危险物质罪】 盗窃、抢夺枪支、弹药、爆炸物的,或者盗窃、抢夺毒害性、放射性、传染病病原体等物质,危害公共安全的,处三年以上十年以下有期徒刑;情节严重的,处十年以上有期徒刑、无期徒刑或者死刑。

抢劫枪支、弹药、爆炸物的,或者抢劫毒害性、放射性、传染病病原体等物质,危害公共安全的,或者盗窃、抢夺国家机关、军警人员、民兵的枪支、弹药、爆炸物的,处十年以上有期徒刑、无期徒刑或者死刑。

第一百二十八条 【非法持有、私藏枪支、弹药罪;非法出租、出借枪支罪】 违反枪支管理规定,非法持有、私藏枪支、弹药的,处三年以下有期徒刑、拘役或者管制;情节严重的,处三年以上七年以下有期徒刑。

依法配备公务用枪的人员,非法出租、出借枪支的,依照前款的规定处罚。

依法配置枪支的人员,非法出租、出借枪支,造成严重后果的,依照第一款的规定处罚。

单位犯第二款、第三款罪的,对单位判处罚金,并对其直接负责的主管人员和其他直接责任人员,依照第一款的规定处罚。

第一百二十九条 【丢失枪支不报罪】 依法配备公务用枪的人员,丢失枪支不及时报告,造成严重后果的,处三年以下有期徒刑或者拘役。

第一百三十条 【非法携带枪支、弹药、管制刀具、危险物品危及公共安全罪】 非法携带枪支、弹药、管制刀具或者爆炸性、易燃性、放射性、毒害性、腐蚀性物品,进入公共场所或者公共交通工具,危及公共安全,情节严重的,处三年以下有期徒刑、拘役或者管制。

第一百三十一条 【重大飞行事故罪】 航空人员违反规章制度,致使发生重大飞行事故,造成严重后果的,处三年以下有期徒刑或者拘役;造成飞机坠毁或者人员死亡的,处三年以上七年以下有期徒刑。

第一百三十二条 【铁路运营安全事故罪】 铁路职工违反规章制度,致使发生铁路运营安全事故,造成严重后果的,处三年以下有期徒刑或者拘役;造成特别严重后果的,处三年以上七年以下有期徒刑。

第一百三十三条 【交通肇事罪;危险驾驶罪】 违反交通运输管理法规,因而发生重大事故,致人重伤、死亡或者使公私财产遭受重大损失的,处三年以下有期徒刑或者拘役;交通运输肇事后逃逸或者有其他特别恶劣情节的,处三年以上七年以下有期徒刑;因逃逸致人死亡的,处七年以上有期徒刑。

第一百三十三条之一　在道路上驾驶机动车,有下列情形之一的,处拘役,并处罚金:

（一）追逐竞驶,情节恶劣的;

（二）醉酒驾驶机动车的;

（三）从事校车业务或者旅客运输,严重超过额定乘员载客,或者严重超过规定时速行驶的;

（四）违反危险化学品安全管理规定运输危险化学品,危及公共安全的。

机动车所有人、管理人对前款第三项、第四项行为负有直接责任的,依照前款的规定处罚。

有前两款行为,同时构成其他犯罪的,依照处罚较重的规定定罪处罚。

第一百三十四条　【重大责任事故罪;强令违章冒险作业罪】　在生产、作业中违反有关安全管理的规定,因而发生重大伤亡事故或者造成其他严重后果的,处三年以下有期徒刑或者拘役;情节特别恶劣的,处三年以上七年以下有期徒刑。

强令他人违章冒险作业,因而发生重大伤亡事故或者造成其他严重后果的,处五年以下有期徒刑或者拘役;情节特别恶劣的,处五年以上有期徒刑。

第一百三十五条　【重大劳动安全事故罪;大型群众性活动重大安全事故罪】　安全生产设施或者安全生产条件不符合国家规定,因而发生重大伤亡事故或者造成其他严重后果的,对直接负责的主管人员和其他直接责任人员,处三年以下有期徒刑或者拘役;情节特别恶劣的,处三年以上七年以下有期徒刑。

第一百三十五条之一　举办大型群众性活动违反安全管理规定,因而发生重大伤亡事故或者造成其他严重后果的,对直接负责的主管人员和其他直接责任人员,处三年以下有期徒刑或者拘役;情节特别恶劣的,处三年以上七年以下有期徒刑。

第一百三十六条　【危险物品肇事罪】　违反爆炸性、易燃性、放射性、毒害性、腐蚀性物品的管理规定,在生产、储存、运输、使用中发生重大事故,造成严重后果的,处三年以下有期徒刑或者拘役;后果特别严重的,处三年以上七年以下有期徒刑。

第一百三十七条　【工程重大安全事故罪】　建设单位、设计单位、施工单位、工程监理单位违反国家规定,降低工程质量标准,造成重大安全事故的,对直接责任人员,处五年以下有期徒刑或者拘役,并处罚金;后果特别严重的,处五年以上十年以下有期徒刑,并处罚金。

　　第一百三十八条 **【教育设施重大安全事故罪】** 明知校舍或者教育教学设施有危险,而不采取措施或者不及时报告,致使发生重大伤亡事故的,对直接责任人员,处三年以下有期徒刑或者拘役;后果特别严重的,处三年以上七年以下有期徒刑。

　　第一百三十九条 **【消防责任事故罪;不报、谎报安全事故罪】** 违反消防管理法规,经消防监督机构通知采取改正措施而拒绝执行,造成严重后果的,对直接责任人员,处三年以下有期徒刑或者拘役;后果特别严重的,处三年以上七年以下有期徒刑。

　　第一百三十九条之一 在安全事故发生后,负有报告职责的人员不报或者谎报事故情况,贻误事故抢救,情节严重的,处三年以下有期徒刑或者拘役;情节特别严重的,处三年以上七年以下有期徒刑。